江西省教育科学"十四五"规划2022年度课题"大学英语混合式教学中师生交互对学习者深度学习的影响研究",编号：22YB175。

# 大学英语混合式教学的多维度探究

苏远芸◎著

吉林人民出版社

### 图书在版编目（CIP）数据

大学英语混合式教学的多维度探究 / 苏远芸著.

长春：吉林人民出版社，2024.7. -- ISBN 978-7-206-21283-3

Ⅰ. H319.3

中国国家版本馆CIP数据核字第202455FP97号

## 大学英语混合式教学的多维度探究
DAXUE YINGYU HUNHE SHI JIAOXUE DE DUO WEIDU TANJIU

著　　者：苏远芸
责任编辑：王　丹　　　　　　　　封面设计：吕荣华
出版发行：吉林人民出版社（长春市人民大街7548号）　邮政编码：130022
印　　刷：河北万卷印刷有限公司
开　　本：710mm×1000mm　　1/16
印　　张：14.5　　　　　　　　　字　　数：240千字
标准书号：ISBN 978-7-206-21283-3
版　　次：2024年7月第1版　　　　印　　次：2025年1月第1次印刷
定　　价：88.00元

如发现印装质量问题，影响阅读，请与出版社联系调换。

# 前 言

在数字化时代，网络技术的飞速发展、教育技术的广泛运用及社交软件的全面普及已经重塑了现代教育的生态环境。这些变革不仅满足了师生对灵活、创新型教学的需求，还加速了高等教育信息化的步伐。在这种背景下，传统的教学模式已经无法完全满足现代教育的需求，教师与学生都期待教学活动能够融入更多的信息技术元素。

混合式教学作为大数据与互联网环境下的一种新教学模式，已经在教育界得到广泛的关注和实践。特别是在外语教学领域，混合式教学已逐步成为高等教育中英语教学的主流形式。这种教学模式通过结合线上与线下的教学资源，不仅能在保证教学质量的同时减少成本和资源消耗，还能有效分配教师的教学时间，提升学生的多元技能。

此外，自2004年起，中国相继发布了一系列政策文件强调现代信息技术在英语教学中的支撑作用。特别是《国家中长期教育改革和发展规划纲要（2010—2020年）》和《教育信息化十年发展规划（2011—2020年）》，均明确提出加快教育信息化进程的目标。《大学英语课程教学要求》在多次修订过程中也强调要不断推动教学内容、教学模式与教学方法的创新。这些政策的实施，不仅为英语教学提供了方向，也为混合式教学模式的发展创造了条件。

本书基于这样的大背景，对混合式教学融入大学英语教学进行了系统研究，以回应信息化时代对教学模式的挑战。本书共分七章。第一章阐述大学英语教学的内容、原则、模式及发展趋势，为后续章节奠定了理论基础。第二章介绍混合式教学的定义及其发展、理论基础、类型、特征和优势。第三章探讨如何构建有效的混合式教学系统。第四章深入分析混合式学习中学习者的学习模式和特征，探讨如何促进学习者的深度学习。第五章着重讨论师生在混合式教学中的交互方式、教师的能力要求以及提升师生交互效果的原则及提升途径。第六章分析如何进行混合式教学的效果评价，建立有效的教学评价体系。第七章具体介绍混合式教学在大学英语听力、口语、阅读、写作及翻译教学中的实际应用。

　　本书特点鲜明。首先，内容紧跟教育技术与英语教学的最新发展趋势，结合大量理论研究，为读者展现混合式教学的前沿动态。其次，本书结构精心设计，论述由浅入深，层层深入，使读者能循序渐进、系统地掌握混合式教学及其应用的关键知识。最后，本书从大学英语教学的多个维度进行探讨，包括教学设计、学习者分析及师生互动等，立体、全面地展示了混合式教学在大学英语教学中的应用。本书内容丰富，层次分明，可以为大学英语从教者、高校教育管理人员、教育政策制定者、教育技术开发者以及相关研究人员提供有益的参考。

　　本书由赣南师范大学苏远芸撰写，由于时间和个人能力有限，书中难免有疏漏和不足之处，恳请广大读者提出宝贵意见和建议，以便笔者在未来的研究和修订中不断完善和提高。最后，笔者衷心希望本书能为您带来新的思考和启示，为您的教育事业和专业发展提供助力和指导。

# 目 录

**第一章　大学英语教学 / 1**

    第一节　大学英语教学的内容 / 1

    第二节　大学英语教学的原则 / 21

    第三节　大学英语教学的模式 / 31

    第四节　大学英语教学的发展趋势 / 51

**第二章　混合式教学 / 56**

    第一节　混合式教学的定义及其发展 / 56

    第二节　混合式教学的理论基础 / 59

    第三节　混合式教学的类型 / 66

    第四节　混合式教学模式的特征和优势 / 73

**第三章　混合式教学的实施保障 / 80**

    第一节　混合式教学服务体系构建 / 80

    第二节　智慧教室建设 / 92

    第三节　混合式教学系统构建 / 96

**第四章　混合式教学中的学习者分析 / 103**

    第一节　学习者的混合式学习 / 103

    第二节　学习者的混合式学习模式 / 110

    第三节　混合式学习中学习者特征分析 / 116

    第四节　混合式学习中学习者的深度学习 / 128

## 第五章　混合式教学中的师生交互 / 141

  第一节　师生交互的相关概念 / 141
  第二节　混合式教学中师生交互的影响因素 / 146
  第三节　混合式教学中教师的能力要求 / 150
  第四节　混合式教学中师生交互的原则 / 159
  第五节　混合式教学中师生交互效果的提升途径 / 163

## 第六章　混合式教学的有效教学评价 / 170

  第一节　混合式教学的有效教学评价要素与功能 / 170
  第二节　混合式教学的有效教学评价原则 / 176
  第三节　混合式教学的有效教学评价体系构建 / 182

## 第七章　混合式教学在大学英语教学中的应用 / 192

  第一节　混合式教学在大学英语听力教学中的应用 / 192
  第二节　混合式教学在大学英语口语教学中的应用 / 196
  第三节　混合式教学在大学英语阅读教学中的应用 / 200
  第四节　混合式教学在大学英语写作教学中的应用 / 208
  第五节　混合式教学在大学英语翻译教学中的应用 / 214

## 参考文献 / 220

# 第一章 大学英语教学

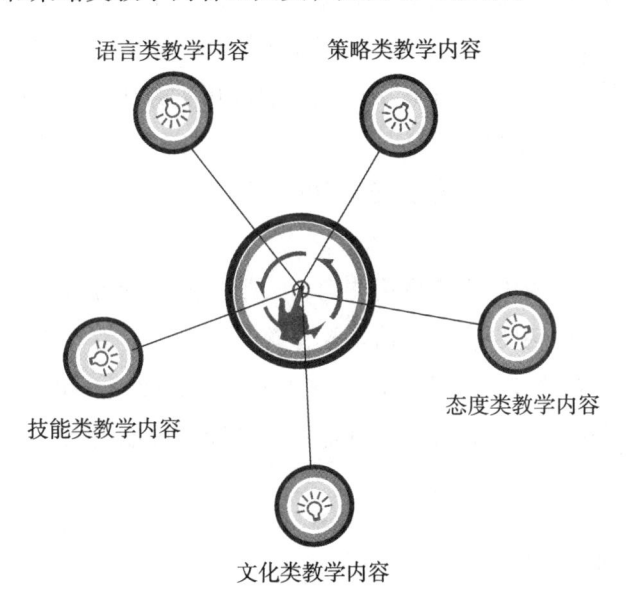

## 第一节 大学英语教学的内容

  大学英语教学内容是为实现教学目标而设计的知识和技能体系，包括教师传授的知识、技能、观点、原理和实际应用。教学内容不仅包括知识点传授，还涉及知识的深度、广度和实用性以及与学生实际经验和市场人才需求的结合。内容的选择和组织应考虑学生的学习需求、学科特点和社会发展要求，以培养学生的综合素养和实际应用能力。因此，大学英语教学内容应该全面，具有针对性，主要涵盖语言类教学内容、技能类教学内容、文化类教学内容、态度类教学内容和策略类教学内容五大类，如图1-1所示。

图1-1 大学英语教学的内容

## 一、语言类教学内容

在大学英语教学中，语言类教学内容的传授是至关重要的环节，它涉及语音、词汇和语法等基本语言知识。这些内容不仅构成了语言学习的基础，对于培养学生的综合语言应用能力也至关重要。

语音教学在大学英语教学中占有重要地位。良好的发音是确保交流顺畅并减少误解的基础。因此，语音教学不应停留在纠正发音错误的层面，还应注重提升学生在各种社交和专业环境中的语言表达能力。此外，语音的学习还包括语调、重音和节奏等方面，这些都是有效沟通的重要组成部分。教师应引导学生掌握正确的发音和自然的语调节奏，以便在实际交流中准确无误地传达信息。

词汇是语言学习的基石。在大学英语教学中，除必须掌握广泛的基础词语外，还应根据学生的学术背景和未来职业需求，有针对性地教授相关专业术语。例如，文科学生可能需要更多地学习与人文社科相关的专业术语，理工科学生则需要掌握与其专业相关的技术和科学术语。通过这种方式，词汇教学不仅能帮助学生在学术上取得成功，也能为他们日后进入职场提供支持。

语法是语言表达的骨架，关乎学生能否正确构建句子并有效表达思想。大学英语的语法教学应重点关注其实用性，通过真实的交流情境将语法规则融入教学中，使学生深入理解并灵活运用这些规则。相较于高职英语教学，大学英语应强调语法在学术写作和专业交流中的应用，如学术论文的写作、学术报告的准备等。

为了全面提升学生的语言运用能力，大学英语教学应通过多种互动和实践活动，如小组讨论、项目合作、情景模拟等，让学生在真实或模拟的环境中练习和应用所学的语言知识。这种教学方式不仅能够增强学生的语言实践能力，还能够培养他们的批判性思维，提升他们的问题解决能力，从而为其未来的学术研究和职业生涯打下坚实的基础。

## 二、技能类教学内容

语言不仅是沟通的工具，还是人际互动的桥梁。在大学英语教学中，教师不能停留在理论知识的传授上，还应重视学生英语应用能力的培养，目的是全面提升学生的语言运用能力，使其适应未来职场的多样化和国际化需求。因此，教学内容的设计应全面覆盖听力、口语、阅读、写作和翻译五个核心领域，以培养学生在各种语言环境中的综合应用能力和交流能力，如图1-2所示。

图1-2 大学英语技能类教学内容

## （一）听力技能

在大学英语教学中，听力理解与技能教学是一个复杂且多层次的过程，旨在提高学生在不同层面上处理和理解信息的能力。这一过程包括从直接的语音解码到利用先验知识进行高层次推理的信息处理。

基础语音处理（自下而上的处理）涉及对英语的基本音位、连读、弱读和语调的识别。这些音频特征对理解英语尤为关键。其中，连读是指在快速口语交流中，为了发音的便利和节奏的流畅，相邻词语中的音节经常发生重叠或合并的现象，如"going to"常被发音为"gonna"；弱读则是在非重音节中元音的发音被简化，这使得语句更加节奏化，如句子中的功能词（and, the, in）通常不发重音，音节简化。对这些现象的识别和理解是理解英语口语的关键，能帮助学生更准确地识别和模拟自然英语的节奏和音调。理解语调的变化也是听力理解中不可忽视的部分。语调的变化可以表达说话人的情绪、态度或是对某部分内容的强调，这在口语交流中尤为重要。例如，当说话人在叙述时突然提

3

高音量或语速，这可能意味着他们对话题感到激动或重视。学生通过练习识别这些非言语线索，可以更好地解读对话中的隐含意义和情感色彩，从而在实际交流中做出更为适宜的反应。

上下文推理（自上而下地处理）要求学生利用自己已有的知识、背景信息和文化理解来解释听到的内容。例如，通过对话的背景知识，学生可以预测接下来的话题或者说话者的意图，这在理解开放式对话或复杂语境中尤为重要。这种能力的培养不仅包括理解字面意思，还能够在较大的语境中进行思考和推理。例如，学生通过了解对话发生的背景，如文化背景、场合或说话人之间的关系等，可以更有效地推测和理解言外之意或未明确表达的内容。通过教师设计的模拟练习和实际对话分析，学生可以在理解具体语言结构的同时，提高利用背景知识进行语义推断的能力。

此外，教学还应重视非言语信息的解读，如说话者的停顿、语速变化、强调等，这些都是对话中传递额外信息的关键。例如，停顿可能表示思考或情感的变化，语速的加快可能用来表达紧迫感或兴奋，强调则通常用来表明重要性或更改话题的意图。这些音频线索不仅有助于听众捕捉关键信息，也有助于他们理解说话人的情绪和意图。在教学中，通过示例和练习，学生可以学会如何识别和解释这些非言语提示，从而更准确地把握交流的动态和复杂性。

篇章结构理解也是听力教学的一部分，教师需要引导学生识别和理解对话或讲话中的结构标志，如转折、结论、强调等。理解这些结构性语言元素有助于学生更好地把握整体内容和逻辑流程。在复杂的听力材料，如学术讲座或正式演讲中，理解组织结构对跟踪主题发展和关键论点至关重要。教师在教学中应引导学生注意标志性词语，如转折词（however, therefore）、结论标志（in conclusion, thus）等，这些都是理解内容组织和逻辑的线索。通过教授学生如何识别这些结构性标志，他们可以更有效地组织听到的信息，建立整体的理解框架。此外，理解篇章中的衔接词和过渡词也至关重要，能帮助学生把握文本的内在逻辑，连接前后信息，形成连贯的理解。

这种对非语言元素的识别和对篇章结构的洞察力的培养，不仅加深了学生对英语听力材料的理解，也提高了他们在实际语言使用中的反应速度和精准度，从而使他们在多样的交流环境中更为得心应手。这样的听力技能是学生在学术和职业场合中成功交流的基石，能为他们未来的学习和职业发展奠定坚实的基础。

培养学生的英语语感，即对英语语音、语调和节奏的自然感知能力，也是听力技能教学中不可或缺的一环。它关注提高学生对英语自然语音、语调变化和情感表达的敏感性。良好的语感不仅有助于学生更快地理解英语听力材料，还有助于减少他们对词汇和语法细节的依赖，使他们能够更自然地融入英语环境。在教学中，教师要通过多样化的听力材料，如电影、电视剧、广播和真实对话录音，让学生接触到不同场景中的语言使用，进行"磨耳朵"训练。通过持续不断地听原声材料，学生能够逐渐适应目标语言的音位和音调变化，增强对细微发音差异的识别能力，减少在实际交流时的思考和翻译时间，更流畅地跟上对话节奏，便于听力理解。

### （二）口语技能

在大学英语教学中，口语技能的培养至关重要，可以确保学生在多种社交和职业环境中自如地使用英语进行口头交流。口语技能的教学内容具体可以细化为以下几个重要组成部分。

第一，基础口语交流教学。这部分着重培养学生日常生活中的基本英语口语交流技巧，包括在商店购物、在餐馆点餐、在医院求助等实际情况中如何使用英语。教师在教学中可以通过角色扮演和模拟对话，让学生练习在不同日常场景中如何自然地使用英语进行基本互动，如学习在社交聚会中如何介绍自己，或者在公交站如何询问路线。

第二，语音和语调教学。正确的发音和恰当的语调是使口语交流更自然、更有效的关键。此部分的教学会涉及音标学习、口型调整、音节切分和重音规则等，可以帮助学生提升发音的准确性和自然度。教师可以通过听力材料和口语练习，如跟读练习和模仿练习，帮助学生纠正发音错误，学会根据不同的情感和场合调整语调。

第三，实际应用场景。实际应用场景中的口语教学内容特别强调培养学生在实际的沟通场景中运用英语的能力，目的是让学生在多样的学术和专业环境中有效地使用英语，帮助学生为未来的学术研究、职业发展和国际交流做好准备。例如，针对学生未来可能从事的职业，教学内容包括相关的职业对话练习,如客户服务、业务谈判、职场会议等。这些练习可以帮助学生掌握特定职业场合中英语的用途和表达方式。又如,学生需要学会如何在学术环境中使用英语进行有效的口头报告和演讲,教学内容包括如何构建演讲稿、如何清晰地表达自己的研究结果和观点以及如何在学术会议或研讨会上进行自信的口头呈现。

第四,口语话题讨论。通过定期组织话题讨论,教师引导学生围绕当前热点、学术进展或个人兴趣进行深入交流。这不仅提高了学生的语言表达能力,也锻炼了他们的批判性思维和论证技巧。例如,可以通过辩论赛形式来讨论经济全球化对教育的影响,或者通过小组讨论的形式来探讨气候变化的问题。

第五,跨文化交流能力。鉴于英语的国际性,教师在教学中应特别强调跨文化交际能力的培养。通过介绍不同文化的交流习俗、礼仪以及如何在尊重差异的基础上进行有效沟通,学生学会在多元文化的背景下使用英语进行有效沟通。

第六,非语言沟通技巧。口语交流不仅仅是言语的交换,非言语的沟通也起着至关重要的作用。教学内容包括如何正确使用肢体语言(如手势、面部表情等)和其他视觉辅助(如眼神交流、身体姿态等)来增强口语交流的效果。这些技巧在进行面对面交流或公开演讲时尤为重要。

### (三)阅读技能

在大学英语教学中,阅读技能的培养是至关重要的,它不仅关注学生对英语词汇和语法结构的理解,还包括对各种阅读策略和技巧的掌握。以下是大学英语阅读教学的几个关键组成部分。

第一,基础词语与语法知识。教学的起点是确保学生掌握必要的词语和语法知识,这是理解英语文本的基础。通过学习常用词语和基本语法结构,学生可以构建阅读理解的基本框架,为阅读更复杂的文本做好准备。

第二,文体和类型的多样性。为了增强学生对不同文体的理解和分析能力,教学中会引入多种类型的阅读材料。这包括新闻报道、学术文章、科普文章、小说、戏剧、诗歌等。每种类型的文本都有其特定的语言特点和结构,学生通过接触这些多样化的材料,能够更好地理解和应用英语。

第三,阅读策略和技巧。教学重点之一是教授学生如何有效地使用不同的阅读策略来提高理解能力和阅读效率。这包括教授略读（快速浏览以把握大意）、寻读（快速查找特定信息）以及深度阅读（详细阅读以理解深层内容）。此外，推断技巧和总结能力的培养也是重要的一环，能够帮助学生从文本中抽取关键信息并进行逻辑上的扩展和归纳。

第四，专业领域阅读。鉴于学生未来可能需要在特定的专业领域使用英语，教学内容包括专业相关的英文文献、行业报告、技术说明书等。这样的专业化阅读训练能够使学生在自己的领域内有效地运用英语，提高其职业竞争力和实际工作效率。

第五，批判性阅读。随着学生阅读能力的提升，教学应逐步引导学生进行批判性阅读。这种阅读方式强调对文本中的观点、论据和写作风格的深入分析和评估。通过批判性阅读的训练，学生能够培养独立思考的能力，更加客观和理性地处理和评价信息。

### （四）写作技能

在大学英语教学中，写作技能的培养是关键，它不仅涉及语言的基础表达和应用，还包括思维的逻辑性和条理性。良好的写作技能可以帮助学生在学术和职业领域中有效地表达思想和交流信息。具体而言，大学英语写作教学的主要内容包括以下几点。

第一，基础写作技能教学。这是写作教学的起点，涵盖句子结构、语法规则、标点符号使用等基础知识。教师在教学中应注重学生对英语句法（如主谓宾结构、时态、语态等）的理解和应用，确保学生写出语法正确、结构清晰的句子。此外，学生还将通过练习学习如何构建基本的段落，包括如何形成主题句、支撑句和结论句。

第二，进阶写作技能教学。随着基础技能的掌握，教学将转向更复杂的文本结构和内容表达，包括文章的组织结构、论证方法和写作风格。学生将学习如何构建论点、使用例证和数据支持观点、进行比较和对比分析等。此阶段的目标是使学生能够规划和组织长篇文章，如论文、报告和议论文，确保其逻辑性和条理性符合学术写作标准。

第三，实用性和职业导向文体写作。不同的文体要求不同的语言表达和结构布局。学生通过学习如何有效地撰写商务信函、邀请函、议论文等，能够在不同的职业和社会环境中更加自如地进行沟通。通过不同类型的应用文写作教学，学生能够将理论知识转化为实际应用，这有助于他们在未来的工作中直接应用所学的英语技能，提高工作效率和专业性。例如，求职信和简历的写作对即将步入职场的大学生来说至关重要。教学应包括如何高效展示个人的教育背景、工作经验和专业技能，以及如何在求职信中有效地表达自己对职位的兴趣和适合度。在工程和技术学科教学中，学生需要学会编写产品说明书，这要求他们能够准确无误地描述产品的使用方法、技术规格和安全指南。而会议摘要和报告这类文本常用于学术和专业领域，用于总结会议讨论或报告项目进展，学生需要清晰、准确地总结关键信息，确保报告的条理清晰、逻辑性强。商务信函是商业交流中的常见文体，包括询价信、投诉信、回复信等。教师在教学中应指导学生如何格式正确、语气得体地撰写这些信件，包括如何开头、表达核心内容以及如何礼貌结束。

第四，批判性和创造性思维教学。写作教学还应包括批判性思维和创造性思维的培养。批判性思维训练使学生能够独立分析问题、评估信息的真实性和相关性、构建有力的论证。创造性思维则有助于学生在写作中发挥想象力和创新性，表达独到的见解和创新的观点。

第五，反馈和修订技能教学。有效的写作教学不仅仅是教授技巧，还包括反馈和修订过程的实践。教师应该教会学生如何进行有效检查，例如，如何检查是否文体相符、是否跑题等。此外，教师还应教授学生修订的技巧，鼓励学生对自己的作品进行多次修订。

（五）翻译技能

在大学英语教学中，翻译技巧的教学是一个层次化的过程，其目的是提升学生的语言转换能力和跨文化交流能力。具体来说，大学英语翻译技巧教学的主要内容包括以下几点。

第一，基础翻译理论。教师在教学过程中要向学生介绍翻译的基本理论和应遵循的原则，如文化转向理论、"信达雅"理论等，要教授给学生这些理论的具体内涵，并一一举例进行介绍。例如，"信"强调翻译的忠实性，要求学生不仅要逐字翻译原文，还要传达原文的深层含义和情感色彩，保持作者的风格和语气。这包括对原文作者意图的理解和如何将这些意图准确地转化为目标语言。"达"则关注译文的通顺性,即译文应在目标语言中自然流畅,易于读者理解,考虑到目标语言的语法、习语和文化背景。"雅"着重翻译的文学价值,即译文应保持原文的风格和美感,使读者在审美和文化层面也能感受到原作的魅力。

第二,词语翻译技巧。教学内容涵盖广泛的词语,包括日常用语和专业术语,强调词语在不同语境中的准确使用。对于那些文化色彩浓厚的表达方式,如成语、俚语或特定领域的惯用语,教师在教学中应强调文化意识的培养,帮助学生掌握更为地道和精准的翻译方法。

第三,句子和段落翻译技巧。这部分教学关注文本的结构和逻辑,要求学生不仅要关注单个句子的翻译,还要理解整个段落乃至全文的构建方式。教师在教学中应解释如何保持原文的逻辑结构和语义连贯性,进行语篇层面的翻译,同时保证翻译的准确性和文本的流畅性。

第四,处理文化差异技能。翻译不仅是语言的直接转换,还是一种文化的传递。因此,翻译教学中会重点讨论如何在保持文本信息准确传递的同时,妥善处理源语言和目标语言之间的文化差异。在教学过程中应该教授学生学习如何识别和理解源文化和目标文化中的特定表达和习俗以及如何选择最合适的翻译策略来保证文本在新文化环境中的自然度和可接受性等内容。教师在教学中应通过具体的翻译实例,如俗语、比喻和典故的翻译处理,教授学生如何运用文化等效原则,实现文化敏感性的翻译。

第五,专业领域翻译技巧。鉴于学生未来可能进入不同的专业领域,翻译教学应覆盖商务、法律、科技等专业领域的文本翻译。在这部分内容的教学中,教师应专注教授学生如何在保持专业术语准确性和行业标准的前提下,进行有效的文本转换。例如,商务翻译中会涉及合同、商业计划书和市场分析报告的翻译技巧;法律翻译则包括法律文件、判决书和法律意见书的精确翻译。教学不仅会教授语言技巧,还会深入探讨各专业领域的背景知识和翻译术语,如 action 作为常用语,是"行动、动作"的意思,但是在法律领域代表"诉讼",这些翻译是教师需要着重强调和教授的技巧,确保学生能够理解并准确翻译专业内容。

## 三、文化类教学内容

语言和文化紧密相关，语言学习离不开文化的学习。因此，文化类教学内容是大学英语教学中不可或缺的教学内容，通过探索和体验英语国家的习俗、价值观和社交行为，学生可以建立对于不同文化、不同思维方式的理解和欣赏，尊重文化多样性，减少偏见和歧视，避免文化冲突。此外，文化不仅是语言学习的重要组成部分，还是开阔学生国际视野的重要桥梁。在大学英语教学中，教师注重文化类教学内容的教授可以帮助学生开阔视野，使他们更加自信和灵活地在经济全球化的工作环境中进行交流和合作。

具体来说，文化类教学内容应该涵盖文化知识、文化意识、文化态度和文化能力等多个维度，如图1-3所示，目的是培养学生在多元文化背景下的理解力、跨文化交流能力。这种教学不仅有利于学生语言技能的提升，也对他们的语言能力和个人职业生涯具有深远影响。

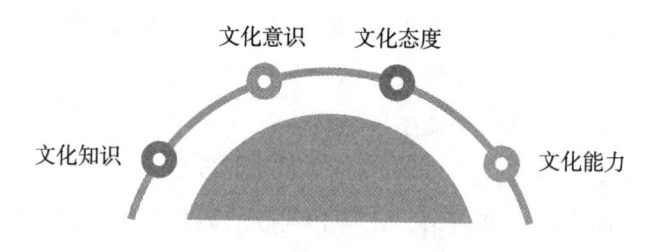

**图1-3 大学英语文化类教学内容**

### （一）文化知识

文化知识为个人提供了认识和理解不同文化背景、习俗和行为的基础，是培养文化意识、塑造文化态度、增强文化能力的基石。通过学习各种文化的历史、艺术和社会结构，个人能够提升对文化差异的敏感性，这是文化意识建立的第一步。

大学英语教学中的文化知识涵盖广泛的领域，这些内容不仅帮助学生掌握语言本身，还使他们能够在多元文化的背景下进行有效沟通和深入理解。具体来说，大学英语文化知识教学主要包含以下几个方面。第一，历史与社会背景。这一部分包括英语国家的历史沿革、重要历史事件、社会制度和政治结构等。通过学习英语国家的历史背景，学生能更好地理解当代社会的文化现象和语言表达的根源。例如，了解英国的君主制历史有助于理解当代英国的政治和文化特点。第二，传统习俗与节日。教学应包括英语国家的传统习俗、节日庆典和相关的文化活动。这不仅能让学生了解节日的由来和庆祝方式，还能教会他们如何在这些场合中恰当使用语言，如学习如何在圣诞节、感恩节等节日中送出祝福和参与庆祝活动。第三，价值观与信仰。教学应包括对英语国家主流的价值观念、宗教信仰和道德规范的讲解。这些内容能够帮助学生理解不同文化背景下的行为准则和思考模式，使他们在跨文化交流时尊重对方，提升敏感性。第四，艺术与文学。这涉及英语国家的文学作品、音乐、电影和艺术等文化产物的学习。例如，通过分析莎士比亚的戏剧或评述现代英美电影，学生可以深入地感受到英语文化的深度和广度。第五，社会问题与现代挑战。在教学中，教师可以引导学生探讨英语国家面临的主要社会问题，如环境保护、移民等。这些话题不仅开阔了学生的国际视野，还锻炼了他们运用英语进行讨论的能力。

### （二）文化意识

文化意识在大学英语教学中是指使学生有意识地认识到文化对语言使用和理解的深远影响。这种教学内容侧重让学生了解语言不仅是交流的工具，更是文化表达的载体，其使用和理解深受文化差异的影响。在具体教学中，文化意识的培养涉及如何让学生理解语言中的文化元素，例如，探讨词语的文化内涵、成语的历史背景、礼貌用语的文化特定性等。学生通过学习英语中的这些元素，可以深入理解英语国家的文化习惯和社会行为。例如，英美文化背景下的人们可能更倾向使用直接的表达方式，东亚文化背景下的人们则可能偏好间接或含蓄的表达方式。此外，文化意识的教学还包括对比不同文化语言表达方式的差异。通过分析如何在不同文化背景下描述同一事件或情感，学生能够认识到文化对语言构造和语言使用选择的影响。例如，讨论表达赞美时，不同文化对夸张和谦虚的偏好如何影响语言的使用。文化意识的教学还应该包括让学生理解跨文化交流中可能出现的误解和冲突的原因。通过研究交流失败的案例，学生可以看到语言中隐含的文化假设如何导致沟通困难。这种学习有助于学生在未来的跨文化环境中避免出现类似的错误。总之，大学英语教学中的文化意识内容强调语言与文化的交织性，让学生意识到掌握一种语言也必须深入了解其文化背景。这种教学不仅使语言学习更有深度，也为学生未来在多元文化环境中的有效沟通奠定了坚实基础。

### （三）文化态度

语言不仅是沟通的工具，也是文化的载体。在大学英语教学中，培养文化态度不只是为了提升学生的语言能力，还为了帮助他们理解、尊重和欣赏文化多样性，学习并适应不同的文化背景，这对他们在全球化环境中有效沟通和取得成功至关重要。第一，文化态度的教学目的在于使学生认识到文化多样性的价值，并理解不同文化间存在的差异。这涵盖从风俗习惯、传统节日到艺术形式等显性文化元素的学习，也包括价值观念、思维方式和沟通风格等隐性文化特征的理解。通过案例分析、角色扮演等方法，学生可以在实际语境中体验和分析不同文化背景下的交际情景，从而提高文化理解和适应能力。第二，文化态度的教学强调批判性思维的培养，使学生能够打破文化偏见和刻板印象，客观地评价和分析文化现象。这要求学生在了解不同文化的同时，能够批判性地反思自己的文化背景，认识到每种文化都有其优点和局限性。通过讨论、反思等教学活动，学生可以从多角度、多层次地理解文化差异，成为跨文化理解的促进者而非仅仅是观察者。第三，文化态度的教学注重培养学生的文化自信和身份认同。通过介绍本国的历史、文学、艺术、哲学、社会发展等，学生对自己的文化有全面的了解，从而建立对本土文化的自豪感和自信心。同时，教学应包括对文化问题的批判性思考，帮助学生认识到任何文化都是不断发展变化的，都有其优势和需要改进的地方。身份认同是个体对自己在文化、社会和国家中位置的认识和感受，大学英语教学应鼓励学生探索和表达自己的文化身份，理解自己在本土文化和世界文化中的角色。

通过这种全面的文化态度教育，学生能够形成一种开放和包容的态度，认识到所有文化都有其独到之处和存在的合理性，并保持自己的独立性和主体性，不会盲目模仿或附和他国文化，而是能够基于对自己文化的理解和自信，与其他文化进行平等、互鉴的交流和合作。这样的文化自信和身份认同也极大地提升了学生的跨文化交际能力，使他们更自如地在跨文化沟通中表达自己的观点，理解和尊重不同文化的表达方式，促进不同文化背景下人们的有效沟通和理解。

## （四）文化能力

文化能力作为大学英语教学的核心内容之一，着重培养学生在跨文化环境中的文化运用能力，包括跨文化有效沟通能力和跨文化交流能力。这一教学内容的目标是使学生能够理解和运用文化知识，解读和适应不同文化的交际方式，以及在多样化的全球环境中顺利互动。

文化能力的培养首先要求学生理解语言交流中的文化层面。这包括了解不同文化对话语的使用、非语言符号（手势、面部表情）、沟通风格（直接与间接）和礼仪习惯的影响。通过这种理解，学生可以更好地预测和解释在跨文化交流中可能出现的误解。文化能力还涉及学生学习如何在不同的文化背景下调整自己的行为和言语，以更好地与不同文化背景下的人进行交流。例如，根据文化中交际的方式，文化可以分为高语境文化与低语境文化。在高语境文化中，信息传递依赖于已设定的语境，如共享的风俗习惯、价值观和社会规范。参与者在交流前便对这些文化背景有共同的认知与认同。相对而言，低语境文化更多地需要通过明确的信息码来传，因此，低语境文化强调语言表达的逻辑性，而对语境的依赖较小。在这种文化背景下，交流者需要根据文化的不同类型，调整自己的行为和文化理解，以便更有效地进行沟通。在多元文化交流中，冲突是不可避免的。文化能力的教学要使学生能够识别文化差异引起的冲突，并掌握解决这些冲突的方法。这不仅涉及理解和尊重他人的文化背景，还包括使用恰当的沟通策略找到双方都能接受的解决方案。文化能力的教学内容帮助学生构建了跨文化交流的桥梁，不仅增强了他们的语言语用能力，还深化了他们对人类多样性的认知和欣赏。这种综合能力的提升，能够使学生更加自信和有效地与他人交流和协作，从而在多元文化的工作环境中取得成功。

## 四、态度类教学内容

在大学英语教学中，除语言技能的培养外，态度类内容的教学也至关重要。这些内容主要关注培养学生的学习态度和价值观，涵盖学习兴趣、自信心、责任感、合作精神、终身学习，如图1-4所示。这些积极的学习态度和价值观的培养不仅能够促进学生语言能力的提升，更为其全面发展和未来职业生涯的成功奠定了坚实的基础。

学习兴趣　自信心　责任感　合作精神　终身学习

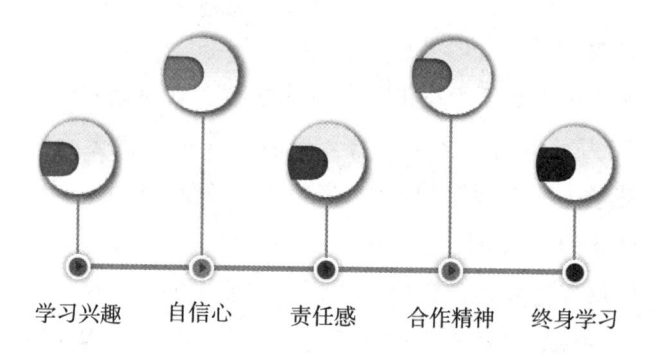

图 1-4　态度类教学内容

## （一）学习兴趣

兴趣被视为一种积极的态度，它反映了学生对学习某个主题或活动的自然倾向和好感。兴趣可以激发学生的好奇心和探索欲，增强他们的学习动机，使学习过程更为愉快和有效。因此，在大学英语教学设计中，教师考虑如何培养和维持学生的学习兴趣是非常重要的，这有助于提高学生的学习成效。

学习兴趣可以提升学生的英语学习动力和效率。当学生对英语学习充满热情和兴趣时，他们不会觉得背单词、语法枯燥无味，而是更愿意投入时间和精力去学习和探索，主动性更强，并且在面对各种学习挑战时，更倾向主动思考和解决问题，不需要有太多的外界推力去督促他们学习，这对于英语学习来说非常重要，能显著提高学生的学习效率。学习兴趣的培养还有助于提升学生的综合素质，培养他们坚忍的品质和积极的心态，使学生学会坚持和努力。这会影响学生生活的方方面面，帮助他们更好地处理挫折和困难，对于学生的整体发展和未来的职业生涯都具有重要的意义。

## （二）自信心

在大学英语教学中，培养学生的自信心是至关重要的。自信心不仅是语言学习的推动力，也是学生未来发展的关键因素。具体而言，首先，自信心能显著提高学生的学习效率。在大学英语学习中，自信的学生更愿意参与到课堂活动中，敢于开口说英语，即便是在可能犯错的情况下。这种参与感和敢于尝试的心态是语言学习中实践的关键。例如，一个自信的学生在被要求回答问题或进行口头表达时，更有可能表现出积极性，哪怕回答不完全正确，也能从错误中学习并快速进步。其次,自信心对于学生应对学习中的挑战至关重要。在大学英语学习的道路上,学生不可避免地会遇到复杂的语法规则、庞大的词汇量等困难。自信的学生在面对这些挑战时,更有可能坚持和努力,而不是轻易放弃。这种坚韧不拔的精神可以帮助学生克服学习中的障碍,逐步掌握语言。最后,自信心的培养对学生的未来职业发展具有深远的影响。自信的个体在职场上往往更能展现积极的工作态度和较强的问题解决能力,这些都是职业成功的重要元素。自信的毕业生更能在职业规划和目标设定中显示出更高的清晰度和更大的决心,在职业生涯中持续发展和进步。

自信心的形成是一个渐进的过程,需要不断的成功体验和正面反馈。在大学英语教学中,教师不仅要传授语言知识,还要通过各种教学策略和环境的营造,帮助学生建立对自己能力的信任和认可。这种信任和认可的建立,是学生形成自信心的基础。

### (三)责任感

在培养责任感方面,关键是让学生明白自己的学习和行为不只影响个人,还会影响周围的人和环境。在大学英语教学中,可以从个人、学术、职业及社会四个层面着手培养学生的责任感。

个人责任感的培养是指在大学英语教学中要培养学生对自己的学习进程、行为表现及个人发展承担责任的意识和能力,认识到成功依赖个人的努力和自我管理。英语学习不仅是语言知识的获取,更是自我驱动和反省的过程。学生应自行设定学习目标,制订并负责实施学习计划,这包括规律复习、积极参与讨论、完成作业和准备考试。个人责任感也要求学生对自己的选择承担后果,从错误中学习,并不断优化学习策略。此外,个人责任感还包括时间管理和情绪调控,能帮助学生有效应对学业与生活的挑战。

学术责任感的培养着重使学生认识到学术诚信的重要性,包括尊重知识产权和避免剽窃。在教学过程中,教师应当教授学生学习如何正确引用资料、独立完成任务,并在学术交流中表现出诚实和尊重。通过这种方式,学术责任感不仅促使学生形成正确的学习态度,还促进学生批判性思维的发展,使学生能够独立评估信息的可靠性并形成自己的见解。

大学英语课程不仅关注语言的掌握,还应为学生提供必要的职业准备。在多元化的全球经济中，英语往往是国际交流的媒介语言，不论是英语专业学生还是公共英语课的学生，他们未来都可能在国际公司、公共部门、政府组织等各种职业环境中工作，需要使用英语与世界各地的同事、客户和合作伙伴有效沟通。在这种背景下，职业责任感的培养使学生能够在遵守职业道德和标准的前提下进行有效交流，这对于维护个人和组织的职业形象至关重要。在大学英语教学中，教师可以模拟职业场景，让学生在安全的学习环境中体验真实的工作情境。例如，通过角色扮演活动，学生可以扮演不同的职业角色，参与商务会议、客户谈判、团队合作等模拟活动。这些活动不仅能够提升学生的语言能力，更重要的是能让他们了解自己在职业环境中的行为准则和责任。讨论职业道德问题可以帮助学生认识职业决策中可能遇到的道德困境，并学会做出符合职业伦理的选择。通过阅读和分析与职业伦理相关的案例，学生可以深入理解在职场中应如何坚持正确的行为标准，如何处理与同事、客户和上级之间的道德问题。大学英语课程还可以通过教授有效的职业交流技巧来培养学生的职业责任感。这包括电子邮件写作、报告撰写、口头汇报及跨文化交流等技能的训练。掌握这些技能对学生未来的职业生涯至关重要。

社会责任感的培养关键在于使学生意识到其行为对社会的影响，以及应该承担的社会责任，并鼓励他们为社会做出积极的贡献。在大学英语课程中，可以通过探讨全球性、环保、社会公正等问题，让学生了解这些领域的现状与挑战。这种探讨不仅可以扩展学生的知识面，还可以培养他们的批判性思维和解决社会问题的能力，并且能够帮助学生加深对社会责任的认识，激发他们思考个人如何通过具体行动对社会产生正面的影响。此外，教师可以结合英语专业的教学需求，安排和鼓励学生参与社区服务或相关的志愿活动，让他们将课堂上学到的理论知识应用到实践中，这样的英语教学不仅能够培养学生的社会责任感，还能够对他们未来的职业和个人生活发挥积极的作用。

（四）合作精神

合作精神的培养有助于学生进行学术合作、提升社交技能以及个人发展。

首先，学术合作是提高学习效果的关键。通过团队项目和小组讨论，学生可以共享知识和资源，从而加深对课程内容的理解。在这种互助的环境中，学生可以从同伴那里学到不同的观点和解决问题的新方法，这不仅能促进他们对学科知识的掌握，还能培养他们的批判性思维和创新能力，有利于他们未来的职业发展。

其次，合作精神在培养社交技能方面发挥着核心作用。在大学英语课程中，学生通过与不同背景的同伴合作，学习如何有效沟通、解决冲突并建立互信。这有助于学生发展关键的社交技能，如沟通、共情、领导等方面的技能，而这些技能对于建立稳定的人际关系和在多元文化环境中成功交流至关重要。合作也教会学生如何在团队中扮演不同的角色，包括领导者和支持者，这对个人的全面发展和适应不同的社会角色非常有益。

最后，合作精神对个人发展同样重要。在合作过程中，学生不仅学习如何与他人共事，还能自我反思，认识到自己的优势和待改进之处。这种自我认识是个人成长的关键步骤，有助于学生建立自我认知，制定更加明确和实际的个人和职业发展目标。

现代职场强调团队合作，无论在小型企业还是大型国际公司中，有效的团队协作都是完成项目、解决问题和推动创新的主要方式。通过大学英语课程的团队项目和分组工作，如分组讨论、合作写作和团队演讲，学生可以锻炼自己的合作能力。此外，英语作为全球交流的主要语言，课程中的跨文化教育和模拟练习（如模拟商务谈判和会议）提供了理想的平台，让学生学习如何在多元文化背景下有效沟通和合作，理解并尊重不同文化背景下人们的工作风格和沟通习惯。

### （五）终身学习

我们生活在信息时代，知识和技术的迭代速度非常快。学习已经成为一个持续的过程，不再局限于学校教育的几年时间。这种快速的变化要求个体不断学习新的技能和知识，以适应新的工作要求和生活环境。在当前和未来的职场中，单一的技能或知识很快会过时。只有持续学习和更新自己的技能，才能在职业生涯中保持竞争力。大学英语教学中的终身学习教育通过不断更新课程内容和教学方法，反映最新的行业趋势和技术发展，使学生意识到学习是一个永无止境的过程。通过这样的教学，学生可以培养出面对不确定性和变化的积极态度，为终身职业发展打下坚实的基础，在未来的职场中保持竞争力。

### 五、策略类教学内容

策略类教学关注学生如何更有效地掌握和学习英语知识，以及如何通过自我激励、学习监控和态度调整等方式，为未来的职业生涯和个人成长打下坚实的基础。这类教学不单是教授学生具体的学习策略、考试策略，还覆盖了时间管理策略、信息资源检索策略的传授，如图 1-5 所示。通过这些教学策略，学生能够在多元化的环境中提升自己的英语能力。

图 1-5 策略类教学内容

#### （一）学习策略

在大学英语教学中，仅仅传授语言知识是不够的，更重要的是教授学生有效的学习策略，不仅要授之以鱼，还要授之以渔，帮助他们认识并掌握学习策略。这些学习策略包括认知策略、元认知策略、情感策略以及社会策略，它们共同作用于提高学生的英语学习效率。

认知策略主要关注学生处理和理解学习材料的方法。这些策略包括总结归纳、分类、推理和采用有效的记忆技巧，能够帮助学生更有效地吸收和理解新知识。例如，在进行英语阅读学习时，教师可以指导学生使用图、表等视觉工具来梳理文章的结构和逻辑，从而加深对文章内容和主旨的理解。

元认知策略涉及学生对自己的学习过程进行规划、监控和评估。通过这种自我反思的过程，学生能够评价自己的学习方法和进度，从而更有针对性地调整学习计划。具体做法包括设定学习目标、定期回顾学习成果以及反思学习方法，这些都有助于提升学习效率。

情感策略关注调节学生在英语学习过程中的情绪、态度和动机。通过管理学习焦虑、增强学习兴趣和提高自我效能感，情感策略有助于创造一个积极的学习环境，从而提升学生的学习动力和参与度。例如，教师可以通过组织吸引人的学习活动和建立积极的师生互动来减轻学生的学习压力，激发他们的英语学习热情。

社会策略则涉及学生如何通过与他人的互动来促进学习。这包括团队合作、交流讨论和模仿他人的成功经验等。社会策略强调学习的社会性和互动性，能使学生在与他人的交流和合作中获得新知识，提升自己的语言运用能力和社交技能。

通过这些学习策略的教学，学生会更加明白学习的机制，更加主动地把握学习规律，从而提高学习效率。

### （二）考试策略

在大学英语教学中，教授考试策略是一个核心组成部分，其重要性不容忽视。

首先，教师要引导学生对考试的结构有一个深入的理解。这不仅仅是对考试的格式和类型的了解，还是对不同题型所测试的核心技能的理解，如分析能力、批判性思维和逻辑推理能力。这样的深入理解能够使学生在复习时更有针对性，不仅能够记忆知识点，还能够提高解题能力。

其次，教师要培养学生在压力环境中保持冷静和集中注意力的能力。考试通常会给一些学生带来相当大的心理压力，因此学习如何在压力下保持冷静，将注意力集中在题目上，是至关重要的。这不仅可以减少因紧张而产生的错误，还可以提高学生的整体表现水平。学生可以通过练习不同的放松技巧和情绪调节方法来提高自己在实际考试中的表现水平。

最后，教师要指导学生有效地回顾和总结考试经验。教师应鼓励学生在每次考试后进行深刻的反思，分析自己在考试中的表现，识别自己的强项和弱点。通过这种方式，学生可以不断调整自己的学习策略和复习方法，从而在未来的考试中取得更好的成绩。

### （三）时间管理策略

在大学英语教学中，进行时间管理策略的教学是至关重要的，因为它能帮助学生有效地规划和利用时间，从而提高学习效率。这种策略教学不仅对学生的语言学习有益处，还对他们的个人发展和未来职业生涯具有深远影响。

首先，时间管理是成功学习的关键因素之一。学生在大学阶段需要处理大量的课程任务，包括听课、阅读、写作、项目和考试。如果没有有效的时间管理策略，学生很容易感到压力过大，难以应对学习。通过教授时间管理策略，如设定学习目标、制订学习计划、优先级排序和避免拖延，教师可以帮助学生系统地安排学习任务，确保他们在紧张的学习生活中保持平衡和效率。

其次，时间管理能够促进自主学习。在大学英语教学中，鼓励学生发展自主学习能力是非常重要的。掌握时间管理策略能够使学生独立地规划和执行学习计划，从而在学习过程中发挥主动性。这种能力的培养不仅有助于学生在大学期间取得好成绩，也为他们未来在职场上自我管理和持续学习奠定了基础。

再次，良好的时间管理策略可以减少学习方面的焦虑和压力。学生如果能有效地管理自己的学习时间，就能避免许多不必要的紧张和焦虑，从而保持较高的学习动力和积极的心态，提高学习效率。

最后，时间管理有助于培养跨学科的技能。在多个学科和活动之间平衡时间需要细致规划和灵活调整的能力，这些能力在任何职业领域都是宝贵的。通过在大学英语教学中融入时间管理的教学，学生可以学习如何将这些技能应用到其他学科和未来的工作中，增强综合能力。

### （四）信息资源检索策略

在当今信息社会，有效地检索、评估和利用信息资源成为关键能力，尤其是在大学英语教学中。对于学生而言，掌握信息资源检索策略不仅有助于提高学习效率，还是他们未来职业生涯中的必备技能。

第一，信息资源检索策略教学能够使学生有效获取和利用各种学习资源，包括图书、期刊、在线课程和学术论文等。在大学英语学习中，学生常常需要接触广泛的文学作品、语言学理论、文化研究等方面的材料。通过学习如何使用数据库、搜索引擎和其他数字工具来访问这些资源，学生可以更快地找到所需资料，有效支持自己的学术研究和论文写作。

第二，信息资源检索策略教学有助于培养学生的批判性思维能力。在查找和使用信息资源的过程中，学生可以学会区分信息的真伪、批判地分析和评估信息的质量和可靠性。这种能力对于学生以后的发展尤为重要，因为他们在以后的学习或职业生涯中不可避免地需要阅读和分析复杂的文本和材料信息，而能够独立地、批判性地处理信息，使学生在未来的工作中做出正确的决策，是职场上非常重要的能力。

第三，信息资源检索策略教学强调了自主学习和个性化学习的重要性。由于每个学生的学习兴趣和以后的研究方向可能不同，通过掌握有效的检索技巧，学生可以自主寻找对自己学习和研究有帮助的资料，制订个性化的学习计划。这种自主性不仅促进了学生的主动学习和探索精神，也为他们的终身学习奠定了基础。

第四，信息资源检索策略教学能帮助学生整合多来源信息。在当今信息时代，进行学术研究或跨学科学习时，学生往往需要汇集来自不同领域的信息来支持自己的观点或研究假设。如何从大量信息中筛选出有价值的内容，并将它们有效地结合起来，是进行高级学术研究和撰写论文的关键。

## 第二节 大学英语教学的原则

在大学英语教学过程中，教师应遵循一系列教学原则，以有效提升教学质量。这些原则包括以学生为中心原则、交际性原则、兴趣原则、灵活多样原则、输入优先原则、文化导入原则，如图1-6所示。通过这些原则的指导，教学活动能更好地适应学生需求，促进其语言能力的全面发展。

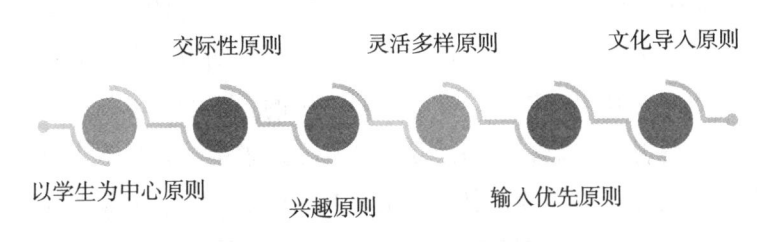

图1-6 大学英语教学的原则

## 一、以学生为中心原则

在大学英语教学过程中，以学生为中心的教学原则就是要将学生的需求、兴趣和学习方式置于教学活动的中心位置，确保教学设计和实践能够最大限度地满足学生的个性化需求，从而促进其语言能力的全面发展。

这一原则并不仅仅意味着教师与学生之间地位的转变，还强调了教育的核心应从"教"转向"学"，这种转变是基于对学习本质的深刻理解，即学习是一个学生通过主动参与、探索和理解来进行的过程，要求教师从传统的知识传授者转变为学生学习过程中的引导者和支持者。

第一，以学生为中心原则强调学生个性化的学习需求和经验。在这种教学模式中，每个学生的学习能力、兴趣和目标都有所不同，因此教师应设计灵活的教学计划，以适应不同学生的需求。教师需要根据每位学生的具体需求，调整教学内容和策略，确保教学活动满足每个学生的学习需求。这种教学方法强调个体差异，认识到每个学生都有独特的学习风格和节奏，因此教师需要根据学生的学习背景和需求，设计灵活多样的教学活动，使学生能够在参与和互动中主动构建知识和技能。例如，通过小组讨论、项目制作、案例分析等教学方法，学生可以在实际语境中使用英语，这不仅提高了他们的语言应用能力，还培养了他们的批判性思维和创新能力。教师需要根据不同学生的需求，提供不同层次的教学材料，设置可调整难度的任务，或是为学生提供额外的学习资源和支持。通过这种方式，学生可以根据自己的步调和能力进行学习，最大限度地发挥个人潜力。同时，教师要通过课上持续观察和评估，灵活调整教学策略，以适应不同学生的学习状态和进度。

第二，以学生为中心原则并不排斥传统的讲授法，而是重新定义了讲授法的应用方式。在这种教学模式中，讲授不再是单向的知识传递，而是成为一种双向的互动过程。在教学过程中，教师重视学生的主动性和参与度，学生不再是被动的知识接受者，而是需要积极参与到学习过程中。教师在讲授过程中不仅传达知识，还设计互动环节，引发学生思考和讨论，使学生能够在讲授中积极构建知识，深化理解。这种双向互动的讲授法使得学习过程更加生动和有效，丰富了学生的学习体验，提升了他们知识内化的效果。

第三，以学生为中心原则强调开展各种互动和参与式的教学活动，如小组讨论、项目合作、案例研究等，使学生在实际操作中深化理解和应用所学知识。这种教学方法不仅增强了学生的学习动机，还促进了学生批判性思维和创造性思维的发展。

第四，以学生为中心原则强调教育的综合性和持续性。教育应关注学生的全面发展，包括认知、情感和社会技能的培养。教师应通过提供丰富多样的学习资源和环境，帮助学生在多方面获得成长。此外，教育是一个持续的过程，应注重学生长期学习能力的培养，帮助他们建立终身学习的意识和能力。

第五，在以学生为中心的教学环境中，学生的自主性和主动性被极大地提升。教师鼓励学生自主选择学习内容和方法，同时提供必要的支持和指导。这种自主学习不仅提高了学生的学习动机，还发展了他们的自我管理和自我驱动能力，这些能力对于他们未来的学习和工作都是极其宝贵的。

第六，以学生为中心原则强调对学习成果的评估应更多地集中在学生的实际理解和应用上，而不仅仅是知识的记忆。教师应通过多元化的评估方法，如项目评估、同行评审等，了解学生的学习成效，从而提供具有针对性的反馈和支持，帮助学生在学习中取得实质性的进步和成长。有效的反馈不仅能提供学习的即时支持，还能帮助学生认识到自己在学习过程中的进步和不足。在这一教学原则下，评估不仅仅是对学生学习成果的检测，还是学习过程的一部分，可以帮助学生深化理解和改进学习策略。

## 二、交际性原则

语言是用于交流和表达思想的工具。交际性原则要求英语教师充分认识到英语作为一门语言的本质特性，并在教学过程中注重教学内容与真实世界应用之间的联系，强调英语的交际性以及英语用于交流的实用性和实践性。

在传统的大学英语教学中，教师往往过分强调语法规则和词语积累，而忽视了语言的实际使用功能，这种偏向导致学生虽然在课堂上表现良好，但在真实的交际场景中常常感到无所适从。在当今经济全球化的背景下，英语作为国际交流的主要语言，其教学也已不仅仅是语法和词语的传授，还是如何有效地运用这门语言进行交际。交际性原则的应用可以使学生将学到的语言知识应用于实际生活中，从而提高语言的实用性。

秉承交际性原则的英语教学要求教师在教学观念和方法上进行一系列的转变，以确保教学活动更好地促进学生交际能力的提升。这种转变不仅影响教学的内容和形式，还深刻影响教学的目标和学生的学习动机。首先，教师要进行教学观念的转变，从语言形式的教学过渡到语言功能的教学，传统英语教学中过分强调语法规则和词语积累的做法往往忽视了语言的实际使用功能，而交际性原则的应用有助于提高语言的实用性，因此教师要先充分认识英语的交际性需求，并且引导学生树立同样的意识，不要只停留在理论的学习和卷面的成绩上，应鼓励学生多进行沟通和交际，树立正确的语言价值观。有效的交际不仅需要语言知识，还包括在特定语境中适当使用语言的能力、语言的解码和理解能力，教师可以采取多种策略，创造尽可能真实的交际环境，让学生真切地感受到语言学习的好处。例如，教师可以模拟一场商业谈判、一次学术会议以及日常生活中的购物情景，让学生通过角色扮演在这些情景中运用英语进行交流和讨论，从而培养他们的语言反应能力和即兴交流能力。当学生意识到英语与生活、未来的就业如此贴近的时候，他们的学习动机会被显著增强。其次，将教学内容与学生的日常生活和兴趣相结合非常关键。在教学过程中，教师可以选择学生在日常生活中比较感兴趣的内容同教学内容结合在一起，如讨论当前热门电视剧、流行歌曲、体育事件等，这不仅能够激发学生的参与兴趣，也能够使学习内容更加贴近学生的实际生活，从而提高学习的相关性和趣味性。最后，强化交际技能的反馈是提升教学质量的另一个重要环节。在教学过程中，教师应提供即时反馈，帮助学生识别并改正其在交际过程中的错误，让他们看到进步的空间，同时鼓励他们进行自我反思和修正。这种反馈不仅可以促进学生语言技能的快速提升，还可以帮助他们提升自我评估和语言学习的能力。

### 三、兴趣原则

在大学英语教学中，秉承兴趣原则是至关重要的。这一原则不仅与孔子所说的"知之者不如好之者，好之者不如乐之者"相呼应，也符合现代教育心理学理论，即兴趣是最好的老师。当学生对英语学习产生兴趣时，他们将会更主动地探索语言的世界，更深入地理解和运用英语知识及技能。因此，在大学英语教学中，激发和培养学生的学习兴趣尤为重要。

首先，兴趣能显著提升学生的学习动机。有研究表明，兴趣不仅可以增强学生的学习动力，还可以改善学习态度，使学习过程成为一种享受而非负担。在大学英语教学中，如果学生对英语内容感兴趣，他们可能持续投入学习，即使面对困难也能保持积极的态度。例如，通过将英语学习内容与学生的兴趣爱好（如流行文化、体育等）相结合，可以显著提高学生的参与度和学习效率。

其次，兴趣是提高学习效率的关键因素。兴趣驱动的学习环境能促进学生深层次思考，加深对知识的理解和记忆。当学生对学习内容感兴趣时，他们更愿意投入时间和精力去探索和实践，从而在学习过程中建立更为牢固的知识结构。这一点在语言学习中尤为重要，因为语言学习需要大量的重复练习和实际应用，兴趣可以大大减轻学习的枯燥感，使学习变得生动和有效。

再次，兴趣可以促进创造性思维和批判性思维的发展。在兴趣的驱动下，学生更愿意尝试新的学习方法，探索语言的不同使用方式，这不仅增强了他们解决问题的能力，也提高了他们对语言细微差别的感知能力。

最后，兴趣能激发学生的好奇心和探索欲，使他们在学习英语的过程中，不断地提问和寻找答案，从而加深理解并且开阔视野。

然而，要在教学中有效地培养和利用兴趣，教师需要采取一些具体的策略。首先，教师应深入了解学生的兴趣点和背景，将这些元素融入教学设计中。例如，可以通过学生喜欢的电影、音乐或者视频游戏引入新的语言点，让学习材料与学生的日常生活相关联。其次，教师应尽量创造一个富有挑战性而不产生挫败感的学习环境，让学生在完成任务的同时感受到成就感，从而进一步增强学习兴趣。最后，教师应鼓励学生参与到教学活动的设计中，让他们有机会选择自己感兴趣的学习内容和方式，这样可以更好地满足学生的个性化学习需求，提高教学的针对性和有效性。

## 四、灵活多样原则

在全球化和信息化迅速发展的当下，大学英语教学必须遵循灵活多样的原则。这一原则不仅是为了适应不同学生的个性化学习需求，也是为了提升教学效果，使学生在多变的社会和职场环境中更好地使用英语。

灵活多样原则在大学英语教学中的体现是全方位的，如图1-7所示。在课程设置上，这一原则意味着提供从基础到高级、从理论到应用的各类课程，以及开设跨学科课程，满足学生的不同兴趣和未来职业发展需求。在教学手段上，利用最新的教育技术，如多媒体教学、在线平台和虚拟现实，使学习既高效又富有吸引力。在课堂活动设计上，教师应根据学生的实际能力和学习风格，设计互动性强、富有创造性的活动，如小组讨论、项目合作等，这些都能大幅提升学生的参与感和实践能力。至于评价方式，则应从单一的考试转向包括自我评估、同伴评估和项目评估在内的多元化评价体系，全面地反映学生的学习成果和能力提升。

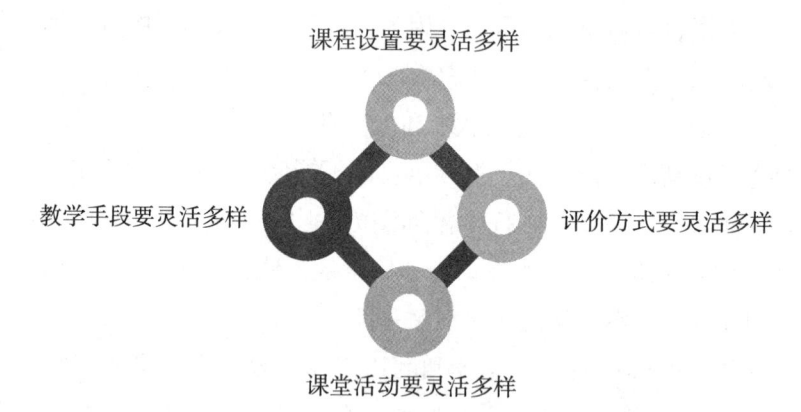

图1-7 灵活多样原则的体现

（一）课程设置要灵活多样

在传统的大学英语教学中，课程安排往往以必修课为主，教师居于核心地位，而学生的个性化需求和差异化特征并未得到充分考虑，这种偏向一成不变的教学模式在一定程度上限制了英语教学效果的提升。为了更好地适应学生的个性化学习需求并全面提升他们的英语能力，大学英语教学应当在课程设置上展现更大的灵活性和多样性。

学生应根据自己的兴趣和职业规划自由选择课程，这种自主选择的过程本身就能大幅提升学生的学习动力和参与度。此外，选修课通常具有更强的趣味性、实践性和探索性，与必修课程形成互补，使学生在享受学习乐趣的同时，能系统地提升自己的语言运用技能和文化理解能力。因此，除必修课程外，应广泛开设多样的英语选修课程，如英美文学、英美社会与文化等，这些课程不仅能提供给学生丰富的知识体验，还能让学生根据自己的兴趣和需求选择合适的学习内容。通过提供这样的选修课，学生能够更深入地了解英语国家的文化背景，增强语言学习的应用能力和文化理解能力，从而在英语学习中获得更全面的成长。

课程设置的灵活多样还表现在开设跨学科课程上。跨学科课程通过整合英语学习与其他学科知识，如历史、文化、科技、商业等，使学生能够在学习英语的同时，开阔知识视野，加深文化理解。例如，通过"英语与全球化""英语和国际关系"等课程，学生不仅学习英语，还了解了全球政治、经济的动态，这类课程有助于培养学生的国际视野和跨文化交际能力。

灵活多样的课程设置还应考虑学生的职业发展需求。通过提供与职业路径相关的英语课程，如医疗英语、法律英语、工程英语等，可以帮助学生具备将来在特定职业领域中使用英语的能力。这类课程不仅提高了学生的专业英语水平，也为他们的职业生涯提供了实质性的支持。

### （二）教学手段要灵活多样

随着信息技术的迅速发展，多媒体辅助教学在大学英语教学中已成为一种普遍且重要的教学手段。这种技术的运用不仅打破了传统以教师为主导的讲授模式，还实现了传统课堂教学与网络教学的有效融合，为大学英语教学带来了前所未有的个性化和灵活性。多媒体技术的引入极大地突破了时间和空间的限制，使教学内容和形式呈现多样化的发展趋势，也使教师能够根据学生的具体需求制订个性化的教学计划。

教师要多利用和创设多媒体环境，例如，利用虚拟现实（virtual reality, VR）和增强现实（augmented reality, AR）技术创造沉浸式英语学习环境。例如，通过 VR 技术，学生可以"前往"英语国家的名胜古迹，与虚拟角色进行交流，或在模拟的工作环境中做任务，如在虚拟餐厅服务英语客户，这不仅能使学生获得丰富的学习资源，还能使他们沉浸在一个多维的英语学习环境中。这种环境不仅促使学生更加主动地参与到学习活动中，还激发了学生的主观能动性，能够使学生根据自己的学习需求和兴趣设计学习任务，积极与他人合作，最终自我评估学习成果。教师在这种教学模式中的角色也发生了根本变化，他们更多地扮演指导者和助手的角色，帮助学生掌握有效的学习方法，并培养学生的自主学习能力。

### （三）课堂活动要灵活多样

在大学英语教学中，灵活多样的课堂活动对于提升学生的语言应用能力具有重要意义。有效的课堂活动可以激发学生的学习兴趣，增强他们的语言实践能力，同时促进英语学习的深度与广度，更能满足学生的个性化学习需求。为此，教师需要根据学生的学习特点和水平设计富有创意的课堂活动，以满足学生多样化的学习需求。

大学英语教学的实践性非常强，理论学习与实际应用紧密相连。因此，除了传统的听讲模式，教师应该创设各种形式的课堂活动，使学生将课堂上学到的语言知识运用到实际交流中，通过实践加深对语言结构和用法的理解。例如，通过角色扮演情景模拟活动，学生可以扮演不同背景和职业的人物，这不仅让学生有机会练习特定场景下的语言应用，还能增进他们对不同文化背景的理解。在小组讨论中，学生可以就某个话题展开深入交流，这样的互动促使学生学会在真实对话中表达观点和理解他人意见。此外，辩论和互动游戏能锻炼学生的思维敏捷性和语言反应能力。

将这些多样化的活动融入教学不仅能使课堂更加活跃，还能帮助学生将语言输入与输出有机地统一起来，从而有效提升他们的英语综合应用能力。此外，教师在活动设计时应注意活动的适宜度和参与度，确保所有学生都能在活动中找到适合自己的角色和发挥空间，这样才能最大限度地激发学生的参与热情和学习动力。

### （四）评价方式要灵活多样

在大学英语教学中，采用灵活多样的评价方式是至关重要的，因为这种评价方式能够全面反映学生的语言知识掌握情况和语言运用能力。评价系统应综合形成性评价和终结性评价，关注学生的学习过程以及学习成果，从而促进学生能力的全面提升。

第一，评价方式应超越传统的笔试和闭卷考试，引入更多元化的评估手段。例如，面试或口试可以成为评估学生口语能力和即兴反应能力的有效方式。通过模拟实际交流情景，如角色扮演或情景对话，教师可以更真实地评估学生的语言运用能力。此外，开卷考试也可以被纳入评价体系，因为它允许学生在使用资料的帮助下解答问题，更贴近真实世界中语言的使用。

第二，应采用多源反馈的评价模式。除教师的评估外，同伴评价、小组评价和自我评价也应该被纳入评价体系。这种多层面的评价方法不仅可以提供更全面的反馈，还能增强评价的客观性和公正性。同伴评价和小组评价鼓励学生互相学习和支持，自我评价则培养学生的自主学习能力和自我反思能力。

在命题方式上，教师需要保持高度的灵活性和创新性。考核的题型应覆盖广泛，不仅包括客观题，以测试学生的基础知识掌握情况，还包括大量的主观题，以考查学生的思维扩展能力和创新能力。例如，可以设置主观论述题让学生分析某一现象或表达个人观点，这样的题型有助于评估学生的综合分析能力和语言组织能力。通过这些活动，学生可以将理论知识应用于实际场景中，教师则可以根据学生在实际操作中的表现来进行评价。

总之，灵活多样的评价方式能够为学生创造一个宽松、公平的学习氛围，更好地激发学生的学习动力和创新思维，也能为教师提供更全面的教学反馈。这种评价体系的建立，不仅促进了学生英语能力的提升，还培养了学生的批判性思维和解决问题的能力，为他们将来在多元化的全球环境中使用英语打下坚实的基础。

## 五、输入优先原则

在大学英语教学中，遵循输入优先原则是至关重要的。这一原则强调，学生在学习英语的过程中先通过听力、阅读等方式接触英语，这样的输入是学生语言输出的前提和基础。经验表明，输入的语言量越大、质量越高，学生的语言输出效果就越好。这是因为充足和高质量的语言输入可以为学生提供更丰富的语言知识和更深入的语境理解，从而有效地支撑其语言输出，如口语和写作。

在实施输入优先原则时，教师需要关注几个核心要素：首先是输入的可理解性。这意味着提供给学生的语言材料应当在难度上与学生的语言水平相匹配，确保学生能够理解所接触的材料内容。其次是趣味性与恰当性，教师应选择能够激发学生兴趣的教学材料，使学生在享受学习的过程中自然而然地吸收语言输入。此外，还需要保证充足的输入量，这对于语言学习尤为重要，但在实际教学中往往容易被忽视。

为了实现这些目标，教师应在课程内容和形式上寻求多样化。可以采用各种类型的教学材料，如文本、图片、音频、视频等。这样的多样性不仅丰富了教学手段，也有助于满足不同学生的学习需求。同时，教师需要通过多种方式增加学生的语言输入机会，如引导学生在课外通过看英语电影、阅读英语书籍、参与在线英语论坛等活动来扩展其英语学习的广度和深度。

此外，教师还应特别重视学生理解能力的培养。在提供英语学习材料时，教师应充分考虑材料的难易程度，确保其既能挑战学生，又不至于使他们感到沮丧。同时，教师应注重培养学生的主动学习能力，鼓励他们对输入的内容进行深入思考和主动探索。

尽管输入优先原则强调了语言输入的重要性，但这并不意味着可以忽视输出的必要性。实际上，有效的语言输入应该为高质量的输出奠定基础。因此，在大量的语言输入之后，教师应鼓励学生通过各种形式的练习和活动来实践和巩固所学知识，如进行模拟对话、角色扮演和写作练习等。这样的实践不仅能帮助学生更好地消化和吸收输入的内容，还能提升他们的语言表达能力，发展他们的创造性思维。

## 六、文化导入原则

在大学英语教学中，文化导入原则是一个核心组成部分，它强调在语言学习过程中不仅要教授语言本身，还要适当传授与该语言相关的文化背景知识和价值观。语言与文化是相辅相成的，语言是文化的载体，而文化的多样性又赋予语言更深层的意义和使用环境。因此，大学英语教学中的文化导入不仅有助于学生更全面地理解语言，也有助于他们在经济全球化的背景下更有效地进行跨文化交流。

文化导入原则要求教师在教学过程中有意识地将英语国家的历史、传统、习俗、价值观念等文化元素融入教学内容中。通过这种方式，学生不仅学习到英语语言，还了解和感受到英语国家的生活方式和思维方式，从而在学习语言的同时，开阔国际视野，增进对不同文化的理解和尊重。例如，在教授英语节日相关词语时，教师可以通过介绍圣诞节、感恩节等西方节日的历史背景和庆祝方式，使学生在掌握语言表达技巧的同时，更深入地了解这些节日的文化意义。

文化导入的过程还需要教师具备深厚的文化知识以及较强的文化敏感性和文化洞察力、跨文化交际能力，教师自身不仅要对英语国家的文化有深入的了解，还要正确解读和传达这些文化信息，正确引导学生理解和分析不同文化背景下的语言现象，避免文化误解和偏见的产生。同时，教师应鼓励学生进行文化比较，找出本土文化与英语国家文化之间的异同，这种比较不仅能加深学生对英语文化的理解，也能增强他们对本土文化的认同感和自豪感。教师应鼓励学生保持开放和批判的思维方式，学会从多元文化的视角理解和评价不同的文化现象，这不仅有助于学生构建全球视野，还有助于增强他们的跨文化适应能力和全球竞争力。

在大学英语教学中遵循文化导入原则可以极大地丰富大学英语教学的内容和形式，使教学过程不再局限于语法和词汇的机械记忆，而是变成一场全面的文化体验和交流活动，通过这种教学模式，学生不仅可以提升英语语言能力，还可以培养国际化的思维方式和全球视野，为今后在多元文化的国际环境中自信地表达和有效地沟通打下坚实的基础。

## 第三节　大学英语教学的模式

在大学英语教学中，不同学生在学习风格、速度、兴趣和背景知识方面存在较大差异，因此可以采用多种模式以适应不同的学习需求和教学环境。每种模式都有其独特优势和局限性，教师可以根据具体情况进行选择，从而提供个性化的教学策略，提升学生的学习效果和满意度。具体来说，大学英语教学的模式如图1-8所示。

大学英语混合式教学的多维度探究

讲授型教学模式

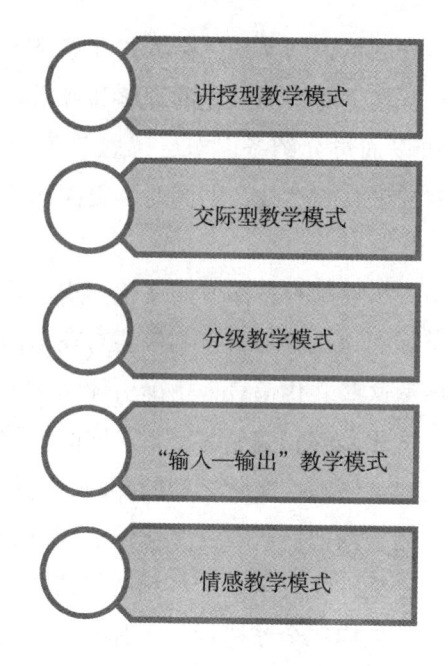

交际型教学模式

分级教学模式

"输入—输出"教学模式

情感教学模式

图1-8　大学英语教学的模式

## 一、讲授型教学模式

### (一)讲授型教学模式的内涵

讲授型教学模式是一种传统的教育方法,主要通过教师的口头讲解和书面材料传递知识。这种模式通常依赖教科书、粉笔、黑板和教学模型等工具,强调知识的系统传授和课堂的结构性。历史上,讲授法拥有悠久的传统。早在古希腊时期,哲学家苏格拉底(Socrates)就通过对话和提问的方式帮助学生理解并提炼出普遍性知识,这种方式可视为讲授型教学模式的早期形式。类似地,中国的孔子通过启发和问答的宣讲教学方法,也强调了讲授的重要性。

随着欧洲工业革命的兴起及资本主义的发展,学校教育形式得到了显著推动。捷克教育家夸美纽斯(Johann Amos Comenius)在《大教学论·教学法解析》中为班级授课制奠定了理论基础[①],并推广了讲授法。此外,德国教育家

---

① 夸美纽斯.大教学论·教学法解析[M].任钟印,译.北京:人民教育出版社,2006:152.

赫尔巴特（Johann Friedrich Herbart）和苏联教育家凯洛夫（Иван Андреевич Каиров）提出的"五段教学法"进一步强调了讲授在教学中的核心作用，该方法包括组织教学、检查复习、讲授新教材、巩固新教材、布置课外作业等环节，其中讲授是关键环节。①

在中国，随着教育的发展，"五段教学法"在学校教育中被广泛采用，讲授型教学模式因其明确的结构和效率而成为主导的教学模式。这种教学模式以其封闭性和以教师为中心的特点，确保了教学内容的标准化和规范化，但也面临着需要适应现代教育需求的挑战。

### （二）讲授型教学模式的优势

讲授型教学模式长期以来被广泛认为是一种高效的教育手段，尤其在传统学校教育中占据重要地位。该教学方法具备多种优势。

第一，讲授型教学模式充分发挥了教师的教育职能，这是因为在这种教学模式中，教师扮演着核心角色。通过讲授型教学模式，教师不仅传授知识，还通过自己的言行对学生进行思想、道德和情感上的影响和教化。教师可以利用自己的专业知识、生活经验，通过直接讲授、讨论、示范等方式，来确保学生不但理解课程内容，而且能够在思想上得到启发和成长。此外，教师的情感表达和个人魅力也在无形中增强了教学的吸引力，使学生能够在更为舒适和激励的环境中学习。在这种模式下，教师的每一个表情、语调变化、案例选择都影响着教学效果。

第二，讲授型教学模式的优势体现在其能够系统而全面地传授知识。这种教学模式依靠教师的系统规划和组织，能够将复杂的知识体系分解成逐步的讲解过程，从而帮助学生按照逻辑顺序和认知规律逐步建立知识框架。这种结构化的传授方式不仅提高了学生的学习效率，也确保了知识的完整性和深度。与现代的探究式学习或网络化学习相比，讲授型教学模式由于其高度组织性，可以避免学生在自主学习的过程中遇到信息碎片化问题。通过清晰的讲解和系统的复习，学生能够更好地吸收和理解复杂的知识，从而更深入地掌握学科的核心概念和方法。

---

① 凯洛夫. 教育学[M]. 沈颖，南致善，黄长霈等译. 北京：人民教育出版社，1953：139.

第三，讲授型教学模式在提高教学效率方面表现尤为突出。通过教师的课前精心准备和课上有序讲述，这种教学模式能够在相对较短的时间内向学生传递大量的知识和信息。此外，由于采用了班组授课的组织形式，信息能够通过一对多的方式高效传递，极大地节约了教学资源，降低了教育成本。讲授法的高效率和目标导向性，使得教学活动更加集中和高效。

第四，讲授型教学模式有助于教师控制教学进程。在这种模式下，教师拥有完整的教学主动权，可以根据教学内容的难易程度、教学节奏和学生的反应灵活调整教学策略。这种教学模式使得教师能够有效地管理课堂，确保教学活动按照既定计划顺利进行。相较其他教学方法，如讨论法或实验法，讲授型教学模式在确保教学内容覆盖和学生学习进度方面具有较大的优势。

第五，讲授型教学模式的应用范围广泛。几乎所有的教学方法都涉及一定程度的讲授元素。无论是演示法、讨论法，还是实验法，教师的讲解、指导和参与都是不可或缺的。在信息化环境下的教学模式中，讲授同样扮演着关键角色。这种普遍性说明尽管教育技术和方法不断发展，讲授型教学模式仍然是教师传授知识、指导学生的基础和核心途径，展现了其不可替代的教育价值。

### （三）讲授型教学模式的改进

讲授型教学模式虽具有多种优势，但在实际应用中也展现出一些局限性，这些局限性值得教育者关注并寻求改进的途径。以下是对这些挑战的一些讨论。

第一，尽管讲授型教学模式能够高效传递知识，但它可能在激发学生主动性方面表现不足。在传统的讲授环境中，学生主要扮演接受者的角色，这可能限制了他们主动探索和批判性思考的机会。为了克服这一点，教师可以尝试组织更多互动性和参与性强的教学活动，如小组讨论或项目式学习，以促进学生积极参与和主动学习。

第二，讲授型教学模式可能在满足不同学生需求方面面临挑战，尤其是在因材施教上。由于学生的背景和能力各异，统一的教学进度和内容可能不适合所有学生。这可能导致部分学生在学习过程中感到过于吃力或轻松，从而影响他们的学习效果。为应对这一挑战，教师可以利用技术工具或采取分层教学策略，通过更加个性化的教学方法来满足学生的个别需求，增强教学的包容性和效果。

第三，讲授型教学模式在培养学生的实践能力方面可能存在一定的限制。当课堂重点过于偏向理论讲解时，学生进行实际操作的机会可能会相应减少，这可能影响他们将知识应用于实际问题解决的能力。因此，教育者应考虑在教学设计中融入更多的实践活动，如引入实际案例，让学生尝试运用已学知识进行解答，带学生去工厂实习等，以确保学生在实际操作中更好地应用所学知识。

（四）讲授型教学模式的具体实施方法

1. 全身反应法

全身反应法（total physical response, TPR）是一种以身体运动来辅助语言学习的教学方法。[1]这种方法强调通过具体的身体动作来理解和记忆语言，从而使学生更直观、更深刻地掌握语言内容。在实际教学过程中，教师会结合口头指令让学生进行相应的动作，如跳跃、转身、拍手等，以此来响应听到的语言。这种方法的核心在于，通过动作的执行，学生的大脑得到了更为丰富的刺激，不仅有听觉上的，还有视觉和动作感知，这样的多感官输入有助于加深学生对语言的理解和记忆。

使用TPR的优势在于它的高参与性和互动性，能极大地提高学生的课堂积极性和注意力。由于学生在课堂上需要不断地通过身体动作来响应教师的指令，这种持续的活跃状态有助于保持大脑的兴奋度，使得学习过程既活泼又高效。此外，TPR能够有效地促进记忆的形成。通过身体动作与语言的结合记忆，学生能更持久地保留所学内容，相较于传统的听说教学方法，记忆的效果更好。

TPR在帮助学生养成用英语思维的习惯方面也显示出了显著的效果。通过模拟具体动作，学生在学习新词语时，能直接联想到相应的动作，而不是通过母语翻译的方式来理解英语。这种从直接体验到语言理解的过程，减少了思维转换的环节，提高了学生的语言直接反应能力，尤其在听力理解方面表现突出。

TPR通过模拟真实情景，还可以使学生更好地理解和运用语言。通过这种

---

[1] 黄娟.英语教学理论体系建构与实际应用研究[M].长春：吉林人民出版社，2019：105.

模拟，学生可以更自然地将课堂所学知识应用到实际交流中，提高了语言运用能力。因此，TPR 不仅是一种语言学习方法，更是一种促进有效交流的重要工具。

2. 学生举例法

学生举例法特别强调在教学中使用学生自身的姓名和特性作为教学案例，以增强学习的互动性和实际应用性。在这种方法下，教师可以根据学生的兴趣或特点设计具体的教学内容，使教学更加贴近学生的生活和实际需求。例如，在教授形容词和名词的区别时，教师可以说"李明是 organized（有条理的）"，而不是简单地使用抽象的例句，如"He is an organizer（他是一个组织者）."。这种有针对性的教学方式不仅能帮助学生更好地理解英语中词义的细微差别和语法结构，还能使得学习过程更加生动有趣。

通过学生举例法，学生在听到与自己相关的例子时，会更加专注，因为他们好奇教师是如何描述自己的，同时这种方法满足了学生被看见和认可的心理需求。当其他学生听到课堂上使用的是他们熟悉的同学的名字时，也更容易被激励，积极参与到课堂互动中。此外，将学习内容与学生的日常生活相联系，使得学生所学不再是书本上的抽象概念，而是与他们的现实生活紧密相关的知识。这样的学习经历更容易被学生记住，并且在遇到相似情景时能够迅速调用课堂上的知识，从而加深对知识的理解和记忆。因此，这种教学方法不仅提高了学习效果，还增强了学生用英语描述现实世界的能力，提升了学习的实用性和趣味性。

3. 逻辑洞察法

逻辑洞察法是一种注重利用英语语言内在逻辑规律进行教学的方法，旨在帮助学生通过洞察语言结构和运用规律，提升语言理解和应用能力。这种教学方法强调教师在教学过程中应精心设计教学内容，使学生能够明确把握英语语言的逻辑结构，从而更有效地学习和使用英语。

逻辑洞察法是一种基于认知心理学和应用语言学的语言教学方法，从认知心理学的角度出发，人的大脑天生倾向寻找和识别规律，这有助于有效地处理和记忆信息。在语言学习过程中，这意味着通过理解语言的系统性规律，如语法结构、音位规律、词语搭配和词缀的使用，学生可以利用这种天然的大脑倾向，实现更快速和持久的记忆及理解。

应用语言学为逻辑洞察法提供了坚实的实证基础，通过分析不同语言环境中的实际语言使用情况，识别出可教授的语言模式和规律。这种研究驱动的教学策略确保了该教学法在实际应用中的有效性和实用性。

在具体的教学实践中，教师通过深入分析语言的结构、语义功能和语用特性，帮助学生识别并理解这些复杂的语言规律。例如，在教授英语虚拟语气和条件句的结构时，教师可能会用到逻辑洞察法。教师会介绍复合条件句的基本结构和用法，如"If I had not missed the train yesterday, I would not be late now."。这个例句结合了第三条件句的过去形式（假设的过去情况）和第二条件句的现在结果（虚拟的现在结果）。通过这样的示例，学生可以看到如何使用过去完成时（had + 过去分词）来表达过去的假设情况以及使用现在条件形式（would + 原形动词）来表达结果。

此外，这种方法不仅帮助学生构建清晰的语言框架，提高学习效率，还促进了学生在处理语言信息时发展更高级的认知技能，如分析推理、批判性思维和问题解决能力。这种教学法鼓励学生主动探索和发现语言的内在逻辑，加深了他们对语言使用的理解，为他们提供了一种科学、系统而深入的学习路径。通过逻辑洞察法，学生不仅学习语言本身，还学会了如何学习语言，这为他们的语言能力发展奠定了坚实的基础。

在实际教学中，逻辑洞察法可广泛应用于从词汇扩展到复杂语法结构的学习。例如，教授英语各种时态时，教师可以系统地总结并展示每种时态的构成规则和具体应用场景，使学生能够根据不同语境准确运用适当的时态。在词汇学习方面，教师通过指导学生识别词根和词缀的规律，帮助他们有效扩充词汇量。这一教学方法在听力和阅读教学中同样适用。通过教授学生如何依据上下文判断说话者的意图和情感，学生能更准确地理解听力材料的深层含义。在阅读教学中，通过分析文章的结构和段落布局的常规模式，学生能提高阅读理解的速度和效果。在口语和写作教学中，逻辑洞察法尤为重要。通过模拟各种交流情景，教师展示如何在特定的语境中选择恰当的语言表达方式。在写作方面，教师通过概括不同文体的结构特征，引导学生学习如何系统地组织自己的思想和论点，从而提升写作技能。

逻辑洞察法还旨在鼓励学生发展自主学习能力和批判性思维。在教师的引导下，学生通过自我探索和总结语言规律，逐步构建独立、完整的语言知识体系，增强解决语言学习问题的能力。通过这种方法，学生不仅能系统地学习语言，还能深入理解语言的复杂性和多样性，最终在各种语境中更加自信和有效地运用语言。

## 二、交际型教学模式

### （一）交际型教学模式的内涵

随着教育观念的更新及社会需求的演变，大学英语教学正在从以语法和词汇学习为核心的传统模式向重视提升学生全面交际技能的交际型教学模式转变。此模式将提高学生交际能力作为主要目标，强调在真实或模拟环境中的语言应用，依靠课堂内外的互动与沟通，涉及教师、学生、教学内容及学习环境等方面，通过实际操作、角色扮演和师生互动等方式，帮助学生掌握语言。在这种教学模式中，语言是一种社会行为工具，不仅仅要学习语法和词汇，还要重视语言在真实社会文化环境中的应用，强调学习的情景性和实用性，着重学生在交流中的语言运用及其理论知识的应用。此外，通过第二语言习得的研究发现，语言不仅是表达意义的工具，还是文化传递的载体。因此，在交际型教学中，语言教学不仅包含语言本身，还包含文化教学，以培养学生的跨文化交际能力，使其在不同文化背景中有效交流。

### （二）交际型教学模式的优势

交际型教学模式优于传统的讲授型教学模式，增强了师生和学生之间的互动，这种教学模式在激发学生的主动性和促进理论知识向实际交际能力转化方面的优势表现尤为突出。

第一，交际型教学模式是一种多元主体间的认知互动活动，涵盖师生之间、学生之间以及师生和学生在不同情境下的互动，有效提升了学习效果，这一点在其多向互动的教学过程中表现尤为明显。传统教学模式往往以教师为中心，信息传递多为单向，从教师到学生。交际型教学模式则打破了这一局限，将教学过程转变为一个包含多方参与和交互的动态系统。在这种模式下，师生之间不仅仅是知识的传递，更是知识的共建。教师不再是唯一的知识传授者，而成为引导者和协作者，学生在这个过程中能够通过实际操作、角色扮演等方式，在真实或模拟的语境中使用语言。这种方法使得学习活动更加贴近真实生活，增强了教学的吸引力和教材的实用性，使学生能够在充满趣味的环境中自然而然地学习和使用新知识。

第二，交际型教学模式促进了学生主动参与。在这一模式下，学生不再是被动的知识接受者，而成为教学过程中的积极参与者。通过小组合作、角色扮演、课堂讨论等教学活动，学生能够在实践中发现问题、提出疑问并与同学或教师即时交流解决方案。这种教学模式打破了传统课堂上教师一人讲授的模式，使得每个学生都有机会表达自己的观点，参与到知识的构建过程中。这样的教学环境不仅增加了学生的参与感和归属感，还提高了他们的自我效能感，从而激发他们的学习热情。学生在这种教学模式下通常有更强的动机和更好的学习成效，因为他们在学习过程中得到的积极反馈能够不断增强他们的自信心和学习动力。

第三，交际型教学模式特别强调将书本上的理论知识转化为学生的实际交际能力。与传统教学中教师单方面强调理论知识的讲授不同，交际型教学模式通过实际情景模拟、案例分析、小组讨论等方法，使学生能够在实际的语言使用场景中应用理论知识。这种教学策略不仅能帮助学生理解和吸收理论，还能使他们将所学知识应用于实际的交际中，解决现实生活中的问题。通过这种方式，学生可以在实际交流中修正自己的语言，从而在实际的社会文化环境中有效运用语言。这种理论与实践的紧密结合显著提高了大学英语教学的应用价值，培养了学生的实际交际能力，尤其是在多元文化交流的背景下，这一点尤为重要。

第四，学生在这种互动性强的教学模式中，能够更好地掌控学习的进度和深度，按照自身的学习节奏调整学习策略。他们在互动中不仅学到了课本知识，还在讨论和交流中锻炼了批判性思维和问题解决能力。这种参与感和控制感的增强，使学生更加投入学习过程中，提高了学习的主动性。

由于教学活动符合学生的实际需求和兴趣，学习效果也因此得到显著提升。学生不仅仅在学习语言技能，还通过语言学习实现了自我价值，增强了自我认同感。这种教学模式的实施，从根本上提高了大学英语教学的质量，使学生能够在实际交流中更加自信和流利地使用英语，有效提升了学习成效。通过这样的教学实践，学生所获得的不仅是语言技能的提升，还包括社会交往能力和跨文化理解能力的全面发展。

## 三、分级教学模式

### （一）分级教学模式的内涵

大学英语分级教学模式是一种根据学生个体的实际英语水平和潜在学习能力，将学生划分为不同层次，进行有针对性教学的模式。这种模式本着因材施教原则，旨在提高教学效率，确保每个学生都能在自身的起点上获得进步和发展。

在分级教学模式中，教师需要先对学生进行准确的水平评估，这通常通过标准化测试、持续的课堂表现评估和学生自评等多种方式实现。评估结果可以帮助教师了解学生的语言基础、学习能力和接受知识的速度，从而为每个学生制订符合其实际需要的教学计划。在此基础上，教师设计具有层次性的教学方案，包括教学内容、教学方法和学生管理制度等方面的设计。例如，基础层的学生可能需要从最基本的语法和词汇学习开始，高级层的学生则可能集中在提高语言运用能力和深入分析英语文本上。

分级教学强调采用多样化和个性化的教学手段，以适应不同学生的学习需求。这包括传统的课堂讲授、互动式学习、小组讨论、角色扮演和计算机辅助教学等。每种教学方法都旨在激发学生的学习兴趣，增强其学习动机，从而最大限度地挖掘每个学生的潜能。

### （二）分级教学模式的理论基础

1. 布卢姆的掌握学习理论

本杰明·布卢姆（Benjamin Bloom）的掌握学习理论是分级教学的重要理论支撑之一。该理论认为，每个学生都有达到高水平学习成就的潜力，关键在于是否提供了适合个体差异的学习条件。[①]布卢姆强调，教育的目标应该是帮助所有学生达到一定的掌握水平，而这需要教育者对教学内容、速度、方法进行个性化调整。这一理念直接支持了分级教学模式中按照学生能力和需求进行教学分层的做法，强调通过适应每位学生的具体需求来最大化其学习效果。

2. 学习迁移理论

学习迁移理论进一步阐述了学习内容之间的相互作用，特别是如何利用已有知识促进新知识的学习。这一理论区分了正迁移和负迁移，强调教师在进行教学设计时需要注意课程内容的连贯性和一致性，避免学习的负迁移，同时促进正迁移。在分级教学模式的实施中，教师可以根据学生当前的知识水平和认知能力，选择合适的教学内容和难度，从而促进学生从已知向未知平稳过渡，实现知识的积累和深化。

3. 克拉申的语言输入假说

克拉申的语言输入假说在语言学习领域具有重要影响，该理论认为教学内容应略高于学生当前的理解水平，以保持学习的挑战性和有效性。这一理论支持了分级教学模式中按能力分层的做法，通过精确调整教学内容与学生能力的对接，使教学既不过于简单而失去挑战性，也不过于复杂而超出学生的理解范围。这种适度的挑战是激发学生学习动机和促进学生语言习得的关键。

4. 多元智能理论

霍华德·加德纳（Howard Gardner）的多元智能理论提供了分级教学另一个重要视角，认为个体在不同智能领域（如语言、逻辑数学、空间、身体运动等）的表现各不相同。[②]教师应该识别并培养学生在各个领域的潜能。在分级教学模式中，教师可以根据学生在语言智能方面的具体表现，设计个性化的教学计划，从而更有效地促进学生的语言学习。

**（三）分级教学模式的实施步骤及注意事项**

第一，在大学英语教学中实施分级教学模式，首要任务是进行科学的学生

---

① 布卢姆，等.布卢姆掌握学习论文集[M].王钢，等译.福州：福建教育出版社，1986：66.

② 加德纳.智能的结构：经典版[M].沈致隆，译.杭州：浙江人民出版社，2013：13.

分级。在这一过程中，教师必须结合学生的个人意愿和统一考核的结果，确保每个学生都被准确地评估并分配到适合其实际水平的班级。分级不仅依据考试结果，也要考虑学生的具体能力和潜力以及他们对英语学习的具体需求。例如，可以将学生分为初级、中级和高级三个层次，初级班着重基础知识（如语音、语法等）的学习，中级班则面向一般水平学生，重点帮助他们克服对英语听说的畏惧，而高级班针对那些英语基础较好，需要进一步提高听说能力的学生。这样的分级标准和试题设计都需要具有高度的科学性和合理性，以确保教学的针对性和有效性。

第二，为了保持分级的精确性和灵活性，引入学生自主选择的机制至关重要。这种双向选择机制不仅允许学生根据自己的英语水平和学习兴趣自主选择班级，还能增强学生的学习积极性。在这一过程中，教师应提供充足的信息，包括各级别的学习要求和教学目标以及高考和摸底测试的成绩，帮助学生做出合理的选择。通过这种方式，学生的主动性得到有效提升，同时提升了教学工作的透明度和学生的满意度。

第三，落实升降机制是确保分级教学灵活性和适应性的关键。通过定期的考核和反馈，学生可以根据个人的学习进度和成果进行适时的级别调整。这一机制旨在激励学生持续进步。对于表现优异的学生，及时提升他们到更高级别，为其他学生树立榜样；对于学习有所退步的学生，则适当调整到更低级别，刺激他们调整学习策略和努力方向。这种升降调整不仅保持了学习的挑战性和动态平衡，也确保了教学资源的合理分配和利用。

第四，完善评价机制是分级教学成功的另一个关键环节。在这一环节中，必须确保评价的公平性和科学性。不同级别的学生会面对不同难度的试卷，因此，必须通过科学的加权系数来调整不同班级的成绩，确保高级班和初级班的学生都能得到公正评价。此外，要注重过程性评价，这可以更全面地反映学生的学习情况，同时促进学生对学习过程的重视，从而更全面地评估学生的学习成效。

## 四、"输入—输出"教学模式

### (一)"输入—输出"教学模式的内涵

"输入—输出"(input-output)教学模式,是一种以提高学生实际语言应用能力为核心目标的教学策略。此模式特别强调语言输入(接收语言材料)与语言输出(实际使用语言)之间的相互作用,并致力培养能够适应国际经济发展和对外交流需求的跨时代英语人才。该教学模式不仅符合英语学习的自然规律,还贴合学科的特点,通过模拟真实的语言使用环境,帮助学生在实际交际中自然而然地学习和使用英语。

在"输入"阶段,教学重点放在加强语言材料的接收上。在这一阶段,教师提供丰富、真实且难度适当的语言材料,涵盖阅读理解、听力理解以及包含视觉和文化背景的输入。这种多样化的材料输入不仅能让学生接触到各种语言表达和文化场景,还能增强他们对语言细微差别的理解和感知能力。例如,通过阅读国际新闻、观看外语电影、参与文化交流活动,学生能够在理解的基础上吸收新的语言知识,逐步提升对外语的敏感性和理解力。

"输出"阶段则强调强化语言的运用。在这一阶段,重点是让学生通过口语交际、写作表达等活动实际运用所掌握的语言知识。教师在这一阶段会组织各类模拟交流情景,如辩论赛、演讲会和写作工作坊等,鼓励学生将输入阶段获得的知识转化为实际的语言运用能力。通过这样的实践,学生能够在真实或模拟的交流场合中测试和调整自己的语言,不断提高语言表达的准确性和流畅性。

这种平衡输入与输出的教学活动,全面提升了学生听、说、读、写方面的语言技能。学生在获取语言知识的同时,被引导去应用这些知识进行有效沟通和交流。更重要的是,该模式通过提供接近真实的使用场景,帮助学生构建和发展英语思维,培养能够流畅、自然地使用英语进行思考和交流的能力。

### (二)"输入—输出"教学模式的实施步骤及注意事项

"输入—输出"教学模式的实施要采取以下步骤,并注意一些事项,以确保教学的效率。

1. 教师指导学生学会输入

在"输入—输出"教学模式中，教师不仅仅是信息的传递者，还是学生学习的指导者和促进者。教师应当指导学生有效地学习和掌握英语，促使学生从被动接受知识转变为主动获取和应用知识。在这一过程中，教师需要强调信息输入的重要性，如通过讲解、演示和提供多媒体教学材料，确保学生吸收丰富和真实的语言输入。同时，教师应指导学生通过语言输出来实践所学，如通过口头表达、写作练习或其他互动活动，这不仅能帮助学生巩固所学知识，还能培养他们的英语思维能力。在这个过程中，教师需要密切观察学生的学习状态，及时给予反馈，帮助学生调整学习策略，从而使他们真正体验到语言的"习得"。

2. 引导学生在课堂上完成知识联网，丰富和完善学生的英语认知网络

针对不同层次的学生，教师需要采用差异化的教学策略。对于基础较好的学生，可以采用更多自主学习的方式，如讨论式和质疑式学习，这可以激发他们的学习兴趣和探究欲。对于基础较弱的学生，教师则需要更加有计划和有步骤地指导，如通过"滚雪球"式教学法，让学生逐步积累和巩固知识，特别要注重"温故而知新"的教学法则。在课堂上，学生的讨论、对话、表演等活动都应当大量运用以往学过的词语和句型，使新旧知识能自然连接，达到积累和巩固的目的。这样的教学设计不仅可以帮助学生构建一个完整的英语认知网络，还可以增强他们的语言运用能力和自信心。

3. 课后进行深度和广度的拓展

为了拓展学习的广度和深度，教师应当积极管理和指导学生的课外学习活动，进行课上内容的复习和巩固，并且积极引导学生在课下进行输入和输出，例如，推荐学生阅读外文原版名著，这不仅能提高他们的阅读理解能力，还能加深他们对不同文化的理解。同时，鼓励学生与外国学生建立笔友关系或参与在线交流，这样的互动有助于学生运用英语进行实际交流，提高他们的写作能力和口语能力。此外，教师可以引导学生关注英文媒体，如电视节目和杂志，将学习与日常生活紧密结合，增强学习的实用性和趣味性。通过这些活动，学生不仅能够将课堂上学到的知识应用到实际生活中，还能够提升学习兴趣和主动性。

### (三)"输入—输出"教学模式的评价

"输入—输出"教学模式具有几个显著的优势。

第一,提升学生的主动性与参与度,增强实践反馈循环。"输入—输出"教学模式通过互动式教学活动(如模拟对话、角色扮演、团队项目等)显著提升了学生的学习主动性和参与度。在这种模式中,学生不仅是知识的接受者,还是参与者和创造者。通过真实或模拟的语言使用场景,学生能够在实践中直接应用所学知识。同时,教师提供的即时反馈信息能够帮助学生快速识别并改正错误。这不仅提升了学生的学习效率,还大幅提升了学生学习的趣味性和动机,使得语言学习变得更加生动和吸引人。

第二,全面提高语言技能与跨文化交际能力。该模式平衡发展学生的听、说、读、写各方面技能,确保学生能够全面提升语言能力,特别是口语和写作技能得到了显著增强,这对学生未来的职业生涯至关重要。同时,通过引入多样化的文化背景和语言材料,学生不仅掌握了语言本身,还深入理解了不同文化的特性和交际习惯。这种跨文化的学习使学生在全球化语境中具备更强的适应性和敏感性,为多元文化背景下的有效沟通奠定了坚实基础。

第三,促进英语思维的形成和提高国际化适应能力。学生在"输入—输出"教学模式中不仅学习英语,还通过语言学习过程形成和发展英语思维。这种思维方式使学生能够更自然、更流畅地使用英语进行思考和表达,从而提高了学生的语言内在化水平和创造性表达能力。此外,该模式培养的学生不仅具备强大的语言能力,还拥有国际视野和高效交际能力,能够自如地在国际环境中工作和生活,这种能力是现代国际化社会中不可或缺的。

"输入—输出"教学模式在外语教学领域中以其创新的教学理念和实践活动受到广泛的推崇,然而,任何教学模式都不可能完美无缺。虽然它极大地激发了学生的学习积极性并提高了语言实际应用能力,但在具体实施过程中,也面临一些挑战和限制。

实际操作中输入与输出的不均衡是其中一大难题。在语言学习的实际应用中,不少学生往往停留在对知识点(如语法规则、词汇等)的记忆层面,而未能有效地将这些知识转化为实际的交际技能。由于课堂时间有限,如果学生不能很好地跟进教学进度,进行复习和巩固,就可能导致学生掌握的知识的深度不足，达不到通过量的累积引发质的飞跃，或者学生在输入环节（听力和阅读）虽然取得了一定的成效，但在输出环节（口语和写作）的实践练习不足，不能顺利完成从输入到输出的转换。这导致了知识到技能转换的环节中存在明显的缺口。

此外，由于"输入—输出"模式在一定程度上依赖于计算机辅助和多媒体教学工具，它在初期阶段的实施中可能会遇到技术支持不足的问题。这种模式要求高质量的教学设计和先进技术支持，以确保教学活动的有效性和互动性，但这在资源有限的环境中可能难以实现。

总之，"输入—输出"教学模式提供了一个极具潜力的框架，用于增强学生的语言能力和跨文化交际技能。尽管面临一些实施挑战，但是通过细化教学设计、提高教师培训质量以及采用适应性教学方法，可以最大限度地发挥其优势，减轻其潜在的不利影响。只有通过不断探索和改进，结合学生的具体需求和教学环境的实际条件，"输入—输出"教学模式才能更有效地促进学生全面发展。

## 五、情感教学模式

### （一）情感教学模式的内涵

#### 1. 情感的内涵

人的思想品德被视为一个多维的结构，通常包括心理、思想和行为三个层面，它们相互关联，按逻辑顺序展开：从心理到思想，再到行为。情感位于这一序列的起始阶段，即心理层面。

情感是人类心理的核心组成部分，主要指个体在体验客观事物时产生的带有主观色彩的感觉。这种感觉在个体的道德和心理发展中起着至关重要的作用。换句话说，心理因素的发展能够深刻影响一个人的思想发展，因此，充分利用情感因素是至关重要的。情感的范畴十分广泛，包括道德感、理智感和美感等，它在生活中的具体表现形式多样，如爱情、亲情及对事物的细微感受等都属于情感。从生物心理学的角度看，情绪和情感虽然密切相关，但是有所不同。情绪通常是人们对特定事件的直接反应，它与人的内分泌系统相关，相对而言短暂，具有显性特征；情感则是更为深层和持久的心理状态，是内外部因素互动的结果。

情感在教学和学习中扮演着无可替代的角色，对个体的思想、行为乃至整个人生都有着深远的影响。根据马斯洛需求层次理论，情感不仅影响人的心理健康，还决定了行为动机。具有积极情感的个体往往拥有更强的学习动机，相反，负面情感可能阻碍思想道德的正常发展。在教育实践中，利用情感进行教学可以实现知识的有效传递，同时建立良好的师生关系与和谐的课堂氛围。例如，教师通过表达对学生学习成果的欣赏，可以激发学生的学习兴趣和自信心，从而提高学生的学习效果。总之，在教育领域，情感的合理运用可以极大地提升教学质量和学习效果，有助于学生的心理健康和人格发展。因此，情感在教学和学习中的作用不仅仅是辅助性的，更是核心和基础性的。

2. 情感教学的内涵

情感教学是一种在教学过程中充分融入情感元素，强调教师与学生之间情感互动的教学方式。不同学者对情感教学的定义各有侧重，但都认识到了其在促进学生全面发展中的重要性。卢家楣在《情感教学心理学》中提出，情感教学是在教学过程中，教师充分考虑认知因素的同时，发挥正向情感因素的作用，以实现教学目标，增强教学效果的活动。[1]这种定义强调了教师在设立教学目标时必须考虑学生的情感因素，目的是培养学生健全的人格和独立的审美情操。

朱小蔓则从结果的角度定义情感教育，认为情感教育关注的是人的情感层面如何在教育的影响下不断产生新的质变和达到新的高度。[2]这种观点更加强调情感教学的长远影响，即通过情感的引导和教育，促进学生情感的正向发展。

情感是由内外部因素交互作用的结果，而要形成积极的情感状态，教育的引导是必不可少的。情感教学的核心是在传授知识的同时，运用情感交流来增强学生的学习动机，引发师生之间的共情。这种教学方式要求教师不仅传递知

---

[1] 卢家楣.情感教学心理学[M].上海：上海教育出版社，2000：2.
[2] 朱小蔓.朱小蔓文集：第2卷 情感发展与素质教育[M].北京：北京师范大学出版社，2023：198.

识，还要关注与知识点相连的情感点，通过情感的触动来提升教育的深度和广度。

情感教学对于提高学生的课堂参与度、创建和谐的师生关系具有重要作用。在实施过程中，情感教学可以视为教学中的一种催化剂，帮助学生更好地吸收和理解知识。在素质教育背景下，情感教学尤为重要，它不仅关注学生的学术成就，还强调德育的养成，是对传统教育模式的重要补充。

教学活动不仅仅是知识信息的传递，还是一种充满情感交流的双边关系。情感教学强调"动之以情"，即通过激发学生的情感兴趣来引导他们学习知识，实现"持之以恒"的教学目标。在这一过程中，教师的情感投入和对学生情感需求的理解至关重要。

情感教学模式的实施不仅需要教师在教学中注重情感的投入，还需要学校提供支持性的环境和设施，同时要求学生具备一定的基础知识和良好的家庭教育氛围。总体而言，情感教学作为一种教学模式，旨在通过情感的正向发展，促进学生的全面发展。

此外，情感教学还有助于学生情绪的管理和社交技能的培养。通过情感的引导和教育，学生可以更好地理解自己和他人，增强同理心，促进人际关系的和谐发展。因此，教师应重视情感在教学中的应用，通过创造积极的情感体验，为学生的全面发展提供支持。

### （二）情感教学的理论基础

情感教学的理论基础植根于人的思想品德形成及其发展规律的研究，主要理论基础如下。

#### 1. 朱小蔓的情感教育理论

朱小蔓的情感教育理论为情感教学模式的实施提供了理论基础，特别强调了情感在教育过程中的核心作用。她认为，从孩提时代起，亲子关系和后续的师生及生生关系对个体的道德和情感发展具有深远的影响，因此主张将道德教育的焦点重新定位于这些基本的人际关系。

在朱小蔓的视角中，教师不仅是知识的传授者，更是情感的塑造者和道德的引导者。她特别强调教师的情感素质和人格魅力在塑造学生道德情感和心灵品质方面的决定性作用。教师通过自身的行为示范、情感表达以及与学生的互动，可以显著影响学生的情感和道德发展。因此，教师需要不断提升自己的职业道德水平、知识深度和情感交流能力，以便有效地支持和引导学生全面发展。

朱小蔓的情感教育理论也批判了现有教育实践中对认知因素的过分强调，而忽略情感因素的倾向。她认为，情感教育应该是教育实践的一个重要组成部分，只有加强师生间的情感交流和正向情感的培养，教育才能更全面地促进学生发展。情感教育不仅能促进学生学术技能的提升，还能促进其社会情感技能的发展，这些技能是学生未来适应社会和个人成功的关键。

2. 人的全面发展理论

人的全面发展理论源于马克思的共产主义哲学，旨在描述一个理想社会中人应有的发展模式。在这种模式中，个体不仅发展其体力和智力，还要在多方面获得平衡发展，这包括劳动能力、个人素质、品质等。该理论最初在《共产党宣言》中提出，后来在马克思的《1844年经济学哲学手稿》中得到进一步阐述，强调教育是实现人的全面发展的关键途径。马克思认为，教育的根本目的在于解放人的全面潜能，使之能在社会生产中发挥积极作用，并通过劳动促进个人的多维度发展。他指出，由于人的社会性，这种全面发展是一个持续的过程，随着社会的不断进步，人的发展也应不断拓展新的领域和层次。在现代教育实践中，这一理论为推行素质教育提供了理论基础，强调教育应关注学生的才能、兴趣、性格和道德品质等多维度的成长。

情感教学作为一种教育模式，与人的全面发展理论在核心理念上高度一致。情感教学通过在教学过程中融入情感元素，关注学生的情感需求和个性差异，不仅促进学生对知识和技能的学习，还重视学生性格、兴趣和道德感的培养。这种教学模式强调教师与学生之间的情感交流，通过建立积极的师生关系和生生关系，创造一个支持学生全面发展的教育环境。此外，情感教学还能有效激发学生的学习动机，使学生在认知和情感上都得到发展。在教学中，教师不仅要传授知识，还要通过情感的引导帮助学生形成正确的世界观、人生观和价值观。这种教育方式能够使学生在感受到学习乐趣和价值的同时，实现个人的全面、和谐发展。

### 3. 马斯洛需求层次理论

需求层次理论是美国著名社会心理学家马斯洛（Abraham Harold Maslow）提出的，该理论系统地阐述了人的需求从基本到高级的分层次结构。在这一理论中，生理需求位于最底层，其次是安全需求，之后是社交需求，再之后是尊重需求，最顶层是自我实现需求。马斯洛认为，只有当较低层次的需求得到满足后，个体才会追求更高层次的需求。

在教育场景中，马斯洛需求层次理论为理解学生的行为和心理提供了理论支撑，特别是在高校英语教学中，教师需要认识到学生不仅有学习知识的需求，还有被尊重和爱护的情感需求。教师不仅是知识的传递者，还是学生情感支持的提供者。教师应关心、关爱和尊重学生，帮助他们在正确的方向上找到自我和实现自我。

马斯洛需求层次理论同样强调，如果学生在成长的早期阶段未能获得足够的爱和保护，可能会在社会生活中出现对安慰和安全的强烈需求。因此，教师需要在教学中提供一个充满支持性和安全性的环境，以满足学生的基本生理和安全需求，进而支持他们的社交、尊重和自我实现需求。

### 4. 人本主义心理学

人本主义心理学提供了对教育实践的深刻见解，特别是在理解学习过程中情感和个性的作用方面。与行为主义心理学不同，人本主义心理学不将人视为简单的刺激反应机器，而是强调人的情感和本性对学习的重要影响。在这一框架下，学习被分为有意义学习和无意义学习两大类，其中有意义学习更符合学生的发展规律和实际需要。

有意义学习侧重学习过程的实质性参与，其中情感的角色尤为关键。这种学习方式认为，有效学习不仅是知识的积累，更是情感、认知与行动的综合体验。学生的情感参与被视为学习成功的关键因素之一，因为只有当学生投入情感时，学习才能达到最深层的影响和持久的改变。

美国心理学家罗杰斯（Carl Ransom Rogers）作为人本主义心理学的重要代表，对教育实践尤其是课堂教学提出了具体的指导原则。罗杰斯倡导的非指导性教学原则，强调教育过程中教师与学生间应建立平等、尊重的关系。这种原则并非简单地放任，而是一种"非直接性"和"非指令性"的引导方式，意在激发学生的内在动机，培养学生自我探索的能力。教师从传统的权威指导者转变为学生学习的支持者和促进者，重视学生的自尊和自主性，创造一个充满尊重和理解的课堂氛围。此外，人本主义学习观还强调，学习的最终目标是帮助学习者实现个人的全面发展和自我实现。这与情感教学的核心理念高度一致，即教育应关注学生的全面发展，包括情感、社交、道德和认知等方面的成长。情感教学通过尊重学生的个性和满足学生的需求，促进学生在舒适和激励的环境中成长。

## 第四节 大学英语教学的发展趋势

随着科技进步和国际交流的深入，英语已不仅仅是一门语言学科，而是成为全球沟通的重要工具。因此，探讨大学英语教学的发展趋势，对于适应教育全球化的需求、满足学生多元化的学习期望以及提高教学质量具有重要意义。当前大学英语教学的几大发展趋势包括信息化、个性化、应用化及混合式等，如图1-9所示，这些发展趋势分析可以帮助教师更好地把握大学英语发展规律，进行英语教学规划。

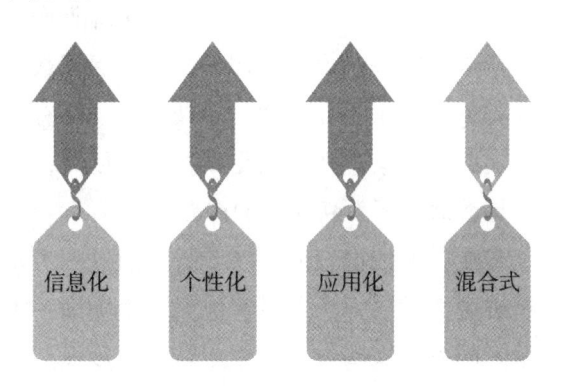

图1-9 大学英语教学的发展趋势

### 一、信息化

在当今教育领域，信息化已成为大学英语教学的发展趋势之一。随着科技的飞速发展，尤其是信息技术的广泛应用，大学英语教学模式和环境正在经历前所未有的变革。信息化教学不仅丰富了教学内容和手段，还为学生提供了灵活多样的学习方式，促进了教学管理的智能化。

第一，信息化教学通过多媒体和网络技术的应用，大大丰富了教学内容和手段。传统的大学英语教学多依赖纸质教材和面对面授课，而信息化教学使得视频、音频、动画以及各种交互式应用成为可能。这些技术的运用不仅可以使语言学习更为直观和生动，也可以使学生在更真实的语境中运用语言，如通过虚拟现实技术模拟英语母语环境，增强学生学习语言的沉浸感。

第二，信息化教学突破了时间和空间的限制，提供了更灵活多样的学习方式。在线教育平台可以使学生根据自己的时间自主学习，同时这些平台上丰富的资源使得个性化学习成为可能。学生可以根据自己的需求和兴趣选择学习内容，以自己的节奏推进学习进度。教师也可以通过在线教育平台来了解学生的学习状况，实时提供反馈和辅导。

第三，信息化教学促进了教学管理的智能化。教育信息系统，如学生信息管理系统、在线成绩管理系统等，不仅简化了教学管理工作，提高了工作效率，还通过数据分析帮助教师更好地理解学生的学习需求和进度。这些系统的应用使得教师可以更有针对性地调整教学策略，实现精准教学。

然而，信息化教学也面临一些挑战。例如，如何保证教学质量、如何处理大量的教学数据以及如何确保学生在使用信息技术时能够有效地学习等，这些都是亟须解决的问题。此外，信息技术的更新换代速度快，如何有效地将最新技术融入教学中，也是教师需要不断探索的课题。

未来，随着人工智能、大数据、云计算等技术的进一步发展和应用，大学英语信息化教学将展现更大的潜力。通过智能化教学辅助系统，可以实现更加个性化和精准的教学。同时，这些技术的应用将进一步提高学生的互动性和参与感，取得更好的教学效果。

总之，信息化已成为大学英语教学发展的重要方向。教师不断探索和应用新技术，可以不断提升教学效果，满足学生多样化的学习需求，为学生提供更高质量的语言学习环境。

## 二、个性化

在现代教育环境中，个性化教学已经成为大学英语教学的发展趋势之一。随着教育理念的不断更新和信息技术的飞速发展，传统的"一刀切"教学模式已经无法满足学生日益多样化的学习需求。个性化教学通过提供定制化的学习方案和灵活多样的教学方法，不仅能有效提升学生的学习动力和效率，还能增强教学的实效性和针对性，是未来大学英语教学的必然发展方向。

个性化教学强调根据每个学生的学习能力、兴趣爱好以及个人背景等因素来调整教学内容和方式。这种方法的提出基于一个核心前提：学生是学习的主体，每个学生的个性和需求都是独一无二的。在实际教学过程中，教师通过深入了解每位学生的具体情况，制订符合其个性特点的学习计划，如对图像记忆能力强的学生多使用图表和视频资料，对动手能力强的学生增加实践操作的环节。这样的教学策略可以使学生在最适合自己的学习环境中成长，提高学习兴趣和效果。

技术的进步为个性化教学提供了强有力的支持。随着人工智能、大数据等现代技术的应用，教师可以更精准地收集和分析学生的学习数据，从而更好地了解学生的学习习惯和进步情况。例如，教师可以通过智能学习系统追踪学生的学习轨迹和成绩变化，据此调整教学策略和学习内容，实现真正的以学生为中心和按需教学。

个性化教学能有效应对学生能力层次的差异性。在大学英语教学中，学生的英语水平和学习基础存在较大差异，传统的集体教学模式很难兼顾每个学生的具体需求。个性化教学通过为学生提供不同层次的学习材料和任务，确保每位学生都能在适合自己的水平上接受挑战和获得支持，进而全面而均衡地发展。

个性化教学有助于培养学生的自主学习能力和批判性思维。在个性化的教学环境中，学生被鼓励根据自己的兴趣和目标选择学习内容，自主规划学习进度和方法。这种教学方式能够激发学生的内在动机，使学生在学习过程中更加主动和富有创造性。

个性化教学符合现代教育对学生全面发展的要求，顺应了教育技术发展的潮流，是大学英语教学未来发展的重要趋势之一。通过实施个性化教学，教师可以更好地发挥教育的育人功能，帮助学生构建知识体系，培养综合能力，为其未来的职业生涯奠定坚实的基础。

### 三、应用化

应用化是未来大学英语教学的发展趋势之一，这一趋势反映了当代教育环境中几个核心驱动力的影响和需求。

第一，经济全球化是推动大学英语教学走向应用化的主要外部因素。在经济全球化的背景下，英语不仅仅是一门学科，还是一种全球通用的交流工具。学生需要使用英语进行跨文化交流、国际合作、专业知识获取和全球问题讨论。这种需求使得英语学习的重点从传统的语法和词汇学习转向如何在实际情境中有效使用英语。

第二，职业市场的需求有力推动了大学英语教学的应用化。当前和未来的工作环境要求毕业生不仅拥有扎实的专业知识，还要具备良好的英语沟通能力。雇主越来越重视求职者的英语应用能力，尤其是在跨国公司和国际组织中，英语的实际应用能力直接关系到职业发展和工作效率。因此，大学英语教学的重点自然转向如何提升学生的实际运用能力，使其能在职场上立足。

第三，教育理念的变化是推动大学英语教学应用化的内在动力。随着教师对学生需求理解的加深，教师开始更加注重培养学生的实际能力而非仅仅传授理论知识。现代教育理念强调学以致用，推崇"做中学"，即通过实际操作和应用来学习，这种理念的普及使得大学英语教学更加注重情景模拟、项目合作和真实交流等应用型教学方法。

第四，技术的进步为大学英语教学的应用化提供了可能。现代信息技术，尤其是互联网和各种交互式平台，为英语提供了广阔的应用场景。学生可以通过网络参与国际讨论，接触到真实的语言环境，实时使用英语进行沟通和信息交换。

总之，经济全球化的背景、职业市场的需求、现代教育理念的变化、技术的进步共同推动了大学英语教学从理论学习向应用实践转变，使得应用化成为未来大学英语教学的重要发展趋势之一。

## 四、混合式

随着互联网技术和新媒体的迅猛发展，大学英语教学采取了混合式教学模式，这种模式将线上与线下教学有效整合，被视为未来教学发展的重要趋势之一。混合式教学不仅最大化地利用了互联网资源，也保留了线下课堂教学的互动性和实效性，使得教学模式更加灵活多样，更能满足当代学生的学习需求。

混合式教学的核心优势在于它能够结合线上自主学习的便利性和线下面授教学的交互性，极大地扩展了学生的学习空间和方式。在这种教学模式中，学生可以通过网络平台进行课前预习和课后复习，利用丰富的在线资源，如视频讲座、互动模拟等，理解和掌握知识。同时，线下课堂侧重教师的现场讲解、学生之间的讨论互动以及实际操作演练，这有助于提升学生的实际应用能力和解决实际问题的能力。

此外，混合式教学通过多媒体和多样化的课程设置，丰富了课堂教学的形式和内容。例如，教师可以在课堂上利用多媒体课件展示复杂的英语语言现象，丰富学生的感知体验；在讨论环节中，可以引入线上互动平台，如论坛、微博等，鼓励学生在非正式的环境中使用英语，增强语言实际应用的自然性和实时性，使课堂教学更加生动和开放，使学生在真实的语境中更好地消化和应用英语知识。

混合式教学还强调学生的自主性和积极性，鼓励学生根据自己的学习节奏和兴趣选择学习路径和资源。这种自主选择的过程不仅能增强学生的学习动机，还能帮助学生发现并形成适合自己的个性化学习模式。在这一过程中，学生能够自主探索、尝试和创新，这对培养学生的独立思考能力和创新能力至关重要。

总之，混合式教学模式灵活，支持多元互动和个性化学习，能有效提升大学英语教学效果，无疑将在大学英语教学领域发挥越来越重要的作用。

# 第二章　混合式教学

## 第一节　混合式教学的定义及其发展

在"互联网+"环境下，混合式教学迎来了快速发展期。同时，随着"互联网+教育"概念的流行和实践的推广，社会各界再次将注意力集中到了混合式教学上，使其成为当下教育创新的热点。

### 一、混合式教学的定义

混合式教学是一种将传统面对面的课堂教学与在线学习有效结合的教育模式。这一教学模式是在现代教育理念和先进技术的共同推动下发展起来的，旨在利用各种教学资源和工具，以提高教学的灵活性和学习的效率。混合式教学模式注重理论与实践的有机结合。

混合式教学的概念最初在20世纪90年代末提出，后来这种教学模式由迈克尔·霍恩（Michael B. Horn）与希瑟·斯特克（Heather Staker）在《混合式学习：用颠覆式创新推动教育革命》中被明确定义，他们认为混合式教学模式是"学生在一部分学习时间内需要在校外但受监督的场所学习，并且参与到部分在线教学中，同时在整个学习过程中能够自主控制学习的时间、地点、路径或进度"[1]。

随着时间的推移，混合式教学的定义不断发展。美国斯隆联盟（Sloan Consortium）在早期提出，混合式教学是传统的面对面教学与在线学习的结合，必须包含一定比例的在线教学元素。到了2007年，该联盟进一步明确了

---

[1] 霍恩，斯特克.混合式学习：用颠覆式创新推动教育革命[M].聂风华，徐铁英，译.北京：机械工业出版社，2015：55.

混合式教学的界定，对混合式教学模式中在线教学的比例进行了明确。

在对国内混合式教学研究成果的查阅中发现，何克抗是国内最早正式推广混合式教学模式的学者之一。他提出，混合式教学模式结合了传统教学与网络教学的优点，旨在发挥教师的主导作用与学生的主动性、积极性及创造性。①这种教学模式不仅仅是传统教学方法的延续，还是在现代技术支持下对教学方式进行的一种创新。

2004年，李克东在《混合学习——信息技术与课程整合的有效途径》中，创新性地详细阐述了混合式教学的八个步骤，从实际操作层面深入讨论了混合式教学模式。

2006年，黄荣怀、舟跃良、王迎指出，混合式学习是"一种基于网络环境发展起来的新兴教学策略"②。

2013年后，在"互联网+"的背景下，混合式教学的概念进一步拓展，被定义为结合移动通信设备、网络学习环境与课堂讨论的教学情境③，这一定义更加强调学习者中心和个性化学习体验的重要性。

从国内外学者的观点来看，混合式教学的核心在于最大限度地发挥线上教学和线下教学的优势，从而改善传统教学模式。这种教学模式旨在解决传统课堂中存在的一些问题，如教师讲授时间过长而学生参与度低、教学空间有限等，构建更加灵活和包容的教学环境，促进学生全面发展。

## 二、混合式教学定义的发展

虽然混合式教学通常被广泛定义为"在线学习与面对面教学的结合"，但自20世纪90年代末至今，这一概念有了明显发展。

---

① 何克抗.从Blending Learning看教育技术理论的新发展（上）[J].中国电化教育，2004（3）：5-10.
② 黄荣怀，周跃良，王迎.混合式学习的理论与实践[M].北京：高等教育出版社，2006：126.
③ 虎二梅，谢斌.基于学习通平台的混合式教学实践研究：以"现代教育技术应用"为例[J].数字教育，2020，6（1）：49-53.

### （一）20世纪90年代末—2006年：注重技术应用

这一阶段主要从技术应用层面进行定义。从2000年起，混合式教学开始受到国内外学者和教育实践者的广泛关注。在这一时期，混合式教学的定义主要侧重其物理特性，其代表性的定义由美国斯隆联盟提出，其被界定为面对面教学与在线教学的结合。这两种教学模式在历史上曾是独立发展的，传统的面对面教学与在线学习相结合具体表现为教学既包括在线教学又包括面对面教学。在这一阶段，学者将混合式教学视为一种新兴的教学模式，强调信息技术在教育教学中的核心角色。根据信息技术在混合式教学中的应用方式及其深入程度，此时期的混合式教学分为五个层次：①无技术支持的纯面授教学；②信息技术的基本应用；③信息技术促进教学；④信息技术主导的教学；⑤纯在线教学。显然，在这个阶段，混合式教学被认为是纯面授教学与纯在线教学的一种过渡形式，是基于信息技术将两者简单结合的结果，而技术的应用程度则成为划分不同层次的关键标准。

### （二）2007—2013年：注重课程设计

自2007年以后，混合式教学的概念得到了进一步的发展和明确。在这一阶段，关于混合式教学的定义，一些学者开始在物理维度上尝试更清晰地界定在线与面授的比例，从而明确将混合式教学视为一种独立的教学模式，而非仅仅是传统与在线教学的过渡形式。例如，美国斯隆联盟对混合式教学的定义进行了更新，明确提出只有当"30%～79%的教学内容采用在线教学"时，才能被归类为混合式教学。同时，米恩斯（Means）等研究者进一步细化这一定义，将"在考核部分的教学内容中，至少有25%采用在线教学"的标准作为混合式教学的一个划分依据。

在此阶段，混合式教学的教学特性也得到了显著发展。学者开始更多地从教学策略和方法的角度审视混合式教学，特别关注在线与面授结合的教学环境下的教学设计。重点在于如何通过这种教学环境优化教与学的"交互"，探索教学互动在混合式学习环境中的变化及其对教学设计的影响。

### （三）2013年至今：注重学生体验

自2013年起，随着"互联网+"时代的来临以及移动技术的飞速发展，混合式教学进入了新的发展阶段。在这一阶段，混合式教学开始正式将移动技术的应用纳入其定义框架中，由原先的"在线教学与面授教学的混合"扩展到"基于移动通信设备、网络学习环境与课堂讨论相结合的教学情境"。此时期的混合式教学重新被界定为一种全新的"学习体验"。在经历了早期以技术和教师为中心的视角之后，学术界开始从学生的角度审视混合式教学，关注这种教学模式如何影响学生的学习过程。混合式教学不仅仅是技术手段的简单结合，还为学生创造了一个具有高度参与性和个性化的学习环境。因此，在这个阶段，混合式教学的核心也转向"以学生为中心"的教学。例如，古德伊尔（Goodyear）强调，真正的混合不仅要将面对面教学与在线教学结合起来，还要在以学生为中心的学习环境中，将教学与辅导方式进行有效融合。这种观点体现了对学生个体差异的尊重和对其学习需求的深入理解。

从上述三个阶段的发展可以看出，虽然在传统意义上混合式教学主要被视为面对面的传统教学与在线教学的结合，但随着对这种教学模式研究的深入，学术界开始认识到混合式教学设计的核心不应仅仅集中在线上和线下的比例调整上，更应侧重为学生创造一种具有高度参与性和个性化的学习环境。而且，混合式教学是一个多层次的综合体，涵盖物理层面的教学空间、技术层面的工具应用以及理论层面的教学方法等多个维度。这种教学模式的设计和实施，旨在通过有效整合各种教学资源和策略，提供一个更好的教学环境，以满足学生多样化的学习需求，促进其全面发展。

## 第二节　混合式教学的理论基础

混合式教学的理论基础包括建构主义学习理论、多模态话语分析理论、探究社区理论、人本主义学习理论、自主学习理论，如图2-1所示。

```
建构主义学习理论
多模态话语分析理论
探究社区理论
人本主义学习理论
自主学习理论
```

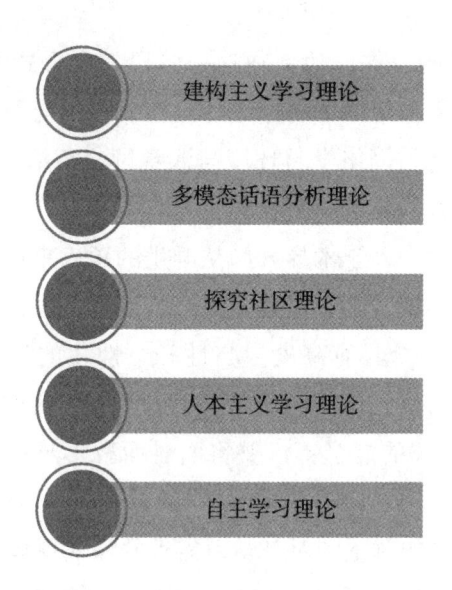

图2-1 混合式教学的理论基础

## 一、建构主义学习理论

### （一）建构主义学习理论的内涵

建构主义知识观认为知识不是外部世界的客观存在，而是学习者通过主动的认知过程主动构建的。知识的获得并非简单灌输，而是学习者基于已有知识的框架，通过实际操作和思考，逐渐构建新的认识和理解。这一理论强调在知识构建中学习者的主动参与和经验的核心作用，强调学习者不是被动接受知识的容器，而是通过与环境互动，在解决问题和反思过程中自我构建知识的主体。

建构主义学习理论源自瑞士心理学家皮亚杰（Jean Piaget）的认知发展理论，认知发展理论是建构主义学习理论的基石。认知发展理论认为，儿童的认知发展经历了四个阶段：感觉运动阶段、前运算阶段、具体运算阶段和形式运算阶段。在每个阶段，儿童都会通过与环境的互动来构建和调整其认知结构。认知发展理论强调"同化"和"顺应"两个过程。同化是指儿童将新的信息融入其现有的认知框架中；顺应则是指儿童改变其认知结构，以适应新的信息或经验。这一过程不断推动认知的发展，促使儿童从简单的感知动作知识逐步过渡到能够进行抽象思维的阶段。

　　苏联心理学家维果茨基（Lev Vygotsky）的社会文化理论对建构主义学习理论也产生了深远影响。维果茨基认为，认知发展是通过社会互动和文化工具的使用来实现的。他提出了"最近发展区"的概念，即学习者在适当的社会帮助下可以达到的潜在发展水平。[1]维果茨基强调语言在认知发展中的重要作用，他认为语言是连接个体内部思维与外部社会文化环境的桥梁。通过社会互动，学习者可以内化外部的文化和知识，进而转化为自己的内部认知资源。

　　建构主义学习理论的内容非常丰富，其基本观点主要包括建构主义知识观、学习观和教学观。[2]其中，建构主义知识观认为，知识不是外在世界中客观存在的实体，而是通过学习者的主动认知活动构建出来的。这种观点强调知识的相对性和主观性，认为学习者通过个人的经验和认知框架对信息进行解释和整合，从而构建个性化的知识体系。在这个过程中，学生的主动性至关重要，他们不是被动接受知识，而是需要主动探索和构建知识。这一观点挑战了传统的教育模式，强调学习的个体差异和个人背景对知识构建的影响。[3]

　　建构主义学习观进一步发展了其知识观的基本思想，将学习定义为一个主动、自主的构建过程。学习者在学习过程中，不仅要接收新信息，还要对已有知识进行重新组合和建构。这种学习方式要求学习者基于自身已有的知识结构，选择和处理外部信息，通过主动思考和应用将新的信息内化为个人的知识。此外，建构主义学习观还强调学习的社会性，认为学习是在社会互动中进行的，学习者通过与他人的交流和合作建构知识，从而更深入地理解和掌握知识。

　　在建构主义教学观中，教师从传统的知识传递者转变为学习的促进者和指导者。教师的主要任务是创造一个支持学生主动学习和探索的环境，提供必要的资源和支架，帮助学生构建和扩展其知识体系。[4]这包括设计富有挑战性的

---

[1] 维果茨基.思维与语言[M].李维,译.杭州：浙江教育出版社,1997：114.
[2] 刘儒德.建构主义：知识观、学习观、教学观[J].人民教育,2005（17）：9-11.
[3] 高文.建构主义学习的特征[J].全球教育展望,1999（1）：35-39.
[4] 周军平.建构主义学习理论及其倡导的教学模式[J].兰州交通大学学报,2006（2）：121-124.

问题和项目，引导学生进行批判性思考和深度讨论，鼓励学生进行反思和自我评估。在教学方法上，建构主义教学观倡导使用合作学习、问题解决、项目导向等策略，以增强学生学习的主动性和实效性。

### （二）建构主义学习理论对混合式教学的理论支撑

混合式教学是将面对面课堂教学与在线教学相结合的一种新型教学模式。这种模式强调学生的主动学习，促使学生从被动接受知识转变为主动探索和构建知识。在这种模式下，建构主义学习理论提供了重要的教学指导和理论支撑。

第一，建构主义学习观认为学习是一个主动的、建构性的过程，这与混合式教学推崇的主动学习精神是一致的。教师在这种模式下，主要扮演指导者和协助者的角色，而不是单向的知识传递者。他们通过设计问题情境，促进学生在实际操作中思考和解决问题，从而理解和掌握知识。

第二，建构主义知识观强调知识是在特定情境中通过个体构建的，这一观点为混合式教学中的在线教学部分提供了方法论基础。在线教学环境能够提供丰富的资源和工具，支持学生在虚拟情境中探索、实验和交流，这些都是知识构建不可或缺的部分。

第三，从教学观的角度来看，建构主义学习理论倡导的教学设计原则，如真实性、情境性等，都可以在混合式教学中得到有效应用。教师可以利用线上平台提供的多媒体工具和互动功能，创造仿真的教学环境，使教学环境更加贴近实际，增强教学的针对性和有效性。

## 二、多模态话语分析理论

多模态话语分析理论源于对传统语言分析方法的改进，传统方法主要依赖文本和口语的分析，无法捕捉全面和立体的信息。多模态话语分析理论认为，除语言外，图像、音乐、手势、颜色和空间布局等都是重要的交流工具，每一种都有特定的意义并对信息的整体传达起着关键作用。这种理论关注不同的符号系统如何在文化语境中相互作用，通过它们的组合和配置来加强信息的表达。例如，在一则广告中，图像可能用来吸引人们的注意，文字用来提供具体信息，音乐则用来调动人们的情感，这些模态的综合使用能够创造出比单一模态更为丰富和有说服力的信息。多模态话语分析的目的是探索这些不同模态是如何在特定的文化背景下工作和互动的，从而更深入地理解它们如何共同构建意义。

多模态话语分析理论尤其适用于分析当代的媒体和交流形式，如网站、电视节目、电影和数字广告等，这些领域中模态的多样性和复杂性尤为突出。通过多模态话语分析，研究者可以识别不同模态之间的协同作用和潜在矛盾，以及这些模态如何被用来塑造观众的观点和情感。在教育领域，这种分析可以帮助教师设计更有效的教学方案，使之不仅仅依靠文字，更通过图像、互动和声音来促进学习和理解。同样，在广告和市场营销中，多模态话语分析理论可以帮助专业人士理解如何通过不同的符号系统来有效地影响消费者的决策。

多模态话语分析理论为混合式教学提供了深刻的理论支撑，特别是在设计和实施教学策略方面。这种理论强调在现代教育实践中综合利用多种符号系统，包括文本、图像、音频和视频等，以创建和传达意义。在混合式教学中，教师可以通过结合线上和线下的多种教学资源，来丰富学生的学习体验，提升教学效果。

在教学材料设计方面，多模态话语分析理论主张使用视频讲座、图表和动画等形式的材料，这些都是多模态资源的体现。这些教学材料能够满足不同学生的需求，从而提高他们的学习动机和效率。

教学交互的丰富性也是多模态话语分析理论的一个重要应用点。在混合式教学中，教师可以设计各种互动活动，如通过文本聊天、视频会议和实时投票等方式进行线上讨论。这种方法不仅增强了学习的多样性和互动性，还提升了学生的参与度。此外，多模态交互还可以帮助学生更好地理解和吸收信息，尤其是当教材内容复杂或抽象时。

## 三、探究社区理论

探究社区理论是在混合式教学领域中极具影响力的理论，该理论认为，社会临场感、教学临场感、认知临场感的集成是实现有效混合式教学的关键。社会临场感涉及学习者在在线学习社区中建立信任、情感和社会互动的能力，强调个体如何在网络环境中表达自己的个性和发展人际关系。教学临场感则关注教师在设计课程、引导讨论及直接教学活动中的角色，确保教学活动的组织和实施能够帮助学生达到学习目标。认知临场感是指在探究过程中学习者能够达到的理解和知识建构水平，强调通过批判性思考和深度学习来实现知识的深层处理。

在混合式教学的支撑中，探究社区理论提供了一个理解和评估教学互动性及学习成效的强大工具。[1]该理论指出，只有当社会临场感、教学临场感、认知临场感在混合式学习环境中得到有效融合和提升时，学习才能达到最优效果。社会临场感为学习者创建了一个支持和鼓励的学习环境，促进了学生之间的互动和团队合作，这是提高学生参与度和满意度的关键。教学临场感确保教育活动得到妥善设计和执行，增强了教学的方向性和结构性，从而直接影响学习成果的质量。认知临场感则直接关系到学习者对知识的深入理解和应用，是混合式教学的核心。

通过分析混合式教学环境中社会临场感、教学临场感、认知临场感的表现，教育者可以有效地设计和调整教学策略，从而提升教学效果。例如，强化社会临场感可以通过增加互动讨论和团队项目来实现，提升教学临场感需要通过精心设计的教学活动和明确的指导，认知临场感的增强则依赖持续的挑战和批判性思考。探究社区理论的实施不仅夯实了混合式教学的理论基础，也为教育实践提供了实际的指导，确保了教学和学习活动能够在多种环境中有效地进行。

## 四、人本主义学习理论

人本主义学习理论于20世纪中叶在美国兴起，主要由罗杰斯、马斯洛等心理学家推动。这种理论从人的发展和个体潜力的角度出发，强调教育过程应以促进个人自我实现和全面发展为目标。罗杰斯和弗赖伯格（Jerome Feriberg）强调将心理治疗中的方法应用于教育，提倡建立一个支持性、非指令性的学

---

[1] 兰国帅. 探究社区理论模型：在线学习和混合学习研究范式[J]. 开放教育研究，2018, 24（1）: 29-40.

习环境，使学习者能在其中自由探索和学习。[1]罗杰斯提出的教学理念主张以学生为中心，认为教学应关注学习者的内在需求和个人成长，而非仅仅传授知识。

人本主义学习理论的核心是尊重学习者的主体地位，强调教育应促进学习者的自主性和创造性。这种理论认为，学习最有效的方式是学习者主动参与和自我驱动的过程。因此，教师应转变为提供者和促进者，提供必要的资源和支持，帮助学习者在个人意义的构建过程中发展自我导向的学习技能。

在混合式教学中，人本主义学习理论提供了重要的理论支撑，人本主义学习理论强调"以学习者为中心"，混合式教学与其不谋而合，特别是在如何设计学习环境和学习活动以促进学习者自主学习方面。混合式教学结合了线上和线下的教学模式，使学习不再受传统的时间和空间限制。线上学习平台提供了灵活的学习资源，如视频讲座、互动讨论和自评工具，学习者可以根据自己的节奏和兴趣选择学习内容和时间，从而增强了学习的自主性和个性化。

此外，人本主义学习理论还强调学习过程中的情感和社会交往的重要性。学习过程中的情感和社会交往可以通过混合式教学中的社交媒体和协作平台得到加强。这些工具能使学习者在虚拟环境中与同伴交流和合作，建立学习社区，而混合式教学中的线上教学不受地域、空间、时间限制，有利于学习社区的建立，使学习者共同探讨和解决问题，从而促进了学习的社会化。

## 五、自主学习理论

自主学习理论是教育心理学中的一个重要分支，它强调学生通过独立主动地分析、探索和实践等方法来获取知识，而非传统的被动接受式学习。这种学习方式重视学生的主动参与和学习动机，体现了对发挥学生主体性的重视。自主学习的定义尚未统一，不同的学者对其有不同的解释。

亨利·霍尔克等学者认为自主学习包括学习者能够自主管理学习目标、内容、进度和方法，以及能够自主监控学习过程和评估学习效果。庞维国等则从学习活动的各个阶段来定义自主学习，包括学习前的目标设定、内容选择和计划制订，学习过程中的进度调节和方法调整，以及学习结束后的总结、反思和

---

[1] 罗杰斯，弗赖伯格.自由学习[M].王烨晖，译.北京：人民邮电出版社，2015：191.

评价。

自主学习理论的核心在于培养学生的自我管理能力，让学生在教师的指导下能够自我规划和管理学习的各个阶段，并自觉完成学习任务。这种学习方式要求学生具有强烈的学习动机和浓厚的学习兴趣，同时需要有足够的自我选择空间来促进其个性发展。

自主学习理论为混合式教学提供了重要的理论支持，混合式教学作为一种结合线上和线下教学元素的教学方式，为自主学习提供了理想的环境。在混合式教学中，学生可以利用线上教学资源的高传输效率及时间、空间的灵活性，自主选择学习内容和调整学习计划。这种教学模式通过提供丰富的在线资源，满足了不同学生根据自己的兴趣和需求进行个性化学习的需要，从而有效地促进了学生自主学习能力的发展。

## 第三节　混合式教学的类型

混合式教学可以从时空和教学两个关键维度进行深入理解和分析，如图2-2所示，在这两个维度的指导下进行分类，不仅条理清晰，能帮助教师归类和识别不同的教学模式，看到混合式教学的多样性，还能让教师根据具体的教学需求和学习环境，设计出更为有效的教学方案。

图2-2　混合式教学的划分依据

### 一、从时空维度进行划分

从时空维度分析，根据线上和线下教学元素的不同比例，混合式教学可以分为三种基本类型：线上主导型混合式教学、线下主导型混合式教学以及时空融合型混合式教学，如图2-3所示。

图 2-3　混合式教学从时空维度进行划分的类型

### （一）线上主导型混合式教学

线上主导型混合式教学以网络平台上的课程讲授为核心，辅以线下答疑和讨论的面授交互来增强学习效果。这种模式根据教师和学生在面授和线上学习中的互动方式的时间和空间差异，可以细分为线上同步型混合式教学和线上异步型混合式教学。

线上同步型混合式教学通常应用于需要即时反馈和实时互动的场景。教师可通过线上平台指导学生观看预先录制的视频讲座，并在视频播放结束后立即进行实时的在线答疑和讨论。这种模式使得教学活动能够在不同地点同时发生，有效保持教学的连续性和互动性。

线上异步型混合式教学更加注重学生的自主学习，学生主要通过线上课程[如大型开放式网络课程/慕课（massive open online course, MOOC）、小规模私人在线课程（small private online course, SPOC）]进行学习，而线下的交互主要集中于对学生在自学过程中遇到的疑难问题进行深入探讨。在这种模式下，线下的面授环节通常安排在学生吸收线上内容之后，目的是通过讨论和答疑来巩固和深化在线学习的成果，从而实现学习效果的最大化。

### （二）线下主导型混合式教学

线下主导型混合式教学主要依托传统的面对面授课方式，包括讲授、讨论、测试等教学活动。该模式集线下教学的直接性和技术辅助的便利性于一体，根据课堂与技术的互动方式不同，可进一步分为线下同步型混合式教学和线下异步型混合式教学。

线下同步型混合式教学是在传统教室环境中，通过电脑或移动技术设备来增强教学互动，如利用电子设备进行课堂签到、即时抢答或即时测试。在这种模式下，技术辅助的教学活动与传统的面授活动同时进行，因此称之为线下同步型混合式教学。这种方式能有效增强学生的参与感和互动性，提升课堂的动态性。

线下异步型混合式教学以面对面的课堂教学为主，学生在课外可通过在线和移动工具进行自主学习。例如，学生可能会在家通过网络平台复习课堂内容，或利用专门的应用程序进行英语听力练习。这些活动与传统教室教学在时间和空间上是分离的，因此被归类为线下异步型混合式教学。这种模式的优势在于它扩展了学习的范围和时间，使学生可以根据个人的学习节奏和时间灵活地学习。

### （三）时空融合型混合式教学

时空融合型混合式教学特别强调线上和线下教学活动的无缝整合，不再以传统的时间分配为界限，而是让这两种形式在教学过程中相互渗透和融合。这种模式打破了线上和线下的固有界限，使得教学活动可以在同一物理空间内同时发生，或在同一时间段内通过不同的媒介进行，从而创造出一种新的教学动态。在时空融合型混合式教学中，教师的讲授和学生的在线自主学习不再严格依赖课堂时间的安排。例如，教师可以在课堂上实时讲解概念，同时利用技术手段提供即时的在线资源和互动平台，让学生即时接入相关内容或进行深入探讨。此外，学生也可以在课外时间通过线上平台继续参与课堂讨论，或访问由教师推荐的学习材料，从而实现学习活动的时空延续性。设计时空融合型混合式教学需要考虑课程的特点、教学目标及学生的具体需求。例如，对于需要大量实践和实时反馈的课程，这种模式可以通过在线工具实现即时的技术支持和教学互动。同时，对于那些需要深度思考和批判性分析的课程，线上组件可以提供额外的资源和讨论平台，支持学生的深入学习。

## 二、从教学维度进行划分

从教学维度看，混合式教学可以分为讲授型混合式教学、自主型混合式教学、协作反馈型混合式教学三种类型,如图2-4所示,每种类型具有其独特的教学特色和适用场景。

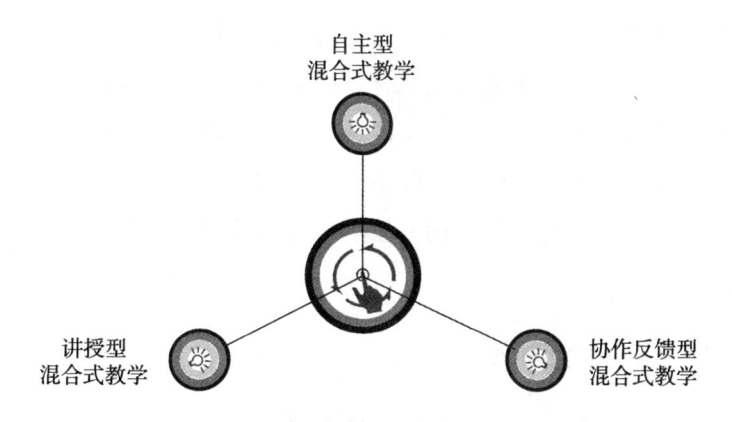

**图2-4 混合式教学从教学维度进行划分的类型**

### (一) 讲授型混合式教学

讲授型混合式教学主要采用以教师为中心的讲授方法,涵盖从传统线下课堂到线上直播讲座的各种形式。在这种模式下,学生的角色主要是接收信息,通过聆听教师的讲解来获取知识。这种方法的优势在于能够高效地传授大量知识,适合需要大规模知识转移的课程。然而,学生在这一过程中的参与度相对较低,多数时间处于被动学习状态。为了提升互动性,这种教学方式经常与其他教学方式相结合,如引入线上讨论和互动问答环节,以提高学生的参与度和学习动力。

### (二) 自主型混合式教学

自主型混合式教学强调学生的主动学习和自我驱动。学生可以根据自己的学习节奏和时间,自主选择线上学习材料进行学习。通过移动学习平台,学生能够随时参与到课程的讨论和答疑中,利用线上自测工具和同伴评价来检测自己的学习进度和理解深度。这种模式特别适用于成熟度较高、具备自学能力的学生,能够促进学生独立思考和解决问题能力的发展。此外,自主型混合式教学还可以结合个性化学习路径的设计,为每位学生提供符合其学习需求和兴趣的内容与活动。

69

### （三）协作反馈型混合式教学

协作反馈型混合式教学侧重创建互动和协作的学习环境。教师在这种模式中扮演的是设计者和引导者的角色，负责设计具有挑战性的学习情境，支持和促进学生的协作学习。学生通过团队合作解决问题、完成项目，其间教师和同伴提供及时的反馈和支持。这种类型的教学不仅加深了学生对知识的理解，还发展了他们的沟通能力和团队协作能力以及批判性思维。同时，教师通过分析学生的在线学习数据，可以及时调整教学内容和策略，以优化教学过程，提高教学效果。

## 三、两个维度的排列组合

根据混合式教学的基本分类框架，结合时空和教学两个维度，混合式教学可以被系统地描述为一个 3×3 的矩阵模型。这种框架有效地涵盖和描述了目前存在的各种混合式教学模式，并为不同学科的教师提供灵活的教学设计选择。混合式教学模式可以根据教学内容、学生需求和教学目标的不同而有所不同。

以大学英语翻转课堂为例，这一模式在初始阶段可能被定义为线下主导的自主型混合式教学，即翻转课堂1.0。在这一教学模式中，学生在课前进行自主学习，而这个学习活动通常没有固定的学时分配，主要依赖学生的自我管理。随着翻转课堂模式的发展和完善，教师开始为学生的线上自主学习分配特定学时，更加注重对学生线上学习行为的跟踪和反馈，这种模式演变为线下主导、协作反馈式的翻转课堂2.0。而基于MOOC或SPOC的混合式教学1.0最初可能是线上主导的讲授型混合式教学。随着教师对教学大数据的分析和挖掘以及教学互动和学生协作的增加，这种模式逐渐演变为线上主导的协作反馈型混合式教学，即基于MOOC或SPOC的混合式教学2.0。基于两个维度的排列组合的混合式教学分类具体如表2-1所示。这些模式的变化和归类也从一个侧面表明混合式教学的升级不仅体现在教学方法的纵向深化上，也期待在时空整合的横向拓展上实现创新。

表 2-1　基于两个维度的排列组合的混合式教学分类

| 教学维度 | 时空维度 | | |
|---|---|---|---|
| | 线下主导型混合式教学 | 线上主导型混合式教学 | 时空融合型混合式教学 |
| 讲授型混合式教学 | | 基于 MOOC 或 SPOC 的混合式教学 1.0 | |
| 自主型混合式教学 | 翻转课堂 1.0 | | |
| 协作反馈型混合式教学 | 翻转课堂 2.0 | 基于 MOOC 或 SPOC 的混合式教学 2.0 | |

从这些变化可以看出，混合式教学的演进和升级需要教育技术和设备的支持，以提供更加真实的学习环境。同时，这对教学设计和教学活动的开展提出了更高的要求，教师需要更精准地设计和调整教学活动，以适应不断变化的教育技术环境和学生的学习需求。这种综合应用和创新不仅优化了教学效果，也极大地提升了学生的学习成效。

### 四、混合式教学的典型表现形式

#### （一）基于翻转课堂的混合式教学

基于翻转课堂的混合式教学是当代教育发展过程中的一种新教学模式，它重新定义了传统教学的结构和流程。翻转课堂这一概念的核心在于将传统课堂活动的顺序"翻转"过来，即将课堂内的讲授和课堂外的作业调换位置。在这一模式下，学生不是在课堂上接受新知识的讲授，而是通过课前的自主学习来接触和理解新的概念与知识点，课堂时间则专注于加深理解、应用知识和提升高阶思维能力的活动。

翻转课堂的主要理念是优化课堂时间的使用，通过将信息传递的部分转移到线上，释放课堂时间用于开展以学生为中心的学习活动或互动活动。这种教学模式的出现，是对传统教学模式的一种反思和创新，旨在更好地适应数字化时代学生的学习习惯和需求，增强学习的针对性和有效性。

在实施基于翻转课堂的混合式教学时，教师通常将各种在线资源（教学视频、电子阅读材料、互动讨论板等）作为学生课前自主学习的主要内容，让学生在课前通过访问这些在线资源来构建初步的知识框架，在课堂上通过小组讨论、问题解决任务、案例分析等深入探讨和实践，以巩固和拓展他们的理解。这样的教学设计不仅增强了学生学习的主动性，还加深了学生对知识的理解。

混合式教学在此过程中体现得尤为明显，它将面对面教学和在线教学有机结合，使得教育活动不再受限于物理空间和特定时间。这种模式的实施，可以使学生根据自己的时间表和学习进度灵活地进行学习，并在课堂上得到同伴和教师的即时反馈和支持。

此外，基于翻转课堂的混合式教学强调教师的引导和支持作用。教师在教学过程中扮演的是设计者、引导者和辅导者的角色，他们设计适合学生自主学习的在线资源，安排促进学生深入思考和互动的课堂活动，评估和反馈学生的学习成果。这种教学模式有效地促进了学生批判性思维、解决问题的能力及自主学习能力的发展，更符合21世纪教育的要求。

### （二）基于慕课的混合式教学

慕课是一种新的教育形式，通过互联网为学习者提供开放的学习资源。其具有以下特点：一是能吸引成千上万的参与者；二是对所有人开放，突破了传统教育的界限；三是所有教学活动（如授课、互动、提交作业等）均通过网络完成；四是提供完整的课程内容，包括视频、笔记以及其他学习材料。慕课作为教育技术的典范，其优势在于能够广泛覆盖不同的学习者，提供丰富的资源，并以较低的成本进行学分认证。学习者可以根据自己的时间和兴趣自由选择学习内容，灵活地学习，获得良好的互动体验。

基于慕课的混合式教学模式是一种将面对面课堂教学与在线教学相结合的教学模式。这种教学模式充分利用了传统教学和在线教学资源的优势，可以为学生提供多元化的教育体验。在基于慕课的混合式教学中，教学资源既包括课堂教学中使用的教材和课件，也包括在线学习平台上的课程资源。这种资源的多样化可以使教师根据教学需求选择合适的教学材料，使学生根据学习需求选择合适的学习材料，从而优化教师的教学过程和学生的学习过程。另外，基于慕课的混合式教学模式不仅仅是将课内的正式学习与课外的非正式学习结合起来，还通过线上的自主学习和线下的师生互动来完成知识的传递和内化。在线学习平台支持自主学习、协作学习、互动讨论等多样的学习方式，而传统课堂则提供了必要的面对面交流，弥补了在线学习中可能缺失的情感联系。

在这种教学模式中，学生将自主学习和协作学习相结合，不仅可以通过自主学习独立完成任务，提升个人思考和解决问题的能力，还可以通过小组合作项目增强交流和协作技能。

评价在基于慕课的混合式教学中呈现多样化的特点，包括诊断性评价、过程性评价和总结性评价。诊断性评价可以帮助教师在课前了解学生的学习风格和基础能力，以便制订合适的教学策略；过程性评价关注学生在学习过程中的表现，包括学习动机、参与度和技能提升；总结性评价则在学习阶段结束时进行，以评估学生的整体学习成效。

## 第四节　混合式教学模式的特征和优势

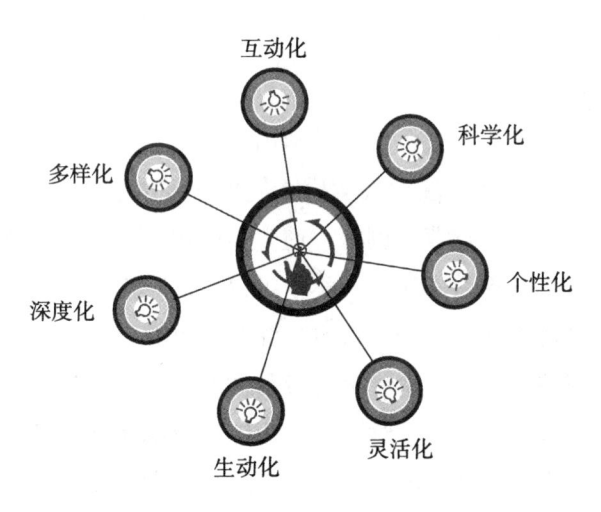

### 一、混合式教学模式的特征

混合式教学模式具有互动化、多样化、深度化、生动化、灵活化、个性化、科学化的特点，如图 2-5 所示。

图 2-5　混合式教学模式的特征

## （一）互动化

混合式教学模式通过结合线上与线下教学元素，显著增强了教学的互动性。在这种模式中，互动不仅仅发生在传统的面对面课堂教学中，还通过各种在线平台进行。例如，利用课程管理系统、社交媒体和即时消息工具，教师能够与学生进行实时的沟通交流，及时回应学生的疑问和讨论。此外，线上论坛和小组项目能使学生在课外自主地与同伴交流思想和信息，这种方式使得学生即使不在同一空间，也能够进行有效的沟通和协作。通过这些多元化的交流渠道，混合式教学有效突破了时间和空间的限制，增强了教学过程中的师生互动和生生互动，使学习过程更动态、学生的参与度更高。

## （二）多样化

混合式教学的多样化体现在教学资源、教学方法和学习活动的广泛应用上。这种教学模式融合了教室教学资源（如课本、实物模型等）与数字化教学资源（如在线课程、虚拟实验室、视频短片等），为学生提供了多种学习选择。在教学方法上，混合式教学结合了翻转课堂、案例教学、任务驱动法、模拟游戏等多种教学方法，可以通过不同的教学手段满足不同学生的学习需求。此外，学习活动的设计也更为多样，包括借助多媒体进行课堂提问、课后线上答疑辅导、小组讨论等，这些活动设计的多样化不仅丰富了学习内容，也增强了学习的趣味性和参与性。

## （三）深度化

混合式教学的深度化特征体现在教学内容的丰富和课程目标的深远上。通过整合线上线下教学资源，这种教学模式使得课程内容不仅包括教科书知识，还包括最新的研究成果、行业案例等，使学生能够对学科有更全面、更深入的理解。同时，通过线上预习和讨论，学生可以在面对面课堂教学之前就对教学内容有所了解，这使得课堂上的交流更加深入、更有针对性。教师可以设计以问题为基础的学习项目，引导学生进行批判性思考，培养学生的创新思维，从而使学生不仅仅掌握了知识，更学会了运用知识解决实际问题。深度化也表现在学习过程中对学生个人能力的培养方面，如自主学习能力、协作能力和跨文化交流能力的培养，这些能力都是当代教育所强调的关键技能。

## （四）生动化

混合式教学的生动化特征主要表现在通过各种教学媒介和活动获取自己所需的资源，使课堂内容变得更加直观和引人入胜。在传统教学模式中，信息的传递往往依靠文字和口头讲解，这种单一的信息传递方式可能导致学生注意力分散，难以保持学习兴趣。而混合式教学通过运用多媒体技术，能够使抽象的知识形象化、生动化。例如，在讲解复杂的科学原理时，教师可以使用动画模拟实验过程，或者采用虚拟现实技术让学生亲身体验实验操作，这些直观的展示方式不仅增强了学习的趣味性，还有助于学生更好地理解和掌握知识。

此外，混合式教学还经常采用案例研究、角色扮演等互动式教学方法，这些方法能够调动学生的积极性和主动性。通过让学生在模拟的真实场景中解决问题，教学内容变得更加贴近实际，学生的学习体验也更加深刻。这种教学模式使得学习过程不再枯燥，变得充满活力和创造性，极大地提升了学习的吸引力和有效性。

## （五）灵活化

混合式教学的灵活化特征表现在教学时间、空间和方式的灵活上。与传统教学模式相比，混合式教学打破了时间和空间的限制，学生可以根据自己的时间表在任何地点通过网络访问教学资源，进行自主学习。这种教学模式特别适合现代学生的生活节奏，可以使学习更自然地融入学生的日常生活中。

在教学方式上，混合式教学融合了线上自学和线下面授的优势，教师可以根据课程目标和学生的反馈灵活调整教学计划和内容。例如，对于基础知识，学生可以通过在线视频课程自行学习；对于复杂的问题，学生可以在课堂上通过讨论和合作学习来深入探讨。这种灵活的教学方式不仅使教育资源得到有效利用，也符合学生的学习节奏和风格，从而促进了教学的个性化。

## （六）个性化

混合式教学模式在个性化教学方面表现突出，能够充分考虑学生的个别差异和特定需求。利用先进的教育技术，教师可以为不同层次的学生设计不同难度的教学内容和活动，实行金字塔式的分层级教学，真正实现因材施教。在课前，教师可以根据学生的学习水平和兴趣，提供不同层级的预习材料，让学生根据自己的水平自主选择，从而实现个性化学习。

在课堂教学中，通过实时的反馈和评估系统，教师能够及时了解学生的学习进度和理解程度，调整教学内容和策略，确保每个学生都能获得支持和接受挑战，打破以教师为主导的课堂模式，变成真正的以学生为中心，发挥学生的主体作用。课后，通过个性化的作业和项目，学生可以在感兴趣的领域深入学习，同时通过小组合作提升交流和合作的能力。这种教学模式不仅关注学生知识的掌握，还重视学生能力的全面发展，使每个学生都能在自己的学习道路上获得最大的成长，培养出社会需要的高质量人才。

### （七）科学化

混合式教学模式通过科学化的方法全面提升了教师的教学质量和学生的学习效率。这种教学模式利用互联网平台的强大功能，实现了教学活动和学习活动的量化与直观化，从而为教学过程的科学管理和评估提供了可靠的数据支持。

在这种教学模式下，评估和考核方式经历了重大的革新。传统的依赖期中考试和期末考试的一次性考核方式不足以全面评价学生的学习成果，因此混合式教学模式引入了更加动态和持续的评估系统。这种新的评估系统是双向的、分散的、可视化的和全方位的，它不仅关注学生的学习成果，也关注教师的教学情况。通过这种过程性考核，教学效果在教学过程中被持续监测和评估，有助于教师优化教学内容，及时调整教学策略。例如，利用线上教学平台，如U校园或雨课堂，教师可以收集和分析大量的教学数据，如学生的参与度、学习进度和测试成绩等。这些数据不仅可以直观地展示学生的学习行为和成果，还可以反映教师的授课效果。基于这些数据，教师可以进行有针对性的教学设计，如调整课程难度、优化教学方法或者增加互动环节，以提高教学的实效性。

此外，这种科学化的教学模式也反向支持个性化学习。通过分析学生的学习数据，教师可以为每位学生提供定制化的学习建议和资源，帮助他们在自己的学习道路上取得更大的进步。同时，学生可以根据反馈信息，自主调整学习策略和进度，实现自我优化。

## 二、混合式教学模式的优势

混合式教学模式具有一定的优势，具体如图2-6所示。

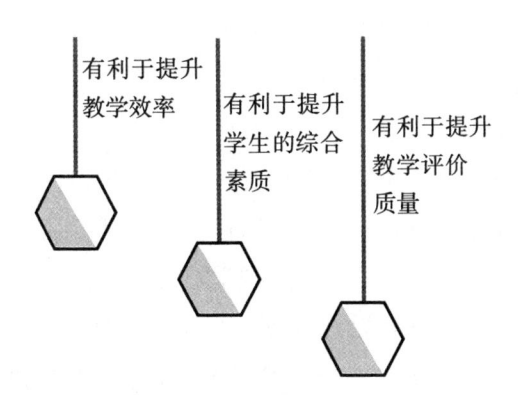

图2-6 混合式教学模式的优势

### （一）有利于提升教学效率

混合式教学模式极大地提升了教学效率，这主要得益于其以学生为中心的教学设计和丰富多样的教学资源。在这种模式下，教师从传统的知识传递者转变为学生学习的促进者和引导者。教师根据学生的学习需求和兴趣，精心设计教学活动，使得学生能够在互动和参与中主动探索和学习，从而提升了学生的学习动力和参与度。

混合式教学模式中的教学资源，如视频、音频和图形图像，不仅增强了学生的感官体验，也帮助学生更有效地吸收和理解复杂的概念。学生可以根据自己的时间，在任何地点通过网络访问这些资源，有效利用零碎时间进行学习。这种灵活的学习方式减少了因时间和地点限制带来的学习障碍，使学生能够更频繁、更深入地与学习内容互动。

此外，混合式教学模式通过线上和线下结合，使得学生在遇到学习难题时可以即时获得教师和同学的支持与帮助。这种及时的反馈机制不仅帮助学生及时解决问题，避免了学习上的困惑和挫败感，还加深了学生对知识的理解和掌握。学生通过实际操作和讨论，从不同角度和深度对知识进行探索和应用，从而突破思维的局限，取得更优的学习效果。

## （二）有利于提升学生的综合素质

混合式教学模式在高校教育中的应用显著提升了学生的综合素质，尤其是在理论知识与实践能力的融合上表现突出。这种教学模式通过结合线上自主学习与线下互动教学，为学生提供了一个全面发展的平台，强调并促进学生在多个维度上的能力提升。

混合式教学可以通过丰富的教学资源和灵活的学习方式，使学生在掌握理论知识的同时，增强应用这些知识解决实际问题的能力。在线平台提供的多媒体教学材料，如视频、模拟实验等，可以让学生在理解抽象概念的基础上，通过视觉和实操体验深化知识的理解。这种学习方式不仅巩固了学生对专业知识的掌握，还激发了他们的探索精神和创新思维。在课堂内部，教师运用讨论、辩论、案例分析等教学方法，进一步锻炼学生的批判性思维和问题解决能力。通过小组合作项目，学生不仅能够将线上学到的知识应用于具体情境，还能够在与同伴的交流和合作中，提升自己的沟通能力和团队协作能力。这些能力是学生未来职业生涯中不可或缺的。此外，混合式教学模式还鼓励学生从多元化的角度审视问题，通过课程设置，使学生接触到与专业相关的跨学科知识，如将人文社科内容融入技术和科学学习中。这种跨学科的学习模式可以帮助学生建立更为全面的知识体系，培养他们站在更宽广的视角看待问题的能力。

综合来看，混合式教学模式有效地发展了学生的理论与实践融合能力、批判性思维、沟通与协作能力以及跨学科的综合素养，从而全面提升了学生的综合素质，为他们未来在复杂多变的社会和职场环境中成功奠定了坚实的基础。

## （三）有利于提升教学评价质量

混合式教学模式极大地促进了教学反馈的效率和质量，为高校教育带来了显著的改变和提升。在传统的高校教学中，教师与学生的互动往往有限，这导致教师难以准确了解学生的学习状况和需求，进而影响教学方法的有效性和学生的学习投入。而混合式教学模式通过整合线上线下的教学资源和活动，显著提升了教师与学生之间的互动频率和质量。

在混合式教学中，教师可以通过线上平台实时收集学生的学习数据，如在线测试的成绩、电子作业提交情况等。这些数据为教师提供了实时的反馈，使得教师能够快速准确地掌握学生的学习进度。基于这些信息，教师可以及时调整教学策略，如改变教学内容的难度，增加课堂上的互动环节，或者提供更多的个别指导，以更好地满足学生的学习需求。

此外，混合式教学还允许教师设置多元化的考核方式，包括传统的书面考试、在线自评、同伴评价和项目作业等。这种多样化的评估体系不仅能全面地评价学生的学习效果，也能激励学生从多个角度和层面深入学习。通过持续和多角度的评估，学生能够获得关于自己学习状态的持续反馈，从而有针对性地改正学习中的不足，制订更加科学和合理的学习计划。

通过这种教学模式，学生的学习过程变得更加透明和可控，教师的教学更加精准和有效，共同促进了教学资源的优化利用和教学效果的最大化。因此，混合式教学模式不仅改善了教学过程中的师生互动，也为学生提供了一个更加个性化和科学化的学习环境，有力地支持了高校教育教学工作的长效开展。

# 第三章　混合式教学的实施保障

## 第一节　混合式教学服务体系构建

随着技术的快速发展，教育行业面临着从传统教学模式向更为灵活、互动性强的新型教学模式转变的需求。混合式教学模式融合了在线教学与课堂教学的优势，不仅能够提升教学效率，还能为学生提供更加个性化的学习体验。这种模式的实施需要服务体系的支持，以保证教学活动的顺利进行和资源的有效配置。

### 一、混合式教学服务体系构建的思路

混合式教学模式是集线上学习的便捷性与线下教学的互动性于一体的综合性教学模式，其需要一个有效的服务体系来支撑，去协调和管理、优化线上和线下各种资源要素，以确保教育资源和技术的最佳利用。具体来说，混合式教学服务体系的构建要从三个方面入手，如图3-1所示。

- 围绕四个能力，明确体系构建目标
- 围绕五个维度，构建服务保障体系
- 围绕六个阶段，提供全流程支持性服务

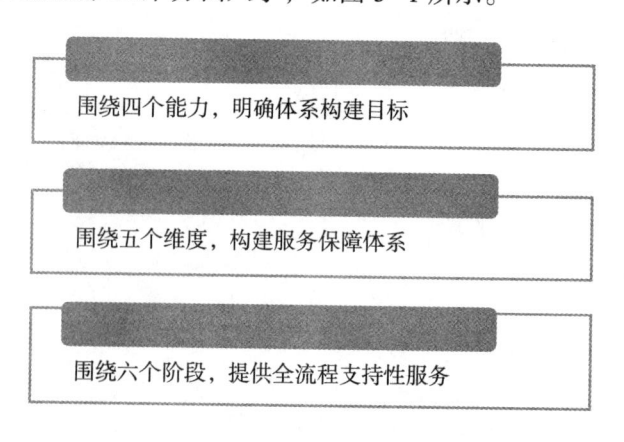

图3-1　混合式教学服务体系构建的思路

### （一）围绕四个能力，明确体系构建目标

在混合式教学服务体系的构建中，提升混合学习力是一个核心目标。这种学习力是一种综合能力，既融合了传统课堂学习的特点，也整合了在线学习的优势，重点在于实现线上和线下学习活动的有效结合。混合学习力包括四个关键要素：内驱力、认知力、意志力和应用力，如图 3-2 所示。这些能力共同反映了混合学习者在学习过程中的表现水平。

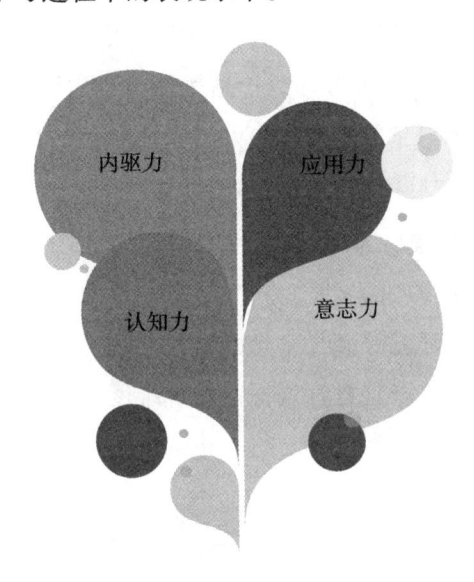

**图 3-2　混合学习力的内容**

1. 内驱力

内驱力是促使学生积极参与混合式学习活动的内在动力。内驱力能够推动学生探索新知识，克服学习过程中遇到的挑战，保持学习的持续性和主动性。

2. 认知力

认知力指的是学生在混合学习环境中构建知识、解决问题的能力。这种能力能够使学生有效地处理信息，进行批判性思考，并将新知识与已有知识结合。

3. 意志力

意志力是学生在面对学习挑战时，保持专注和抵御干扰的能力。在混合式

学习环境中，意志力对平衡线上与线下学习活动，保持学习节奏和动力尤为关键。

4. 应用力

应用力是指学生能够将所学知识运用到实际问题解决中的能力。在混合式学习中，将理论与实践相结合，不仅增强了知识的实用性，也提升了学习的有效性。

混合式教学服务体系的构建要通过多维度的服务，系统地支持学生提升内驱力、认知力、意志力和应用力。不管是教学内容的设计、教学方法的创新，还是教学环境的优化和教学资源的整合，都要围绕这一目标进行。通过这样的系统支持，学生能够提升混合学习力，提高学习效率。

（二）围绕五个维度，构建服务保障体系

在构建混合式教学服务体系时，教师需要从全面而细致的角度出发，确保教育服务的每一个环节都能够满足学生的学习需求。此体系的构建不仅要考虑教育的内容和形式，还要注重教育过程的每个维度，具体可以从以下五个主要维度展开，如图 3-3 所示。

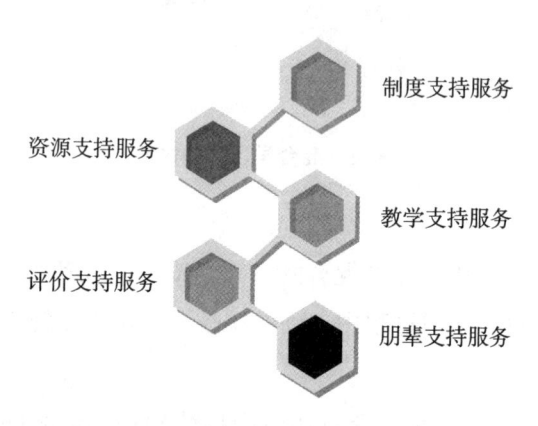

图 3-3　服务保障体系构建的五个维度

1. 制度支持服务

混合式教学服务保障体系的构建离不开完善的制度设计。学校需要制定明确的政策和规章制度，这包括但不限于教学时间的安排、课程内容的更新、技术使用的规范等。在制度框架下，学校应组织协调线上与线下教学活动，有效控制教学过程中的各种变量，如学生出勤、教学资源的分配等。此外，加强过程管理和质量监控是确保教育质量的关键。

2. 资源支持服务

资源充足是混合式教学成功的关键因素之一。这方面的资源包括人力资源和物质资源两大类。人力资源主要是指教师和教学管理团队，他们不仅要具备专业能力，还要在混合式教学中发挥引导和组织的作用；物质资源则包括教学设施和科学技术。智慧教室的建设、网络通信设备的完善以及在线学习平台的稳定运行等是保障学生无障碍进行线上学习的必要条件。

3. 教学支持服务

教师在混合式教学中扮演着至关重要的角色，其需要根据课程目标和学习内容，设计线上和线下相结合的教学活动。这包括提供丰富的教学资源、组织互动讨论和学习活动、引导学习过程等。教学支持服务应围绕学生的实际需求进行，确保学生在每个学习阶段都能获得必要的指导和帮助。

4. 评价支持服务

合理的评价机制是混合式教学体系中不可或缺的部分。教师需要在教学过程中合理选择线上与线下的考核方式，科学地评估学生的学习进度和成果。此外，评价也应包括对学习过程的监控，以便及时调整教学策略和方法，确保学生在学习中持续进步。

5. 朋辈支持服务

在混合式教学中，同伴的互助与支持同样重要。部分学生可以在教师的选拔和培训后，通过学习小组、研讨会等形式，帮助其他学生。这不仅能增强学生之间的交流和合作，还能营造积极的学习氛围，推动学习共同体的建设。

**（三）围绕六个阶段，提供全流程支持性服务**

混合式教学全流程服务大致分为六个阶段，如图3-4所示，围绕这六个阶段，构建一个全流程服务保障体系，为每个阶段提供支持性服务是确保教学质量和学习成效的关键，对于混合式教学的成功实施至关重要。这种全面的服务保障体系不仅确保了教学活动的连贯性，还为学生提供了一个全方位的学习支持环境，从而显著提高了教师的教学质量和学生的学习效果。

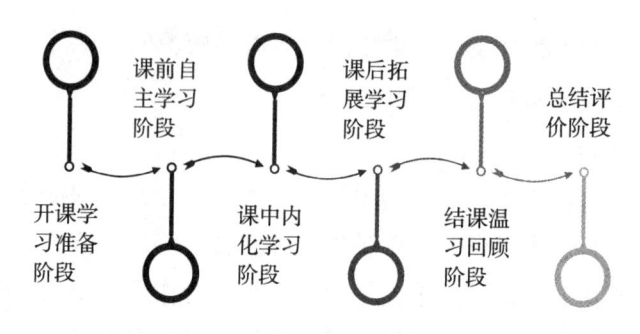

图 3-4 全流程服务的六个阶段

1. 开课学习准备阶段

这一阶段设定了清晰的课程目标，确保了学生对即将学习的内容有充分的理解和准备。在这一阶段，学生通过了解课程的基本框架和要求，可以更好地规划自己的学习时间和资源，从而在整个学习过程中保持高效和目标导向。在开课前提供全面的服务保障对确保学生顺利开始并有效学习至关重要。此阶段的服务保障包括确保学生对课程大纲、学习目标和评估标准有清晰的理解，这是激发学生学习动力的基础。同时，提供技术支持，如访问和使用 SPOC 平台的指导，确保学生无障碍地访问学习资源，这些保障措施有助于减少技术障碍，增强学生的学习自信心。

2. 课前自主学习阶段

课前自主学习阶段强调学生自主学习能力的培养，为课堂内部交互打下了基础。通过在这一阶段完成自主学习任务，学生能够对课程内容有一个初步的掌握，并识别出自己的疑问和难点，这些都为课堂上的深入讨论和探索提供了起点。在这个阶段提供服务保障可以确保学生独立地探索和消化课程内容。这通常包括提供高质量的学习材料、确保在线资源的可访问性和实用性，并通过技术支持解决平台上的任何问题。更重要的是，为学生提供交流平台，如论坛和聊天工具，这有助于学生在遇到困难时寻求帮助，从而拓展学习的深度和广度，预防学生在学习早期阶段感到孤立无援。

3. 课中内化学习阶段

课中内化学习阶段是将课前学习的知识与课堂活动紧密结合的关键阶段。通过教师的引导和同伴间的互动，学生可以更好地理解和应用知识。这一阶段的学习是构建深层次认知结构的重要环节。此阶段的服务保障着重丰富学生的课堂体验，促进学生的知识内化。同时，通过技术和行政支持，确保所有课堂活动顺利进行。此外，提供适时的反馈和增强学生与教师之间的互动对促进学生在此阶段的知识吸收和理解具有重要作用。

4. 课后拓展学习阶段

课后拓展学习阶段的设计是为了促进学生自主探索和深入学习。学生在这一阶段通过完成课后作业和讨论，能够加深对课程主题的理解，确保有效学习和思考。在课后拓展学习阶段，服务保障的重点是提供额外的学习资源和支持，帮助学生巩固和扩展课堂所学知识。这包括提供拓展阅读材料、组建专题讨论小组以及组织额外的模拟测试。通过这些服务，学生可以在课堂之外继续探索相关主题，深化理解，并应用所学知识解决实际问题。

5. 结课温习回顾阶段

在结课温习回顾阶段，服务保障的重点是帮助学生系统地整理和巩固整个课程的知识内容。此时，提供全面的复习材料和复习指导尤为重要，这不仅能帮助学生回顾课程知识、深化理解，还能巩固学生对知识的记忆。服务保障应包括安排专门的复习课程，提供定制化的复习计划以及设置问题与答疑环节，这些都是确保学生有效准备即将到来的考核的关键措施。此外，这一阶段的支持还应注重激发学生的自我驱动，使学生主动探索疑难问题并寻找解决策略，这对学生形成自主学习和批判性思考的习惯至关重要。

6. 总结评价阶段

总结评价阶段的服务保障应聚焦评估学生的学习成果，并提供有针对性的反馈。在这一阶段，进行全面而公正的学习评估是保障服务的核心，这包括使用多元化的评估方法（如项目作业、口头报告以及传统的考试等）全面了解学生的学习成效。重要的是，评估过程应融入持续的反馈机制，不仅应及时告知学生评估结果，还应给出改进的方向和方法。此外，服务保障还应包括对教学内容和方法的评估，确保教育质量的持续提升。通过这种双向的评估和反馈，不仅促进了学生的学习和个人发展，也为教师提供了优化教学内容和改进教学方法的依据。服务保障也应包括心理和情感支持，帮助学生处理学习压力，确保他们在整个学习周期内保持积极的学习动力。

## 二、混合式教学服务体系构建的具体策略

### （一）学校层面

从学校层面看，混合式教学服务体系构建的具体策略如图3-5所示。

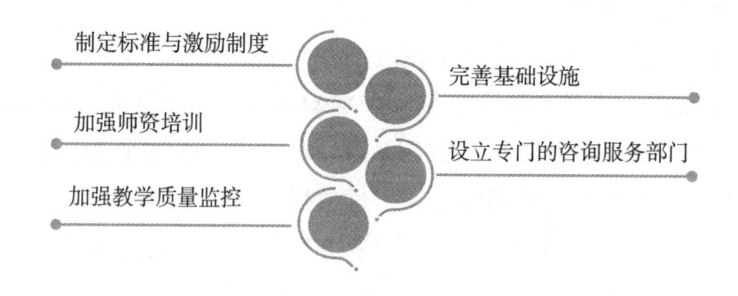

**图3-5 学校层面混合式教学服务体系构建的具体策略**

#### 1. 制定标准与激励制度

在混合式教学模式的实施中，学校层面的首要任务是制定一系列具体的标准制度，明确改革目标、建设要求、任务和具体措施，为混合式教学的全面实施提供指导，这是确保教学改革得以有效推进的基础。

这类标准和制度应涵盖混合式教学的各个方面，从课程设计、教师培训、学生评估到技术支持，确保每一个环节都有清晰的指导原则和操作流程。例如，制定《混合式课程验收标准》不仅规范了课程的质量保障机制，还为课程的持续改进提供了依据。此外，制定相关的激励制度，如针对学生混合式学习的奖励机制，是激发学生学习兴趣的重要手段。通过激励制度的实施，学校不仅能够保障教学改革的顺利进行，还能够通过正向激励引导学生积极参与到学习中，创建一个更加积极和互助的学习环境。

#### 2. 完善基础设施

在混合式教学中，完善的基础设施是确保教学活动顺利进行的关键。尤其是在线上与线下结合的学习环境中，每一项技术支持都对学习效果有着直接影响。

选择并优化混合式学习平台是构建良好的在线学习环境的基石。学校应根

据教学需求和学生反馈，与平台供应商紧密合作，不断优化平台功能，如提高用户界面友好性、增加互动功能、及时更新内容等。这不仅提升了学生学习的便捷性和愉悦性，还能通过技术手段提升学生的参与度和互动性。

网络基础设施的完善是线上学习顺利进行的关键。学校需要与网络运营商合作，尤其是在 5G 的支持下，推动智慧校园建设，包括教室、宿舍、图书馆等关键区域的网络覆盖和速度提升。这些基础设施的建设和完善影响着学生日常的在线学习体验。

通过这些措施，学校不仅能够为学生提供一个技术先进、资源丰富的学习环境，还能确保混合式教学模式在实际操作中的高效性和可持续性，从而在提高教育质量和学生满意度方面取得显著成效。

3. 加强师资培训

在混合式教学中，教师不仅是知识的传授者，还是学习活动的组织者和学生学习的引导者。因此，提高教师的混合式教学能力对于促进学生混合学习力的提升具有决定性作用。对此，学校应当重视并系统地组织教师培训活动，使教师熟练掌握混合式教学的理念和技能。

具体来说，培训内容应包括混合教学理念的认同、教学平台的选择与使用、课程建设的流程、课程教学的具体设计、教学工具的有效运用等方面。通过这样的培训，教师不仅能理解和掌握混合教学的基本框架，还能具体了解如何在实际教学中应用这些技能和工具，从而提高教学效果。

为了更好地实现教师角色的转换和认同，培训应采用混合式学习的方式进行，让教师以学生的身份亲身体验混合式学习。这种角色的转换不仅能帮助教师更好地理解学生在混合学习中的体验和需求，还能促使教师在教学设计中更加注重以学生为中心，有效地支持学生自主建构知识体系。

4. 设立专门的咨询服务部门

为了解决学生和教师在混合式教学过程中遇到的操作不熟悉、交互不足等问题，学校应设立一个专门的在线课程制作与支持中心。这个中心应集合来自 SPOC 平台的技术保障人员、教务处的课程建设负责人、信息技术部门的专员、网络中心工作人员以及优秀的课程建设示范人员，共同提供全方位的咨询服务。

通过设立服务热线和网络平台上的咨询通道以及组建按年级分的微信群，在线课程与支持中心能有效地解决学生在使用在线学习平台时遇到的具体问题。特别是通过微信群，选派各班级的学习委员加入，可以建立学校与学生之间的直接沟通渠道，这不仅为学生提供了即时的问题解答和支持，也为教师收集反馈信息和改进教学提供了便利。这样的服务保障能确保教师充分利用混合式教学资源，顺利完成混合式教学，提升教学质量，使学生取得好的学习效果。

5. 加强教学质量监控

建立一套完善的教学质量监控机制是提高混合式教学成效的基础。学校应制定专门针对混合式教学的评价标准，并实施学期专项督导，这包括对混合式教学进行周期性的跟踪听课。这种跟踪不仅仅是为了评估教师的教学方法或学生的学习水平，更重要的是通过实时的反馈机制，识别和解决教学过程中可能出现的问题。

定期发布督导总结报告是一个有效的反馈途径。这些报告应详细记录监控过程中发现的问题，评估教学活动的效果，并提出具体的改进建议。通过这些总结报告，教学管理部门和教师能够获得关于如何改进教学策略和方法的具体指导，从而不断优化教学设计和实践。此外，加强学生的参与对于提升教学质量同样至关重要。定期开展的学生评教活动不仅可以让学生表达自己对课程的看法和感受，还可以将学生提出的建议直接反馈给教学管理部门和教师，作为改进教学的依据。

定期召开学生座谈会是一种重要的监控措施。通过召开座谈会，学校可以直接听取学生对混合式教学模式实施的意见，及时了解和解决在教学过程中遇到的问题。这种直接的交流和反馈机制不仅可以加强学生与学校之间的沟通，还可以使学校的教学改革更加贴近学生的实际需求和期望，从而更有效地提升教学质量和学生的满意度。

（二）教师层面

从教师层面看，混合式教学服务体系构建的具体策略如图3-6所示。

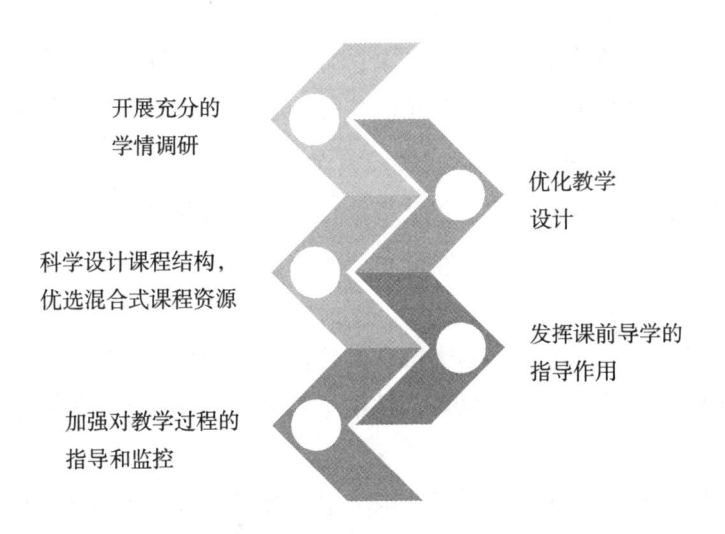

图 3-6　教师层面混合式教学服务体系构建的具体策略

1. 开展充分的学情调研

在混合式教学中，了解学生的具体学习情况是实现教学目标的前提。教师在进行混合式教学前，应通过充分的学情调研来把握学生的学习需求和特点，这一过程是课程设计和教学实施成功的关键因素。学情调研可以通过设计合理的问卷调查来进行，问卷应覆盖学生的学习经验、专业知识背景、学习动机、学习态度、意志力以及信息技术应用能力等方面。教师可以利用班级微信群、SPOC 平台或其他数字工具来发放和收集问卷，确保调研的广泛性和有效性。

此外，教师还可以通过访谈班级辅导员、学习委员、课代表以及之前的授课教师等，获取更深入的信息。这些信息可以帮助教师了解学生的实际学习情况，从而制订更加符合学生实际需求的教学策略。

2. 优化教学设计

教师在混合式教学中的一个重要职责是优化教学设计。这不仅涉及课程的总体布局，还包括具体每个单元的教学安排。在制订教学计划时，教师应以混合式教学的核心理念为指导，即"学生主体、成果导向、持续改进"，并以学情调研结果为基础，确保教学设计符合学生的实际需求和课程目标。在具体实施中，教师需要考虑到线上与线下教学环节的有机结合。这包括选择合适的在线学习平台功能、设计线上学习内容（如视频讲座、互动讨论和在线测试等）

及其与线下课堂活动（如小组讨论、案例分析和现场答疑等）的衔接。教师应确保线上和线下的教学活动互为补充，共同促进学生的知识掌握和能力发展。

### 3. 科学设计课程结构，优选混合式课程资源

在混合式教学中，教师在课程结构设计和课程资源优选中扮演着至关重要的角色，合理的课程结构、高质量的资源不仅能支撑学生的在线学习，还可以丰富学生的学习体验。

教师应先提供完备的课程基本信息，包括课程简介、课程大纲、课程进度表和教师团队介绍等，这些信息对于学生了解整体课程结构和预期学习成果非常重要。

教师需要科学设计混合式课程结构。这涉及根据课程特点合理划分课程内容，如选择适当的项目、任务及知识体系等，确保课程结构既科学又符合教学目标。在此基础上，教师要设计详细的课前、课中和课后活动，每个环节都应精心安排，确保教学活动（如主题讨论、随堂测试、课后作业和投票调查等）有效进行。

此外，教师应充分利用现有的优质在线教育资源，如精品在线课程，并根据实际教学需要进行适当的本地化改造。这种改造可能涉及调整教学内容的深度和广度，以更好地适应学生的学习需求。提供的资源不仅应包括课件视频和试题库，还应包括实用的案例库、经典文章等，以丰富学生的学习材料，提高他们的学习效果。

### 4. 发挥课前导学的指导作用

课前导学在混合式教学中具有指导作用，它能帮助学生明确学习目标和任务，从而做好准备，参与到即将到来的学习活动中。教师应负责搜集并至少在开课前三天发布导学材料，确保学生有足够的时间进行预习和准备。

导学材料的设计应以学生为中心，从他们的学习需求出发，清晰地阐述学习要求、安排和任务。这些材料可以采用不同的表现形式，如思维导图或简明的文字说明，关键在于信息要清晰易懂，任务划分要具体明确。通过有效的课前导学，教师不仅能帮助学生建立学习的初步框架，还能激发学生的学习兴趣和主动性，为课堂学习奠定坚实的基础。

5. 加强对教学过程的指导和监控

在混合式教学中，由于学生在自主学习方面可能存在不足，教学效果往往受到影响，因此教师应做好教学评估系统的设计，以确保学生在整个学习过程中得到有效指导和支持。

教师需要科学合理地设计考核内容和方式，考虑到混合式教学的特点，充分利用信息技术，进行细致的学习过程监控。这包括定期检查学生在在线学习平台的活动记录，如视频观看次数、讨论区的参与度以及在线测试的完成情况。

此外，教师应每周总结学生的学习情况，对表现突出的学生进行表扬，对学习进度落后的学生提出具体的改进建议。通过这种方式，教师不仅能及时了解学生的学习情况，还能通过具体反馈激励学生，提高其学习动力和效率。

为了确保学生在遇到学习障碍时得到及时的帮助，教师还应畅通沟通渠道，通过 SPOC 平台、学习讨论区、微信等多种方式，随时待命解答学生的疑问。有效的沟通可以帮助学生克服学习中的难题，增强其自主学习的能力和信心。

### （三）学生层面

同伴之间协作和互助是提升混合式学习效果的重要策略。教师可以通过组织学习小组和构建宿舍学习支持网络，促进学生间的知识分享，使学生互相监督。在学习小组的组建中，教师可以依据学生的能力和兴趣，对他们进行角色分配，确保每位学生都能参与到学习过程中，同时承担恰当的学习任务。在宿舍内部，可以设立共享的学习进度板和定期的学习时间表，帮助学生保持良好的学习习惯和积极的学习氛围。此外，教师还可以将优秀学生设立为教学助理，他们可以提供额外的学术支持，如定期举办辅导课、解答学习中的疑问，并提供学习策略和技巧。

## 第二节 智慧教室建设

随着信息技术的迅猛发展，高等教育界面临着前所未有的变革机遇。混合式教学模式融合了教育信息化的先进理念，被越来越多的高校广泛采纳。在这样的背景下，智慧教室建设成为推进混合式教学的一项重要任务，有效的智慧教室建设可以大幅提升教学的现代性和效果。

智慧教室利用了最新的智慧技术，如人工智能、大数据和物联网，创建了一个集现实与信息空间于一体的高度智能化的学习环境。这种环境为师生提供了一个开放性强、交互性高、舒适并且设备先进的学习空间，丰富了教学和学习的方式。在智慧教室中，教师可以更有效地管理教学资源，控制教室环境，同时对学生的学习情况进行实时分析，根据分析结果及时调整教学策略，确保教学活动的个性化和精准化，从而进一步提升教学质量，促进教育体系的整体进步。

智慧教室的建设不仅仅是技术的更新换代，还是教育信息化战略的重要组成部分，体现了高校教育模式从传统向现代化、数字化转变的趋势。通过智慧教室，可以实现传统教学与智慧教学、数字教学的深度融合，从而有效提升教学过程中的互动性和学生的学习动力，进一步确保教学的高效性和前瞻性。

高校可以从以下几个方面入手进行智慧教室建设，如图3-7所示。

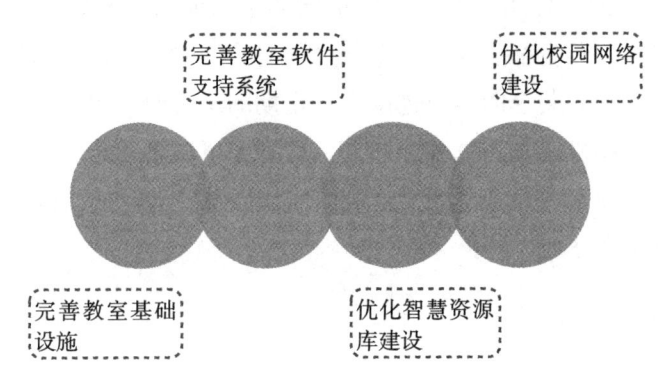

图3-7 智慧教室建设的具体策略

## 一、完善教室基础设施

在智慧教室建设过程中，优化教室设备是实现高效混合式教学的关键步骤。这不仅涉及基础设施的升级，还涉及对教学环境的智能化管理，以确保教室设备充分满足现代教学需求。

智慧教室建设必须从基本的电力控制、灯光照明、音频以及温度控制等系统开始。这些系统的高效运作是创建舒适学习环境的基础，可以极大地影响学习体验。例如，灯光和温度控制系统应能自动调节，以适应不同的教学活动和外部环境变化，从而为学生提供良好的学习条件，为教师提供良好的教学条件。

考虑到混合式教学常采用小组讨论等互动形式，教室内的桌椅布置应具备高度的灵活性和可移动性。这样，学生可以根据具体的教学活动快速调整教室布局，有效进行小组互动和合作学习。此外，智能家居，如可调高度的桌椅，也可以进一步提升教室的舒适度。

引入故障检测系统对于维护教室设备的正常运行至关重要。这种系统可以实时监控教室内所有设备的状态，一旦发现问题即刻报警，确保技术团队可以及时响应并解决问题，从而保证教学活动不会因设备故障而中断。

## 二、完善教室软件支持系统

在智慧教室建设过程中，引入高效的视听软件是至关重要的。这些软件不仅增强了教学的互动性和多样性，还大幅提升了教学内容的表现力和可访问性。

### （一）视觉软件的引入

视觉软件在智慧教室中扮演着核心角色。引入无线投影技术、多屏显示技术能够有效地展示教学内容，支持高清视频和实时屏幕共享，使教学互动更加直观和动态。例如，无线投影技术允许教师和学生即时共享屏幕，无须连接烦琐的电线，从而支持更灵活的教学布局和学生参与。多屏显示技术则可以在课堂上同时展示多种视角的信息，如同时显示课程幻灯片、实时注释和其他多媒体资源，这对于复杂的学科内容的多方位解析尤为有用。

## （二）听觉软件的应用

听觉软件的优化同样关键。智慧教室中的声控软件应当支持声音的清晰传播和环境噪声的有效抑制，确保即便在较大的教室里，所有学生也能清楚地听到教师的讲解以及同学的提问。此外，高级音频系统还可以支持语音识别和翻译功能，这对于语言学习或国际学生的课程尤为重要，可以实时翻译教师的讲话，帮助非母语学生更好地理解课堂内容。

## （三）互动软件的集成

引入多样的互动软件也是智慧教室建设成功的关键。这包括实时点评系统、任务发布和管理软件等，它们可以极大地提升学生的学习动力和参与度。实时点评系统允许教师在学生完成任务时即时提供反馈，帮助他们及时了解自己的学习情况和改进空间。任务发布软件则能有效管理课程活动，确保学生清晰地了解每一次课程的学习目标和预期成果。这些软件不仅提高了课堂管理的效率，还通过持续的互动和反馈鼓励学生积极参与学习过程。

## 三、优化智慧资源库建设

高校教师在建设智慧教室过程中，需要先积极搜集与教学内容相关的网络视听资源。这些资源包括但不限于开放式课程、专业讲座、互动教学视频以及各类教育应用程序。这些资源的集成不仅能够丰富教学内容，还能够增强学生的学习动力，开阔学生的知识视野。

与此同时，教师也应当参与到数字资源的制作中，这包括利用多媒体技术设备录制现实课堂的授课过程。通过这种方式，教师可以创建独具特色的教学内容，如微课程、案例分析以及模拟实验等，这些都是智慧教室资源库中不可或缺的部分。此外，教师还可以根据教学目标和重难点，运用各类网络软件自主制作教学视频和教学游戏，这些资源的制作不仅能帮助教师深入掌握教学内容，也能直接反映教学设计的先进性和科学性。

为了确保智慧教室充分发挥自身功能，其资源库的建设必须保证教学资源的多样性和丰富性。这需要教师和技术团队合作，建立一个包含文本、图片、视频和互动元素的综合性数据库。资源库应具备快速检索功能，并且能够根据教学进度和学生的反馈信息进行实时更新。

智慧教室资源库的管理是一个持续的过程，它需要教师定期评估现有资源的有效性和适用性，并根据最新的教学理念和技术进行更新。例如，引入人工智能和机器学习技术可以帮助自动分类和标签化资源，使教师和学生更快地找到所需的教学材料。

建设好智慧教室资源库后，确保这些资源能被有效利用同样重要。教师应鼓励学生主动使用这些资源进行自主学习和小组讨论，也可以在课堂教学中直接引用这些资源，以多维度呈现信息，增强课堂的互动性。智慧教室还应支持资源的远程访问，使学生无论是在校内还是在校外都能轻松获取所需材料。

### 四、优化校园网络建设

在智慧教室建设过程中，构建一个稳定而高效的校园网络是至关重要的，尤其是对于混合式教学而言。混合式教学依赖连续的数据流和无缝的技术集成，因此，校园网络必须针对教学需求进行优化。

高校必须优化校园网络建设，不仅仅要提供基本的互联网接入，还要确保网络资源主要用于支持教学活动。这意味着校园网络建设应该具有高度的优先级管理，确保所有教学相关的数据传输都能获得必要的带宽支持。例如，在进行视频会议、在线实验室操作或大规模的在线考试时，系统应能够自动优先处理这些活动的网络需求。

此外，校园网络建设还应包括合理的网络层次划分，以便在必要时限制或完全切断与教学无关的网络访问。这种措施有助于防止不必要的网络拥堵，确保教学活动的网络质量不受影响。

对于校园无线网络的建设，学校应确保无线覆盖能够延伸到所有教学区域，包括教室、实验室和图书馆。无线网络应支持广泛的自带设备（bring your own device, BYOD）策略，使学生可以使用个人的笔记本电脑、智能手机等设备随时随地进行信息检索和学习交互。

实现这一点的一个关键策略是通过在网络架构中实施"限流保通"机制，即在网络流量高峰期，自动调整非教学流量的带宽分配，确保教学应用始终能够快速、稳定地访问。这种机制能够保证在大量学生并发接入网络时，教学相关的应用和服务仍能保持高效运行。

随着智能手机以及其他终端的普及和移动网络资费的降低，高校还应加强与移动通信运营商的合作。这种合作可以引入专为学生设计的优惠数据流量套餐，使学生无论是在校内还是在校外都能以较低成本访问在线教学资源。通过谈判，学校可以帮助学生获得更优惠的数据服务，这不仅提高了教学资源的可访问性，还促进了学生在课外时间进行自主学习。

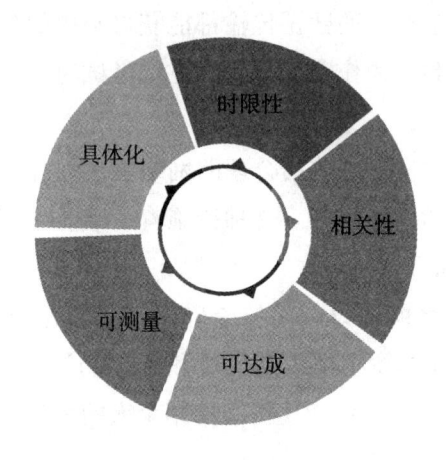

## 第三节 混合式教学系统构建

### 一、混合式教学系统构建的原则

SMART[specific（具体化）、measurable（可测量）、achievable（可达成）、relevant（相关性）、time-bound（时限性）] 原则是一种广泛应用于目标设定和计划制订中的方法论，尤其在教育领域，它帮助教师确保教学目标既切实可行又能有效衡量学生的学习成果。混合式教学系统的构建应遵循这一原则，如图 3-8 所示。

图 3-8 混合式教学系统构建的原则

**（一）具体化**

教学目标需要具体明确，以便学生和教师都能清楚地理解预期的学习成果。具体的目标应详细描述学生需要获得的具体知识、技能或态度。这种明确性有助于避免模糊和误解，使学生有针对性地准备和参与学习活动。例如，若教学目标是"学生能够独立完成一个小型的市场分析报告"，则应进一步明确报告的具体要求，如报告的长度、包含的内容元素、分析方法以及预期的分析深度等。这样的具体描述不仅为学生的学习活动提供了清晰的方向，也为教师在后续的教学过程中进行有效的指导和支持。

## （二）可测量

目标的可测量是指设定的目标能够通过某种方式进行量化或评估，确保学生的学习成果可以被实际测量。这一点对教学评估和反馈至关重要。以市场分析报告为例，可测量性可以通过报告的质量、数据分析的准确性、逻辑推理的严密性以及呈现的专业程度等方面来评定。教师可以设计具体的评估标准和检查表，以确保每个学生的工作都能按照这些标准进行公正的评价。

## （三）可达成

目标的可达成性强调在当前的教学条件和学生的能力范围内，学生有可能达到这些目标。这要求教师在设定目标时考虑学生的前置知识、学习资源的可用性以及教学时间的充足程度。例如，在要求学生完成市场分析报告之前，教师需要确保学生已经掌握市场分析的基础知识和必要的分析技巧，同时提供足够的实践机会和指导，以支持学生顺利完成任务。

## （四）相关性

相关性应确保教学目标与课程的总体目标和学生的长期学术目标或职业目标保持一致。这样的目标更能激发学生的内在动机，因为学生可以看到学习活动与其个人成长和未来目标的直接联系。例如，如果课程旨在培养商业分析师，那么进行市场分析的练习不仅能帮助学生掌握具体技能，还能增强他们解决实际商业问题的能力。

## （五）时限性

为教学目标设定明确的时间框架，有助于保持课程进度和管理学生的期望。时限性原则要求教师和学生都清楚目标应在何时完成，这有助于提高学生的时间管理能力，确保学习活动的连续性和效率。以市场分析报告为例，教师需要明确报告的截止日期，并在此之前安排适当的里程碑任务，以帮助学生合理安排时间，分阶段完成学习任务。

通过将SMART原则应用于教学目标的设定，可以极大地提高教学的系统性和效果，同时帮助学生明确学习的方向和预期效果，从而更有效地参与到学习过程中。

## 二、混合式教学系统构建的步骤

混合式教学系统融合了面对面教学与在线教学模式，为学生提供了一个多元且互动性强的学习环境。为了有效地构建和实施混合式教学系统，教师必须采取一系列精心设计的步骤，如图3-9所示。这些步骤不仅确保了教学活动的顺利进行，还促进了教学资源的优化利用和学生学习成效的最大化。下面将详细探讨构建混合式教学系统的关键步骤。

需求分析与目标设定

教学内容的开发

教学资源与先进工具的整合

教学设计的实施

教学设计的评估

图3-9 混合式教学系统构建的步骤

### （一）需求分析与目标设定

在混合式教学设计中，需求分析与目标设定是整个教学设计的基础和出发点。这一步骤不仅涉及对学生学习需求的深入理解，还包括教学目标的明确制定，这些都直接关系到教学活动的有效性和最终的教学效果。

1. 了解学生背景

教师需要先对学生的背景知识、学习风格、技术熟练度以及学习动机进行全面分析。这一步骤可以通过问卷调查、面谈、以往的学习成绩分析等多种方式进行。例如，了解学生在特定学科的先验知识可以帮助教师调整课程难度和深度，而对学生技术使用能力的了解则能指导教师在选择教学工具和平台时做出更合适的决策。

2. 识别学习需求

在获取学生背景信息后，教师应进一步分析学生在课程中可能遇到的具体学习挑战和需求。这包括识别学生在哪些领域需要更多的支持，哪些知识点可能需要通过不同的教学方法来解决。例如，如果学生在理解抽象概念上有困难，那么教学设计中可能需要包括更多的可视化学习材料和实际操作的机会。

3. 制定教学目标

基于深入的需求分析，教学目标的设定应当具体、明确且可衡量。这些目标应涵盖知识掌握、技能发展、态度和价值观的形成等方面。具体来说，教学目标应该明确指出课程结束后学生应掌握的具体能力，如解决问题的能力、团队合作能力等。

4. 与课程标准对齐

教学目标的设定还应与学校的课程标准和教育目标保持一致。这样可以确保教学活动不仅符合个别课程的需求，还符合整个教育机构的教育愿景和长远目标。

通过上述详尽的需求分析与目标设定，混合式教学设计能够更精确地满足学生的实际需求，同时确保教学活动的目标明确、系统和高效，从而大幅提升教学质量。这不仅有助于丰富学生的学习体验，也有助于教学资源的投入得到最大化的回报。

（二）教学内容的开发

混合式教学设计涉及教学内容的详细开发，这一环节至关重要，因为它可以确保教学材料有效支持学生学习。在这个阶段，教育者需要提供多样化的教学资源，包括视频讲座、互动模拟、实验、自评测验等，这些内容不仅需要涵盖课程的核心知识点，还需要提供深入的概念解析，以适应学生的不同学习风格和节奏。

视频讲座是混合式教学中常用的工具，可以使学生在任何时间自主学习。为了增强这些讲座的教学效果，视频内容需要精心制作，不仅包括全面的知识介绍，还应该有互动环节和实际案例分析，以增强学生的学习兴趣和实际应用能力。

除了内容本身的多样化，教学活动的设计也是提升教学质量的关键。混合式教学特别强调学生的参与和互动，因此教师应设计小组讨论、协作项目和翻转课堂等活动，以充分利用面对面的教学时间。例如，通过翻转课堂模式，学生可以在课前通过在线平台预习，然后在课堂上与同学和教师进行深入的讨论，解决问题，这样既增强了学生的自主学习能力，也提高了课堂时间的利用效率。同时，教师需要整合和优化教学资源，确保教学活动的连贯性和有效性。这包括定期更新教学材料、引入新的学习工具和技术以及根据学生反馈调整教学策略。例如，增添更多的互动元素到在线课程中可以提高学生的参与度，而根据学生的学习数据调整教学内容的难度和深度，可以确保所有学生都能跟上教学进度并有效掌握知识。

通过上述综合性的教学内容开发，混合式教学能够实现其教学目标，为学生提供一个动态且互补的学习环境，最大限度地发挥在线教学和面对面教学的优势。这种教学模式不仅能够提高学生的学习效果，也能够激发学生的学习热情，培养他们的自主学习能力和批判性思维。

### （三）教学资源与先进工具的整合

教学资源与先进工具的整合对确保混合式教学的顺利实施至关重要。

1. 选择合适的技术平台

选择合适的学习管理系统（learning management system, LMS）是混合式教学成功的关键。理想的 LMS 应能支持教学的各个方面，包括内容分发、交互式学习、学生参与监控、作业提交和评分以及课程管理。常见的 LMS 有 Moodle、Blackboard、Canvas 等，它们不仅提供了这些基本功能，还允许整合第三方应用和工具，如同步视频工具、互动讨论板和协作工具等，这些都是提高混合式教学互动性和灵活性的重要组件。

## 2. 整合教学资源

混合式教学依赖多种教学资源的有效整合。这包括数字化的阅读材料、多媒体内容、互动式练习、模拟测试等。教育者需要确保这些资源能够通过所选的 LMS 轻松访问，并且与课程的教学目标和活动紧密相关。例如，视频和动画可以用来解释复杂的概念，而在线讨论和协作项目可以促进学生之间的互动和知识共享。

## 3. 应用先进工具增强互动性

在混合式教学中，先进工具的应用不仅仅是为了内容传递，更是为了增强教学的互动性。先进工具，如实时问答系统、虚拟白板、即时反馈工具等，都可以大幅提升学生的学习参与度。通过这些工具，学生可以即时与教师或其他学生交流思想，解决问题，从而增强学习的动态性和实时性。

## 4. 监控和支持

使用先进工具的一大优势是能够持续监控学生的学习进度和成效。大多数 LMS 都提供详尽的分析工具，允许教师追踪学生的活动，识别学生的学习瓶颈，及时提供必要的支持。此外，教师还可以利用这些数据来调整教学策略，以满足学生的具体需求。

整合教学资源和先进工具，不仅能使混合式教学更加高效和有吸引力，还能确保所有学生获得支持，是教师利用现代工具满足教学需求的明智选择。

### （四）教学设计的实施

实施阶段是混合式教学设计中将理论转化为实践的关键步骤。在这一阶段，教师需要将设计好的课程内容和活动具体化，确保所有的教学资源都已经准备就绪，并通过预定的学习管理系统或其他平台为学生提供教学资源。教师应确保所有学生都能够访问到必要的教学材料，了解课程要求，并熟悉如何使用各种在线工具和资源。

在课程实施过程中，教师扮演着指导者和促进者的角色，他们不仅需要在课堂上传授知识，还要通过在线平台与学生互动，解答学生的疑问，提供个性化的支持。此外，教师还应鼓励学生参与在线讨论和协作项目，以提升学生学习的互动性和深度。

监控学习进程是实施阶段的重要组成部分，它涉及对学生学习活动的持续跟踪和评估。通过 LMS 或其他教学工具，教师可以实时获取学生的学习数据，包括他们的登录频率、完成作业的情况、测验成绩以及参与讨论的活跃度等。这些数据对于评估学生的学习成效和课程的整体进展情况至关重要。

### （五）教学设计的评估

在混合式教学中，持续的评估和及时的反馈是提升教学质量的重要手段。形成性评价（如课堂表现、作业、测验等）和总结性评价（如期末考试、项目报告等）应交替使用，以全面评估学生的学习成果。通过定期的评估，教师不仅可以了解学生在知识掌握和技能发展方面的进展，还可以及时调整教学内容和方法，以更好地满足学生的学习需求。

除了对学生进行评估，收集学生对课程的反馈也很重要。这可以通过匿名问卷调查、面谈或课堂讨论的形式进行。学生的反馈提供了改进教学的直接依据，可以帮助教师理解哪些教学策略有效，哪些需要改进。

基于评估结果和学生反馈，教师应进行必要的教学调整。这可能包括更新课程内容、运用新的教学工具、改变教学方法或重新设计某些课程活动。调整的目的是确保教学活动有效地达成教学目标，同时提升学生的学习效果和满意度。

# 第四章 混合式教学中的学习者分析

## 第一节 学习者的混合式学习

### 一、混合式学习的定义

"混合式学习"一词源自英语"blended learning"或"hybrid learning"。在国内,其通常被译为"混成学习""融合式学习""混合学习"等,但为了表述统一,本书采用"混合式学习"一词。混合式学习是随着电子学习的发展而逐步提出的概念,代表了互联网与传统教育模式的融合,形成了一种全新的教育范式。其最初于2002年由印度一家公司在其发布的《混合式学习白皮书》中提出。这本书将混合式学习定义为将面对面教学、实时电子学习与自主学习相结合的方式。这种学习模式一经推出,便吸引了广泛的学术关注和研究,许多学者和机构都致力对混合式学习进行科学的定义和实验研究。最初,混合式学习主要应用于商业培训领域,目标是提升员工的沟通能力、处理复杂问题的能力、个性化展示能力以及团队协作能力,从而推动企业绩效的提升。

辛格(Harvi Singh)和瑞德(Chris Reed)认为,混合式学习结合了多种学习形式,其核心目的是平衡和优化学习成果与成本。他们指出,混合式学习包括多个维度:面对面学习与在线学习的结合、自定义内容学习与小组合作学习的结合、结构化课程与非结构化课程的结合、深入学习与个性化学习的结合以及工作与学习的结合。

德里斯科尔(Margaret Driscoll)和里德(John E. Reid)认为,混合式学习应当是多种学习内容与多种教育技术的结合,包括配合在线教育目标的教学技术、适合在线学习的教学方法与评价标准、线下师生互动方式、传统课堂的评估方法和试卷等。

霍夫曼（Jennifer Hofmann）和邓克林（Gregory Dunkling）提出，混合式学习的本质在于将教学过程分解为多个模块，通过互联网和信息技术进行持续的优化和重组，最终以最佳的多媒体形式展现给学习者，以此提升学习者的学习兴趣和质量。

亨尼西（Sara Hennessy）在2006年提出了对混合式学习的三重维度解释：首先是传统教育与基于网络的在线学习的结合；其次是多种媒体和电子学习环境中工具的综合使用；最后是一系列与技术应用无关的教学方法的融合。

2011年，本森（Phil Benson）对混合式学习系统提出了新的理解，认为其是面对面教育与基于计算机的教育的融合。他进一步介绍了面对面环境与分布式学习环境中的四个互动维度：空间（实体与虚拟）、时间（同步与异步）、忠实度（高忠实度涵盖声音、图像、影片、文本等多种感官体验，低忠实度则主要侧重文本内容的呈现）以及人性化（人与人之间的交互和机器与机器之间的交互）。

自2003年以来，中国学者开始深入研究混合式学习。何克抗、吴娟指出，传统的面对面学习模式提升了深层学习和教学组织的有效性，而在线学习则通过网络平台支持学生的自主学习，鼓励他们创新和进取。[①] 黄荣怀、江新、张进宝在2006年提出混合式学习是一种策略，它融合了不同的学习理论、技术手段和应用方式，有机地整合面对面的课堂学习和网络在线学习。[②] 这种学习策略旨在结合传统课堂教学与网络教学的优势，采用教师讲授、小组合作与学生自主学习的多样化教学形式。混合式学习将传统课堂教学与网络教学的优势整合，发挥了其各自的长处。黎加厚则认为，混合式学习的教学过程是对教学元素的优化配置，教师与学生需要熟练应用各种教学技术和方法，以达到教学目标。[③] 李克东、赵建华强调，混合式学习的关键在于采用最有效、最快捷的

---

[①] 何克抗，吴娟. 信息技术与课程整合[M]. 北京：高等教育出版社，2007：16.
[②] 黄荣怀，江新，张进宝. 创新与变革：当前教育信息化发展的焦点[J]. 中国远程教育，2006（4）：52-58，80.
[③] 黎加厚. 走向教育技术"云"服务[J]. 远程教育杂志，2008（3）：79.

方法解决问题，旨在提高教学过程的效益。[①]

## 二、混合式学习的内涵

从历史视角看，在传统农耕社会中，学习主要依靠口耳传承，教育目标是培养基本的生存技能，如种植和狩猎。在工业革命时期，随着社会经济和科技的迅猛发展，教育需求和期望也显著提升，学校教育开始按年级进行，学科按专业类别建设，培养目标也更加专业化和系统化。进入信息时代后，随着信息技术的广泛应用，社会转型为数据化、信息化和集约化社会，学习方式和教育模式经历了重大变革。知识的生成、获取和传播方式在这一时代背景下发生了变化，知识的客观性和动态性要求学习者不断加深对知识的理解。

混合式学习融合了现代教育思想与传统面对面的教学方式，它利用了近五个世纪以来传统课堂学习的深厚基础，并结合互联网时代的技术和理念，为传统教育注入了新的活力。传统课堂学习以其师生互动和信息共享的实时性，支持深入学习，而基于网络的在线学习则通过灵活的时间安排和丰富的多媒体资源，提高了学习的可达性和互动性。

在互联网环境下，多样化的学习材料和工具，如交互式文本、论坛等，极大地激发了学生的兴趣。这种学习方式允许学生根据自己的学习风格自设学习进度，从而增强了学习的自主性。同时，传统的面对面学习模式，通过实体的师生互动，为学生提供了参与实践的机会，保证了学习过程的沉浸性。

混合式学习将这两种模式有机结合，既保留了面对面学习的直接交流和师生互动的优点，又吸收了在线学习的灵活性和资源丰富性的优点。这种学习方式强调教师的引导作用和学生作为学习活动中心的地位，旨在通过个性化的学习计划和全面的发展目标，实现教学效果的最优化。混合式学习还特别强调在学习过程追踪、学习计划制订、学习方法设计及学习效果评价等方面的独特性。

### （一）学习过程追踪

混合式学习强调目标导向的教学原则，并以学生学习的每个阶段的记录作

---

① 李克东，赵建华.混合学习的原理与应用模式[J].电化教育研究，2004（7）：1-6.

为评估的基础。教师可充分利用互联网和信息技术来监测学生的学习情况。通过这种学习追踪，教师能够详细了解学生对预设学习内容的掌握程度，及时发现并解决问题。这不仅为教师教学策略的制定提供了明确的方向，也是评估学习效果的关键依据。此外，学习过程的追踪有助于学习者实现个性化学习，展现学习者的动机、风格、兴趣及知识背景，从而支持教育决策和干预措施的制定，为学习者的个性化学习习惯的形成提供有利环境。

### （二）学习计划制订

学习计划通常是事先设定的，对学生来说较为固定和静态。这种预设的学习计划往往无法反映学生在课程进行中的实际变化，因此可能显得较为僵硬和盲目。相比之下，混合式学习中的学习计划是动态的，教师可根据以往的经验和通过互联网及混合式学习平台收集的数据来调整教学方案。移动互联网技术为教师提供了精确的数据反馈，使他们能够实时了解学生的学习状况、兴趣和需求。因此，这种动态的学习计划不仅具有针对性和实效性，还可以根据需要随时调整，促进了学生自主学习和个性化学习，提升了学生的学习效率。

### （三）学习方法设计

在面对面教学中，学习方法的设计往往以教师为中心，通常采用统一的教学方法，如讲授和讨论，这样的方法不够灵活，难以适应每位学生的个别需求。相对地，在以 MOOC 为核心的在线学习中，学习方法主要限于观看视频和完成测试，由于教师参与度有限，方法运用较为单一。而在混合式学习中，教师可以利用互联网平台和信息技术，为每位学生提供具体、有针对性的学习辅助工具，实施定制化的教学策略。这种方式允许教师根据学生的实际需要提供多样化的测试、学习材料和互动工具，从而丰富学生的知识，提升学生的技能。

### （四）学习效果评价

混合式学习中的学习效果评价结合了形成性评价和终结性评价，改变了传统依赖单一试卷评价学生学习成效的模式。这种评价方式将评估过程融入日常教学之中，关注学习过程中学生的情感和态度变化，并利用互联网技术实现数据的实时统计和分析，从而为教师提供必要的教学调整信息，支持学生进行自我评估和学习方法调整。

在混合式学习过程中,学习过程追踪、学习计划制订、学习方法设计和学习效果评价相互补充,形成一个闭环系统。这种系统化的反馈循环为课程内容选择和教学方法优化提供了数据支持,是混合式学习区别于其他学习形式的显著特点。

### 三、混合式学习的特征

混合式学习具有以下特征,如图 4-1 所示。

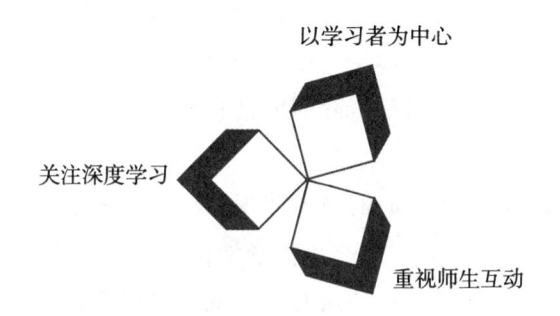

图 4-1 混合式学习的特征

#### (一) 以学习者为中心

混合式学习作为一种新兴的学习方式,其核心特点之一是以学习者为中心。在这种学习模式下,教师转变为学生自主学习的引导者和支持者,而学生的需求和体验成为教学活动的核心。

在混合式学习环境中,教师不再是知识的唯一传递者,而是变成了协调者和促进者。他们利用线上和线下资源,创造一种环境,其中学生能够根据个人的学习需求、兴趣和节奏来探索和构建知识。这种环境支持个性化学习路径,学生可以在教师的指导下,选择适合自己的学习材料和活动。教师通过不断调整教学策略,响应学生的反馈,使教学更加灵活。

教学内容和方法的调整是基于学生的具体学习状态和需求。这要求教师具备高度的敏感性和适应性,能够准确识别学生的学习动态。混合式学习强调建构主义学习理论,即学习是一个社会性的建构过程,学生通过与他人的交互和合作以及通过实际操作来获取知识。在这个过程中，同伴以及教师的角色是至关重要的，他们通过提供必要的支持和资源，使学生更有效地建构自己的知识体系。

此外，混合式学习打破了时间和空间的限制，学生可以通过在线平台访问课程内容。这种灵活性使学生可以在任何时间自行安排学习，从而更好地平衡学习与生活。学生能够选择自己感兴趣的课程主题，参与在线讨论，或者在面对面的课堂上与教师和同学深入互动，这样的选择权极大地增强了学习的主动性和参与度。

混合式学习还关注学生的情感和心理健康，认为这是学习成功的关键因素。教师不仅关注学生的学术水平，也关心他们的情感状态，通过调整教学内容和方法应对学生可能遇到的学习障碍或情感问题，从而促进学生的身心健康和全面发展。

混合式学习以学习者为中心的特点体现在教育公平上。通过提供多样化的学习资源和途径，每个学生，无论其背景如何，都有机会获得适合自己的教育。这不仅使教育更加包容，也使所有学生都能够根据自己的能力和兴趣，发挥最大的潜力。

### （二）关注深度学习

混合式学习关注深度学习，这不仅涉及学习内容和教学方法的结合，还包括学习策略和教学工具的综合应用。在混合式学习模式中，学习活动的界定超越了传统课堂的范畴，扩展到了在线环境，这种多元化的学习活动设计旨在满足不同学习者的需求，使学习者可以根据个人情况选择参与的具体活动。

混合式学习通过整合两种截然不同的学习环境（在线学习和面对面学习）来突破传统学习模式的束缚。在传统学习模式中，课堂学习和在线学习往往独立运作，服务于不同的学生。混合式学习打破了这一界限，使得原本只在课堂上学习的学生能够与在线学习的学生进行互动和沟通，从而丰富他们的学习体验。

此外，混合式学习也重新定义了教师的角色和职责。面对面课堂教学的教师主要负责课堂讲授和直接答疑，在线教师则通过网络平台进行教学。在混合式学习中，这两种角色被融合起来，教师不仅需要掌握传统的教学技巧，也需要适应利用数字工具进行远程教学的要求。这种教师群体的混合推动了教学观念和实践的变革，促进了教师之间的知识和经验交流，提高了教学的整体质量。

在进行混合式学习过程中，混合不是将不同的学习方式简单组合，而是要确保这些方法能够互补并有效支持学习目标的实现。例如，移动学习提供了随时随地学习的便利；翻转课堂强调在家通过视频学习理论，在课堂上进行深入讨论和实践；社会化学习利用社交网络平台促进学生之间的交流与合作；小组讨论和课堂实践进一步增强了学生的实际操作能力。这些多样化的学习方式的融合，不仅提升了课程的吸引力，也提供了广阔的学习视角和丰富的学习体验。

### （三）重视师生互动

混合式学习重视师生之间的交流与互动，特别是如何有效整合线上和线下的互动方式。这种学习模式综合了面对面学习和在线学习的优点，致力创建一个无缝的交流环境，以便教师和学生之间进行深入沟通。

在混合式学习中，教师和学生的互动是教学动力的核心。这种互动不限于传统的课堂环境，还扩展到了虚拟空间，使得教师能够即时获取学生的反馈信息，并据此调整教学策略，以满足学生的学习需求。这种反馈循环对于教育不同年龄、地区和教育背景的学生尤为关键，使得教育过程更加个性化和高效。

在线学习平台的发展为师生提供了强大的互动工具。利用在线学习平台，教师和学生可以不受时间和地点的限制进行实时或异步的沟通。这种灵活的交流方式使在线课程成为一种高度互动的学习形式，教师可以通过各种网络教学软件即时回应学生的疑问，进行讨论，甚至组织在线实时的辅导和评估。

尽管在线互动在混合式学习中占据重要地位，但面对面的交流仍然不可或缺。在线下环境中，教师可以直接监督和指导学生的学习，为学生提供即时的反馈和个性化的辅导。这种直接的人际互动对增强学生的信任感、提高学生的学习动机及深化学生对知识的理解都至关重要。特别是在处理复杂的概念或进行实际操作时，面对面的教学可以更有效地消除学生的学习障碍。

此外，混合式学习强调教师和学生在两种环境中的互动必须是互补的。在线学习可以拓展课堂活动，而课堂教学可以为在线学习提供必要的支持。这种双向互动不仅增强了教学的连贯性，还提高了教育活动的质量。

总之，混合式学习中的师生交流和互动是一种动态的、多维的交互过程，它涵盖线上和线下的多种交流方式。通过深入、多样化的互动，混合式学习可以使学生取得良好的学习效果，确保每位学生都获得成长。

## 第二节　学习者的混合式学习模式

### 一、波尼姆·魏利森提出的三种混合式学习模式

波尼姆·魏利森（Purnima Valiathan）将混合式学习模式分为技能驱动模式（skill-driven model）、态度驱动模式（attitude-driven model）和能力驱动模式（competency-driven model），如图4-2所示。这些模式各有其特点，可以根据教育需求灵活运用。

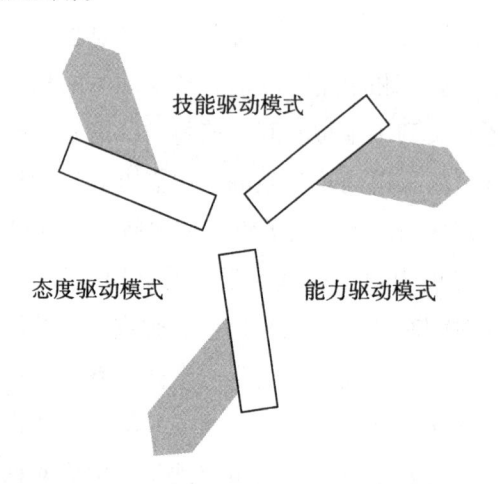

图4-2　波尼姆·魏利森提出的三种混合式学习模式

（一）技能驱动模式

技能驱动模式结合了自定步调的自主学习和教师的在线指导。在这种模式中，学习者通过电子邮件或论坛与教师进行交互，主要目的是通过教师的指导

帮助学习者独立完成学习任务。这种模式能有效减少学习者的孤独感，增强互动性，从而提高学习者的学习效率和成就感。

### （二）态度驱动模式

态度驱动模式是将传统课堂学习与在线协作学习相结合的一种模式。在这种模式下，教师先在面对面的环境中介绍协作学习的内容、属性、预期成果以及如何通过网络技术进行有效协作。随后，学习者被安排在一个安全的环境中通过在线协作工具尝试新的行为模式。这种模式特别适合培养学习者的团队合作能力和网络协作能力，同时提升他们对新技术的适应能力和接受程度。

### （三）能力驱动模式

能力驱动模式强调学习者与专家的互动，可使学习者通过在线方式获得隐性知识。这种知识的获取通常通过在实际工作中观察专家并与之交流来实现。该模式支持学习者在实际学习环境中通过直接接触专家的决策过程和工作方法来学习，不仅依赖明文规定的工作原则，还依赖专家个人的经验和直觉。这种模式适合那些需要较强专业技能和决策能力的职业，如医生、律师等。

## 二、循环模式

循环模式在混合式学习中指将不同的学习活动和形式，如在线学习、小组协作、集中授课、分组项目、个别辅导和书面作业，按照固定的时间表在面对面教学中循环进行。这种模式可以使学习者在固定地点持续学习，活动内容包括查阅材料、观看教师制作的播客或与校外专家及其他学习者进行互动。循环模式根据具体的学习环境和时间，可以细分为以下四种类型。

### （一）就地循环模式

在就地循环模式下，所有学习活动都在一个固定的教室内进行。例如，教师可能在一天的课程中安排不同的学习单元，如在线学习、小型讲座、小组工作和个别辅导等，以保持学习的动态性和互动性。

### （二）实验室循环模式

在实验室循环模式下，学生的学习活动在校园内的不同教室和在线学习实验室之间循环进行。例如，学生可能一天中大部分时间在教室学习，其余时间则在配备充足计算机资源的实验室中进行在线学习和阅读。

### （三）翻转课堂模式

在翻转课堂模式下，学生在教室里进行面对面的学习，并由教师辅导，在家则通过网络进行学习。例如，学生可以在家观看数学教学视频，并在在线学习平台上完成作业，第二天在学校通过教师的辅导将学到的知识应用于实际问题的解决。

### （四）个别循环模式

在个别循环模式下，学习活动根据学生的时间表在在线学习中心和教室之间进行循环。学生不必参与所有场所的学习活动，而是可以根据自己的时间表在不同的学习环境之间切换。例如，学生可能每35分钟在在线学习和面对面学习之间转换。

循环模式的多样化安排创建了灵活的学习环境，使学生能够更有效地利用资源和时间，同时提高学习的参与度和效果。这种模式有效地融合了传统教育和现代技术的优势。

另外，李克东和赵建华在2004年提出了一个细致的混合式学习教学设计模型，该模型涵盖从目标设定到计划修订的七个环节。[1]第一，教师需要明确混合式学习的目标，这包括确定所期望达到的教育效果。第二，确定预期的绩效或业绩，这一步骤要求具体描述通过混合式学习应达到的水平。第三，选择适当的传递通道和媒体，教师需要考虑多种学习方式（如在线学习、课堂学习等）和媒介（如视频、个人数字助理等），同时需要评估这些媒介的效能和成本。第四，组织课程专家、教育专家和技术专家共同制订混合式学习计划，并确定必要的支持策略，以确保学习计划的顺利完成。第五，涉及行动观察的计划实施，在此过程中需要记录和观察关键项目。第六，进行学习效果评价，这通常包括诊断性评价、形成性评价和总结性评价，以确保教学活动达到预定目标。第七，根据评价结果，对学习计划进行必要的调整，以优化教学策略，确保教学设计的持续改进。这个循环模型强调了教学设计的动态性和适应性，可以使教师在不断变化的教育环境中有效应对挑战。

---

[1] 李克东，赵建华.混合学习的原理与应用模式［J］.电化教育研究，2004（7）：1-6.

## 三、弹性模式

弹性模式通过互联网主导内容传递和讲座，同时提供个性化和灵活的学习安排，学生的学习活动主要通过网络进行，但也得到教师的现场支持。这种模式特别强调面对面的教师支持，如小型讲座、分组项目和个别辅导，以适应不同学生的具体需求。不同的学生可能需要不同程度的面对面支持，这种模式为此提供了灵活性。

## 四、自混合模式

自混合模式允许学生自主选择一门或多门完全在线的课程，以此来补充他们的传统课程学习。在这种模式下，学生的在线学习既可以在校内进行，也可以在校外进行，教师通过网络提供支持。这种模式的显著特点是学生可以自由选择将哪些在线课程与传统的面对面课程结合，这与学校统一安排的全职在线学习或增强虚拟模式不同。例如，一些学区设立了"网络休息室"等特定空间，允许学生在学校完成在线课程的学习，同时，这些学生能够通过在线渠道接受课程登记教师的个别指导，这些教师通常同时负责学区的面对面课程教学。这种模式有较强的灵活性和自主性，可以使学生根据个人的学习需求和兴趣制订自己的学习计划。

## 五、增强虚拟模式

增强虚拟模式是学校统一运作的一种混合式学习模式，其中学生的在线学习时间和面对面教室学习时间被完全分离。这种模式起源于全职在线学习学校，后来为了丰富学生的实际在校体验而逐步演变成混合式学习。与翻转课堂模式不同，在增强虚拟模式下，学生每周在实体学校的出勤时间很少，大部分学习活动通过网络进行。

在增强虚拟模式下，学生在每门课程开始时需要在教室中与教师进行面对面的交流，之后课程的大部分内容都通过在线学习掌握。通过这种模式，学校能够更灵活地安排学习时间，为学生提供个性化的学习路径，同时保持对其学习进度和质量的严格监控。

## 六、基于教学目标的混合模式

皮卡西诺（Picciano）在 2009 年提出了基于教学目标的混合模式，旨在通过具体的教学目标和活动改进教师的教学，从而为广大学生提供更好的学习体验。这一模式强调教学目标的重要性，并展示了六种主要的教学目标及其对应的技术和方法，也强调在特定情况下可以根据需要增加其他教学目标，如图 4-3 所示。在设计混合式学习课程时，各个教学目标应以一种流畅且无缝的方式融合在一起，类似将多种颜料混合创造出全新的色彩，而非简单地将它们以剪切、粘贴的方式机械组合，要强调整体性和连贯性，避免组成部分之间出现明显的界限。

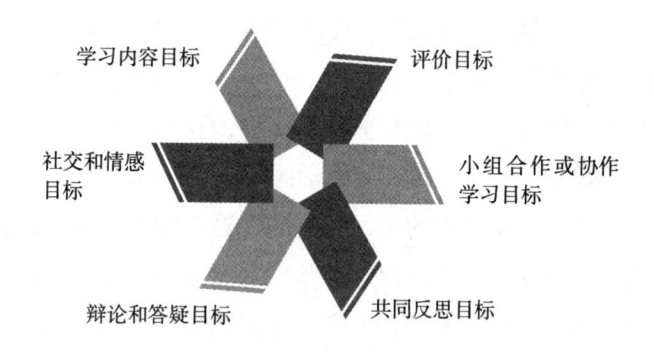

**图 4-3 教学目标**

重要的是，教师在设计课程时需要全面考虑整个混合式学习的模式，不必将所有的目标都一一应用，而是要根据服务于课程的总体教学目标来选择合适的教学策略，搭建合适的混合式教学模型，以有效地达到教学目的，确保教学活动和学习方法的选择能够最终促进学生学习效果的提升。

### （一）学习内容目标

内容的呈现和传递是教学活动的核心。大多数情况下，教学内容通过语言交流，无论是教师的讲授还是书面材料，都可以通过面对面或在线方式进行。另外，课程管理系统提供了一个基础平台，支持各种媒介的内容传递，包括文本、视频和音频。

## （二）社交和情感目标

教学不仅仅要教授知识和技能，还要支持学生的社交和情感发展。在大学英语教学中，教师不仅要帮助学生理解复杂的概念，也要在职业和个人发展方面为学生提供指导和支持。虽然在线课程可以提供一定的社交和情感支持，但面对面的互动通常更能有效地满足学生的社交和情感需求。

## （三）辩论和答疑目标

辩论和答疑目标在教学中扮演着核心角色，这是因为它们能够帮助教师检测学生是否真正理解所学的内容，并帮助学生更好地掌握知识。苏格拉底（Socrates）教学法是实现这一目标的有效方法之一，它通过精心设计的问题激发学生的讨论欲望，引导学生进行批判性思考。这种方法的成功在于将讨论集中在特定的、关键的问题上，而不是任意宽泛的对话。在数字环境中，可以设置一个以特定主题或问题为中心的电子论坛。这样的论坛允许学生围绕核心议题展开讨论，评估并回应他人的观点，表达自己的见解。此外，论坛中的"线索"功能可以帮助学生追踪讨论的进度和课程内容的变化情况。

## （四）共同反思目标

共同反思能在适当的环境下发挥重要作用。有关"反思型教师"和"反思型学习者"的概念已经在学术研究中得到广泛探讨。尽管反思通常被视为个人化的活动，但是分享这些反思能极大地增加其价值。通过鼓励学生思考自己的学习内容，并与教师及同学分享这些思考内容，可以加深他们对自身学习过程的理解，提升批判性分析能力。无论是小组日志、个人博客，还是小组实践和个人实验，都能有效地帮助学生反思自己的学习经历，从而加深理解，提升学习成效。

## （五）小组合作或协作学习目标

在当代教育中，小组合作或协作学习在面对面教学中愈发受到重视，这种学习方式主要依赖团队合作来解决问题。过去，组织小组合作在面对面的设置中需要耗费大量的准备时间，但现代技术，特别是电子邮件和其他形式的电子通信，极大地简化了这一过程。近年来，超文本系统的应用为小组项目和协作写作提供了极大的便利。与传统的只以项目报告形式提交并结束的作业不同，超文本系统允许学生在课程期间甚至课程结束后继续创作内容，分享给其他人。这样，学生能够发挥自己的想象力和创造力，不断扩展学习内容，从而提高学习效果。

### （六）评价目标

当前，由于内容管理系统（content management system, CMS）和其他网络工具的发展，教学辅助功能变得更加丰富和便捷。试卷、测试、作业和学习档案等传统评价方法已经趋向电子化。例如，作业和学期项目可以通过电子邮件提交，学期成果的展示也可以通过视频会议和播客进行，不再局限于面对面的演示。电子学习档案现在可以包含图像、视频和音频，形成一个多媒体的展示平台，比传统的纸质材料展示更生动。此外，每周的课堂讨论现在可以在论坛或博客上进行，这不仅为教师提供了电子记录，以便他们回顾和监控学生的参与情况，还有助于教师评估和反思自己的教学方法，识别哪些策略是有效的、哪些策略需要改进。总之，网络技术的应用使得学生成绩的评估更加公平、公正，并且有电子记录支持，可供师生反复查看。

混合式学习还存在其他模式，本节并未一一介绍，每种模式都具有其特点和应用范围，教师在教学过程中要善于寻找和探索符合学生需求和教学环境的模式。

## 第三节　混合式学习中学习者特征分析

在教育活动中，学习者是主体，他们的需求和特性对他们的学习成效有着直接影响。因此，对学习者特征的分析是教学设计成功的关键。这种分析可以为教学内容的组织、学习目标的设定、教学活动的设计以及教学方法和媒体的选择提供科学依据，确保这些教学元素与学习者的需求和能力相匹配。

### 一、学习者特征分析的内容

学习者特征分析的内容主要涵盖两大类：学习准备和学习风格，如图 4-4 所示。学习准备包括学习者的一般特征和初始能力，如基础知识、技能和态度。学习风格则涉及学习条件、认知方式、人格因素和生理类型等方面，这些因素共同影响学习者如何接收和处理信息。

图 4-4　学习者特征分析的内容

## （一）学习准备

学习准备要从三个方面入手，如图 4-5 所示。

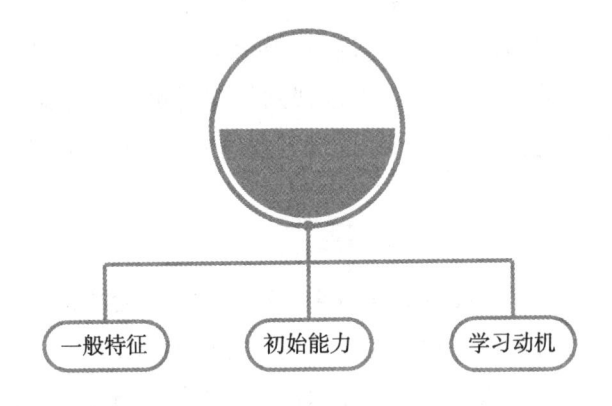

图 4-5　学习者特征分析中学习准备的内容

### 1. 一般特征

学习准备是指学习者原有的知识水平或心理发展水平对新的学习内容的适应性，这直接影响他们对新知识的吸收速度。在教学设计中，深入分析学习者的一般特征对于制定有效的教学策略至关重要。这些一般特征包括学习者的生理、心理和社会特征，如年龄、性别、认知成熟度、智力水平、学习动机、个人对学习的期望以及他们的生活经验等。例如，在认知发展的早期阶段，即小学阶段，学生的思维从具体形象思维向抽象逻辑思维过渡。在此阶段，他们主要依靠机械记忆，缺乏抽象思维能力，并且思维活动在很大程度上依赖具体事物和经验。此外，他们的注意力不稳定，易受外界因素干扰，而且意志力较弱，情感体验在逐渐丰富，对教师有很强的依赖性。这些特征决定了教学设计需要具有高度的参与性和互动性以及对教师角色的重视。

中学阶段，学生开始表现出复杂的心理特征，如中学初期的学生可能同时表现出幼稚和懂事、依赖和独立等相互矛盾的特点。到了中学后期，学生逐渐趋向成熟，自制力和自我教育能力有所提升，思维的独立性和批判性快速提升。这一阶段的教学设计需要更多地考虑如何培养学生的独立思考能力和批判性思维。

大学阶段，学生通常处于生理和心理更成熟的阶段，学习活动更多地转向自我控制和自我驱动。大学生的思维能力、学习动机和情感控制力等方面都有显著提高。其思维更加抽象和系统，能够更好地掌握事物的本质属性。因此，教学设计可以引入更多高阶思维的挑战，如解决复杂问题、进行深入研究等。

了解并分析这些一般特征，可以帮助教育者更精准地调整教学内容和方法，以适应不同年龄段和发展阶段的学习者的需求，从而提高教学效果，提升学习者的学习效率。

2. 初始能力

初始能力是指学习者在开始学习某一特定学科内容之前，已经掌握的与该学科相关的知识和技能以及他们对学习内容的认知和态度。这包括学习者之前积累的知识、技能和形成的态度。知识代表了人们对自然、社会和各类思维经验的概括和总结；技能则涉及掌握并能够应用的专门技术能力；态度是通过学习形成的、影响个人对特定对象做出行为选择的内部准备状态。

分析初始能力主要从三方面入手：首先是先决知识和技能分析，这涉及了解学习者是否具备进入新学习阶段所需的基础知识和技能。其次是目标技能分析，这需要确认学习者是否已经掌握或至少部分掌握了教学目标中要求的知识和技能。最后是学习态度分析，这包括评估学习者对即将学习的内容的兴趣、了解他们是否对这门学科存在偏见或误解、了解他们是否有畏难情绪等。

以大学英语为例，初始能力分析可以帮助教师确定学生对英语语法、词汇、阅读、写作、听力和口语等方面的掌握程度。例如，在开设一个新的英语写作课程之前，教师需要了解学生已有的写作技能和写作态度，包括他们对写作任务的看法、以往的写作经验以及他们对提高英语写作能力的兴趣和动机。通过这种分析，教师能够调整课程内容，如为那些写作基础薄弱的学生增设预备课程，或者为已具备较好写作技能的学生提供更高级的挑战。

了解学习者的初始能力不仅能帮助教师确定教学的正确起点，还可以根据学习者的具体需要调整教学计划，补充学习者尚未掌握的预备技能，或删减他们已掌握的部分目标技能。这种方法确保了教学活动的针对性和有效性，有助于提高整体的教学质量，提升学生的学习效果。

3. 学习动机

学习动机是驱动学习者进行学习活动并持续该活动的内部力量，它是学习者特征分析中的一个核心内容。理解学习者的学习动机对于设计有效的教学策略和提高学生的学习成效至关重要。学习动机可以从不同角度进行分类，以下是几种常见的学习动机类型。

内在动机：内在动机源自学习者内部的兴趣或对某个学习活动的纯粹喜爱。当学习者因为对学习内容的好奇、兴趣或个人挑战而学习时，这种动机便是在起作用。内在动机的学习者通常更投入，能更长时间地持续学习，并能从学习过程中获得更大的满足感。

外在动机：外在动机来自学习活动之外的因素，如奖励、评分、证书或避免惩罚。学习者可能因想要获得好成绩、家长或教师的期望、未来的职业需要而学习。虽然外在动机可以有效地激发短期的学习行为，但它可能不如内在动机在持续性和深入学习上有效。

成就动机：这种类型的动机涉及学习者追求在学习活动中达到某种标准或级别的欲望。受成就动机驱动的学习者通常注重表现和结果，他们的学习行为往往是为了达到高标准和展示能力。

社交动机：这种动机源自学习者希望通过学习活动增强与他人的联系、获得社会承认或履行社会角色的需求。例如，学习者可能因想要更好地与同龄人沟通或获得专业圈子的认可而学习。

逃避动机：有时候，学习动机可能是出于逃避不愉快的工作或环境的需求。在这种情况下,学习成为一种躲避其他生活压力的手段。

了解这些动机类型对教育者来说非常重要,因为不同的学习者可能因不同的动机而表现出不同的学习行为和学习效果。教育者可以通过调查和观察来识别学习者的主要动机类型,然后设计相应的教学策略来激发和增强这些动机,从而提高学习者的学习效果和满意度。例如,对于内在动机驱动的学习者,教育者可以提供更多自主学习的机会和富有挑战性的任务;对于外在动机驱动的学习者,教育者可以设定明确的目标和提供正面的反馈信息。

### (二)学习风格

学习风格是由美国学者哈伯特·塞伦(Herbert Thelen)在1954年首次提出的概念。随着教育研究的深入,许多学者对学习风格进行了定义,其中被广泛接受的定义是基夫(Keefe)从信息加工的角度给出的。他认为学习风格是指学习者在认知、情感和生理行为上的特有组合,这种组合反映了学习者如何感知信息、与学习环境互动以及对环境做出反应的相对稳定的方式。学习风格包括诸多方面,如学习条件、认知方式、人格因素、生理类型和信息素养,如图4-6所示。

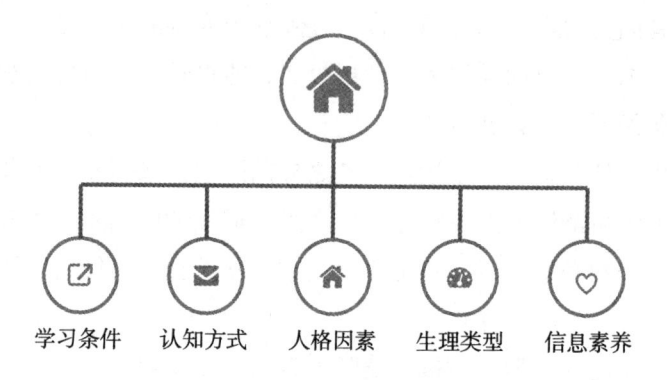

图4-6 学习者特征分析中学习风格的内容

1. 学习条件

学习条件特指那些影响学习者集中注意力以及接收和记忆信息的内外因素。它涵盖的内容具体如下。

第一,感觉通道。学习者倾向通过某种感官通道接收信息。这包括视觉通道、听觉通道和动觉通道。例如，视觉型学习者倾向通过阅读和观察视觉材料来学习，听觉型学习者则更喜欢通过听讲座或讨论来学习，动觉型学习者则偏好通过实际操作和亲身体验来学习。还有一些学习者可能会同时使用多种感觉通道，如视觉结合听觉，这类学习者通常喜欢通过观看视频等多媒体内容来学习。

第二，情感需要。这涉及学习者在学习过程中对情感支持的需求，例如，一些学习者可能希望得到教师或家长的鼓励和安慰，以激发他们的学习热情。

第三，社会性需要。一些学习者在学习时倾向与他人合作，更喜欢在小组讨论或与同伴合作的环境中完成作业或复习。

第四，环境需要。学习者对其学习环境有特定的需求，如需要安静的环境、喜欢在特定的光线下学习等。

第五，情绪需要。情绪状态对学习者的学习效率和兴趣有显著影响。例如，在情绪良好的状态下，一些学习者可能会表现出更高的学习效率。

通过深入理解学习者在这些方面的个性化需求，教育者可以更精确地调整教学方法，以适应不同学习者的风格，从而提高学习者的学习效率。在实际应用中，教师可以根据学生的感觉通道偏好选择合适的教学材料，调整课堂活动，或者为需要额外情感支持的学生提供更多的个别指导，以提升他们的学习效率。

2. 认知方式

认知方式是指学习者在处理感知、记忆、思维以及解决问题的过程中展现的特定倾向和偏好。这些方式揭示了学习者在信息加工过程中的个体差异以及他们如何接收和组织信息。认知方式对教学设计和学习策略的选择有重要影响，因为它直接关联学习者如何最有效地处理和理解新知识。目前，教育心理学中常见的认知方式有三种。

（1）场独立型和场依存型。场独立型学习者倾向在较少依赖外部环境因素的情况下学习。这类学习者通常具有较强的内在动机，能独立于周围环境进行思考和学习。他们不太受外部因素干扰，能够自主地对信息进行加工和整合。场独立型学习者往往喜欢独立工作，能够在没有外部激励的情况下保持学习的积极性。他们在学习需要抽象思维和逻辑推理的科目时，表现较好。在教学中，这类学习者更适合采用自我引导的学习方式，教师的角色主要是提供必要的指导和支持。

场依存型学习者则在较大程度上依赖外部参照和环境因素进行学习。这类学习者通常需要外部的结构和指引来帮助他们组织和处理信息。他们倾向在社交互动中学习，喜欢团体讨论和协作学习环境，从中获取知识和动力。场依存型的学习者对教师的指导和同伴的支持反应更为敏感，他们的学习热情在很大程度上受到周围人的影响。因此，对于这些学习者，教师需要创造一个支持性强、组织良好的学习环境，以激发其学习兴趣，使其获得学术成果。他们在学习语言、文学、社会科学等更多依赖语境和文化背景理解的学科时表现更好。

（2）沉思型和冲动型。学习者的认知方式还包括沉思型和冲动型两种，这两种方式反映了学习者在处理问题和信息时的不同方法和速度。

沉思型学习者的特征是反省性、逻辑性、判断力强。面对问题时，这类学习者表现出极高的谨慎性，他们不会急于回答问题，而是倾向在给出回答前进行深入的思考和反复的审视。这种方法确保了他们所回答问题的准确性，从而降低了错误率。然而，这种反省性的思维方式也意味着他们在做出决策时可能需要更多的时间。沉思型学习者适合处理需要对细节进行深入分析的任务，如阅读理解、逻辑推理等。这类学习者通常更喜欢在合作和非竞争的学习环境中学习，他们的学习活动受意志的影响大于情感的影响。

相对而言，冲动型学习者的知觉和思维方式则以直观和冲动为主。这类学习者往往依靠直觉做出判断，而不是全面分析问题的所有可能性。他们可能仅依赖一些简单的外部线索来形成看法，有时甚至在未完全理解问题的要求时就急于给出答案。因此，尽管他们做出反应的速度快，但错误率相对较高。冲动型学习者擅长处理需要整体性解释的任务，在竞争激烈的环境中学习效果更佳，且情感的介入往往能显著增强他们的学习动力。虽然他们的阅读能力可能不强，整体学习成绩也可能不是很理想，但在解决问题的能力上，冲动型学习者不一定比沉思型学习者逊色。

了解这些认知方式的特点可以帮助教育者设计更适合每种类型学习者的教学策略以及创造更有利于他们学习的环境，从而提高学习者的学习效率。

（3）整体策略和序列策略。整体策略（同时加工策略）和序列策略（继时加工策略）是两种截然不同的认知方式，反映了学习者处理信息和解决问题的不同思维模式。

使用整体策略的学习者倾向将问题视为一个整体进行处理。他们喜欢从多个角度全面观察和思考问题，并试图在较宽的范围内寻找问题与其他材料或情境之间的联系。这种策略使得学习者能够通过广泛的连接和比较，构建问题的整体意义。在学习过程中，这类学习者通常运用理性思维，他们从具体的现实问题出发，将其与相关的抽象概念联系起来，再将抽象概念应用于具体问题中，以此方式来验证不同问题的相似性和差异性。使用整体策略的学习者因此在处理需要广泛整合和创新的复杂问题时表现较好。

使用序列策略的学习者在处理问题时采用更为线性和逐步的方法。他们倾向按照逻辑顺序逐一处理信息，专注细节和具体步骤，从而逐步理解问题。这类学习者通常将注意力集中在较小的范围内，他们善于通过严密的逻辑分析和有条理的方法来解决问题。在学习过程中，他们习惯将材料分解成多个小部分，按照一定的顺序逐项学习，并在学习的最后阶段将各部分知识整合成一个完整的概念。使用序列策略的学习者在处理需要详细分析和系统整理的学习任务时，如编程或数学问题，往往表现出较高的效率和成果。

了解这两种认知策略有助于教育者设计更符合学习者特性的教学活动，使教学方法更贴合学习者的思维习惯，从而提高学习效率。同时，这也有助于学习者自我认识，使他们选择最适合自己的学习策略，优化个人的学习过程。

3. 人格因素

人格因素在教育心理学中被视为影响学习者学习成绩的重要变量。人格描述了一个人独特且稳定的思维方式和行为风格，包括一系列倾向性和心理特征的总和。具有健康人格特质（如求知欲强烈、勤奋好学、情绪稳定、善于自制和意志坚强等）的学习者往往更为优秀。相反，那些缺乏自我驱动力、自信心不足、思维散漫、意志薄弱的学习者往往不能取得好的学习效果。

在人格因素的分析中，控制点和焦虑水平很关键，它们在很大程度上决定了学习者如何应对学习中的挑战和压力。

控制点描述了学习者对自己行为和结果的控制感。具有内部控制点的学习者认为他们的行为和学习成绩主要由自身的努力和能力决定。这种控制感使他们对学习充满动力，相信通过努力可以改善成绩和解决问题。这类学习者通常对挑战持开放态度，能积极地面对困难的学习任务，并从成功和失败中吸取经验。相反，拥有外部控制点的学习者认为自己的成就和失败受到外界因素（运气或他人行为）的影响。他们可能感觉自己对学习过程无能为力，这种感觉可能导致他们在遇到学习困难时轻易放弃。

焦虑水平也影响着学习者的学习效果。高焦虑水平的学习者在面对考试和其他评估时可能表现出过度紧张和担忧，这种焦虑可能干扰他们的学习。在这种情况下，教师可以通过减少压力和提供支持来帮助学生减轻焦虑。低焦虑水平的学习者可能对学习缺乏必要的紧迫感，导致他们不够用心准备考试和课堂活动。针对这种情况，增加一定的教学挑战和考核压力有助于提升他们的学习动机。

理解并应对这些人格因素，教育者可以更有效地支持每位学习者的学习，通过调整教学策略和创建良好的环境，来满足不同学习者的心理和情感需要。这种个性化的教学方法不仅可以提升教学效果，还可以促进学习者学习效果的提升。

4. 生理类型

生理类型是指影响个人心理或行为的生理特征，尤其是与大脑结构和功能相关的特征。近年来的脑科学研究揭示了大脑左右半球在功能上的差异，尽管它们的结构几乎相同。这些差异对学习者的认知和心理能力产生了显著影响。

左脑半球通常与逻辑思维、语言处理、序列分析和细节处理等功能相关联，右脑半球则与空间感知、创造力、直觉和整体观念处理等功能相连。学习者根据自身大脑半球的功能优势，可能表现出不同的学习和思维倾向。例如，左脑优势的学习者通常在处理逻辑复杂、结构化或基于语言的任务时更为出色，如数学问题解析、语言学习等。相反，具有右脑优势的学习者可能在需要空间感知和创造性思维的任务中表现更好，如艺术创作、音乐表演或设计工作。

尽管个体在某些情况下可能显示出某一半脑的明显优势，但在大多数认知任务中，两个脑半球实际上是协同工作的。每个人的大脑半球都参与到认知活动中，只是根据任务的性质和所需处理的信息类型，左右半球的活跃程度可能有所不同。这种分工使得大脑能够高效地处理各种复杂和多样的信息。

了解学习者的生理类型，特别是他们的脑半球优势，可以帮助教育者设计更符合其天赋和能力的教学活动。例如，对于具有左脑优势的学习者，教师可以采用更多基于规则和逻辑的教学方法；对于具有右脑优势的学习者，教师则可以采用更多依赖图像和创造力的方法。这种基于生理类型的个性化教学策略不仅能提高学习者的学习效率，还能增强学习者的参与感和满足感。

5. 信息素养

信息素养是一个综合性的概念，涵盖学习者识别、评估、使用和传播信息的能力。在当前的教育环境中，随着信息技术的快速发展和信息本身的爆炸式增长，信息素养已经成为学习者必须具备的核心素养之一。这种素养不仅影响学习者的学术成就，还深刻影响着他们的职业准备和终身学习的过程。

信息素养能够使学习者在海量信息中筛选出真正有用的资料。学习者如果能够准确地定义自己的信息需求，然后利用合适的工具和方法快速地定位这些信息，将大大提高学习效率。

随着数字技术的快速发展，信息素养在数字环境中的重要性日益突出。学生不仅要操作各种数字工具，还要在数字环境中进行有效的信息管理和自我表达。教育者应当重视这一点，在课程设计中加入更多关于数字信息处理的教学内容，如数据隐私保护、网络安全基础等，以帮助学生在数字时代保持信息的敏感性和警觉性。

## 二、学习者特征分析的方法

分析学习者特征是教育过程中一项至关重要的活动，它有助于教师了解学生的学习需求和偏好，从而设计出更有效的教学策略。主要的分析方法包括观察法、问卷法、网络调查法、征答法和查阅人事或学习档案法，如图4-7所示。

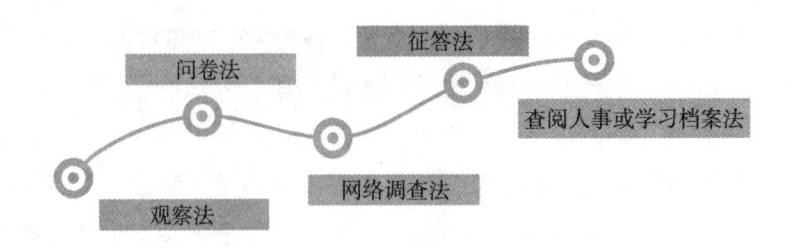

图 4-7　学习者特征分析的方法

（一）观察法

观察法要求教师对学习者在课堂和日常活动中的行为进行系统观察，以识别其学习特征。这种方法尤其适用于年龄较小的学习者，他们可能还没有足够的自我认知能力来通过自我报告的方式准确描述自己的学习风格。然而，观察法的挑战在于教师难以对规模较大的班级中的每位学习者都进行细致和连续的观察，这可能导致对某些学习者的学习特征认识不足。

（二）问卷法

问卷法要求教师通过设计问卷来收集学习者对自己学习风格和偏好的报告。这种方法可以快速地从大量学习者中收集数据，适用于初步识别学生的普遍学习倾向。问卷通常包括一系列关于学习习惯、偏好和态度的问题。问卷法的优点是操作简便，可以覆盖广泛的学习群体。其局限性在于问卷的设计可能无法完全涵盖所有学习者的特征，且依赖学习者对自己行为的准确自评，这可能受到个体自我认知能力的影响。

（三）网络调查法

网络调查法是一种现代且高效的方法，适用于教育者在研究学习者特征时进行大规模数据收集和分析。通过互联网利用各种在线调查平台，如问卷星、调查派和易调网等，教育者可以快速设计、发布和管理问卷。这些平台通常提供各种工具来创建有针对性的调查问卷，包括多种问题格式（单选、多选和开放性问题）以及逻辑跳转功能，使得问卷更为复杂且功能全面。

操作过程通常开始于用户注册并登录到选定的调查平台。注册后，用户可以直接在平台上创建调查问卷，设计每一个问题并设置答案选项。完成问卷设计后，平台会生成一个专用的在线链接，教育者可以通过电子邮件、社交媒体等方式分享这个链接,邀请学习者参与填写。学习者的相应数据被自动收集并存储在云端服务器上,教育者可以随时访问这些数据,使用平台提供的分析工具进行初步分析。

网络调查的一个主要优点是其能够迅速地从广泛的受众中收集数据,不受地理位置的限制,非常适合远程教育和大规模的教学评估。此外,数据的即时性可以使教育者快速获得反馈信息,及时调整教学方法和内容。然而,这种方法也有其局限性,如在问卷设计上需要专业知识以避免偏见,同时需要确保调查的覆盖面广泛,避免数据偏差。

网络调查法的优点包括操作简便、成本较低、数据收集和处理速度快。这使得教育者可以在短时间内获得大量关于学习者特征的数据,并据此调整教学策略,提升教学质量。另外,使用网络调查法也需要注意数据的代表性和网络安全问题,确保收集的信息的广泛性和信息保护的合规性。

(四)征答法

征答法是一种主动的数据收集方法,通常涉及面对面的访谈或通过电子方式提交开放式问题给学习者回答。在这种方法中,研究者或教育者提出一系列精心设计的问题,目的是深入了解学习者的心理、情感、认知特征以及他们对学习环境和教学方法的看法。征答法可以是结构化的,也可以是非结构化的,具体取决于研究的需求和目的。这种方法尤其适用于探索学习者的深层次想法、信念和态度,因为它允许学习者以自己的话语表达观点,提供比封闭式问卷更丰富和细致的数据。征答法的挑战在于分析开放式回答可能较为耗时,并且收集到的数据可能因个人表达能力和意愿的差异而存在偏差。

(五)查阅人事或学习档案法

查阅人事或学习档案法是另一种方法,它涉及系统地检查学习者的教育和个人记录。这些档案可能包括成绩单、考试成绩、教师评价、出勤记录以及其他相关的教育成就记录。通过分析这些档案中的信息,教育者可以获得学习者学业表现的历史视角,识别其学习模式、长期表现趋势以及可能的学习障碍。这种方法的优点是依据实际记录的事实数据,可以提供客观的、长期累积的学习表现分析。缺点是档案信息可能不全面,只反映了学习者在特定环境和条件下的表现，而无法全面反映学习者的多方面能力和特征。

每种方法都有其优势和局限性，教育者通常需要使用多种方法来分析、掌握学习者的特征。例如，观察法可以提供直接的行为数据，问卷法则可以补充学习者的自我认知信息。通过这些方法的综合运用，教师可以更准确地把握学生的学习需求，从而设计出更有效的教学策略，提高教学效果。

## 第四节　混合式学习中学习者的深度学习

### 一、深度学习

深度学习最初由瑞典教育心理学家马顿（Ference Marton）和萨尔乔（Roger Saljo）在1976年提出，他们在《学习的本质区别：结果和过程》一书中阐述了深度学习与浅层学习的区别。深度学习被描述为一种学习者积极地认识和处理所掌握的知识的学习方式，浅层学习则倾向被动和机械的记忆方式。

布卢姆在《教育目标分类学》中进一步细化了认知过程，将其按从简单到复杂、从具体到抽象的层次划分为识记、领会、应用、分析、综合和评价。在这种分类中，识记和领会通常与机械记忆相关，属于浅层学习的范畴；应用、分析、综合和评价则要求对知识和技能进行迁移和创新，促进高阶思维的发展，这是深度学习的核心。

美国学者詹森（Eric Jensen）和尼克尔森（LeAnn Nickelsen）提出了深度学习路线（deep learning cycle, DELC），强调深度学习是一个循环过程，涉及理解、应用和反思等阶段。[1] 国内学者对深度学习的研究也颇为深入。例如，何玲、黎加厚强调深度学习的三大特点是理解与批判、联系与构建、迁移与应用。[2] 吴秀娟、张浩、倪广清则从深层信息处理、高阶批判性思维、主动知识

---

[1] JENSEN E, NICKELSEN L. 深度学习的7种有力策略［M］. 温暖，译. 上海：华东师范大学出版社，2010：20-23.

[2] 何玲，黎加厚. 促进学生深度学习［J］. 现代教学，2005（5）：29-30.

构建与转化、高效知识转移与求解四个层面对深度学习进行了界定。[①] 李松林、贺慧、张燕提出，深度学习具有深层动机和深度理解能力，并对学习者产生深远的影响。[②]

综合国内外学者观点，可以将深度学习与浅层学习对比进行理解。二者的区别主要体现在以下几个方面。

### （一）学习动机不同

深度学习者以自我发展和成就为动机，主动探索和吸收所需知识。他们学习不是为了通过考试，而是为了构建自己的知识体系和思维模型。这种方式鼓励学习者将新知识与已有知识整合，形成一种深层次的理解和应用，以便在实践中生成新的思想。浅层学习者则通常为了应付考试来学习，缺少学习动机，学习态度被动，对知识的掌握停留在表面，缺乏深入探索和批判性思考的过程。

### （二）认知方式不同

深度学习强调对知识的深入理解和批判性思考。学习者通过提问、论证和推理，不仅能够理解知识点，还能够在不同的理论和观点之间建立联系。这种深度理解促进了知识的内化，使学习者能够在面对新问题时，展示出更高层次的认知能力。浅层学习则往往满足于对知识的表层把握，缺乏深度，学习者很难对所学内容进行深刻的解释或应用。

### （三）迁移及扩展方式不同

深度学习者在学习新知识时，能够有效地利用已有知识，并通过批判性思考将新旧知识融合，实现知识的有效迁移。这种迁移不限于相似情境之间，还包括将知识应用于全新的、不同的环境中，解决更复杂的问题。深度学习者在面对新挑战时，能够展示出创造性和适应性，找到多角度和多层次的解决方案。相比之下，浅层学习者在知识迁移和问题解决方面表现不佳，通常无法将

---

[①] 吴秀娟，张浩，倪厂清.基于反思的深度学习：内涵与过程[J].电化教育研究，2014（12）：23-28，33.
[②] 李松林，贺慧，张燕.深度学习究竟是什么样的学习[J].教育科学研究，2018（10）：54-58.

学过的知识应用于新的或不同的情境中，面对复杂问题时往往无从下手，或者只能提供基础和表面的解决方案。

### （四）反思与成长方式不同

反思与成长是学习过程中至关重要的两个方面，尤其在深度学习的背景下显得尤为重要。反思指的是学习者在吸收新知识之后，对已有知识和新信息进行深入分析和思考的过程。通过这种双向的知识交融，学习者不仅能够同化新信息，还能够顺应并改变自己的认知结构，从而达到深度思考和认知成长的效果。这一过程极大地促进了学习者综合能力的提高和个人成长。

相比之下，浅层学习者往往忽视反思的重要性。一旦学习任务完成，他们便不再深入探讨或思考相关知识，错失了通过反思进一步提升和成长的机会。在浅层学习过程中，学习者倾向接收和记忆信息，而不是理解和应用信息，导致学习的成效和深度受限。

虽然浅层学习在一定程度上为深度学习打下了基础，但两者之间存在本质的差别。浅层学习通常涉及基础知识和简单技能的学习，这些是深度学习的预备阶段。深度学习则侧重关键和复杂的问题解决以及对核心概念的深入掌握和应用。在实际应用中，深度学习更适用于处理重要且关键的问题，而日常生活中一些简单和重复的任务可能更适合使用浅层学习的方法。

在教育领域，深度学习和浅层学习不是孤立的过程，而是相互补充的。浅层学习通常专注基础知识的积累，如记忆事实、学习规则和定义，这构成了学习的初步阶段。深度学习则强调知识的综合运用，要求学习者不再停留在接受知识的表面，而是深入知识的核心，通过理解、分析、评价和创新来进行学习，将所学知识迁移到新的情境中，解决实际问题。

有效的学习策略应当将浅层学习和深度学习相结合，形成一个从基础到深层的渐进式学习路径。初始阶段，学习者通过浅层学习快速积累基础知识，为之后的深度学习打下坚实的基础。随后，教育者应引导学习者通过各种教学活动，如案例研究、问题解决、项目实践等，逐渐过渡到深度学习。这种教学模式不仅帮助学习者理解和吸收新知识，还鼓励他们对这些知识进行批判性思考和应用。

在这个过程中，教育者的角色至关重要。他们需要设计符合学习者需求的教学活动，提供必要的资源和支持，同时通过持续的反馈和评估来调整教学策略。此外，教育者还应鼓励学习者进行反思，帮助他们识别和掌握学习中的关键概念，从而在学习过程中实现自我提升和成长。

## 二、混合式学习为学习者的深度学习提供的可能性

混合式学习通过自身的特征和模式优化了学习环境，为学生提供了进行深度学习的可能性，如图 4-8 所示。

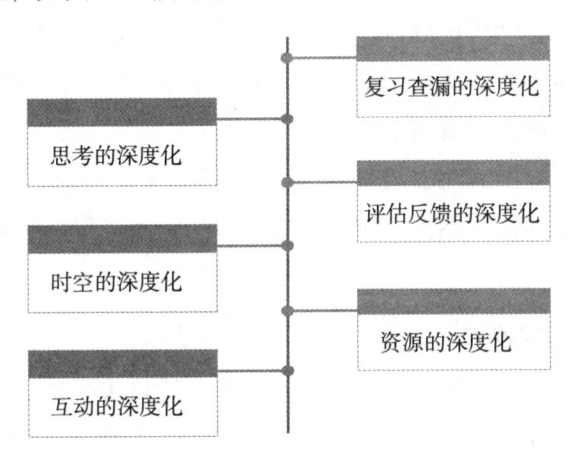

图 4-8　混合式学习为学习者的深度学习提供的可能性

### （一）思考的深度化

混合式学习通过线上预习和课堂深入讨论的结合，极大地拓展了学生的学习深度。在传统的教育模式中，学生往往在课堂上首次接触新知识，虽然教师会布置预习任务，但是效果往往不是很理想，导致学生在课上对知识进行深入思考和理解的时间很少。在混合式学习中，学生可以在课前通过在线平台访问课程材料，如预录的讲座视频、音频阅读材料等，并且教师可以通过线上布置预习任务，还可以构建学习社区进行问题探讨。这种方式使学生有充分的时间在课前独立思考和处理信息，将预习中遇到的疑问和挑战在课堂上与教师和同学进行深入讨论。这种探究性的学习不仅帮助学生在理解上达到更深层次，也促进了他们批判性思维和研究性思维的发展。

## （二）时空的深度化

混合式学习模式通过融合线上与线下教学元素，突破了传统教育在地理和时间上的限制，从而为学生提供了更加灵活和深入的学习体验。这种模式允许学生根据个人的日程安排选择学习时间和地点，使得学习不再局限于固定的课堂时间和教室。

在线学习组件使得学生可以在家中、图书馆或任何有网络连接的地点接入课程内容，如视频讲座、互动测试和讨论区。这种访问的便捷性极大地扩展了学习的时间和空间，学生可以在早晨、晚上或其他空闲时间学习，完全按照自己的节奏学习，而不受传统课程安排的限制。学生可以多次回看在线材料，反复深入理解难点，或在网络讨论中与同学和教师交流看法，这些都是在传统教室中难以实现的。这种时间上的自主性不仅提高了学生学习的便利性，也增强了学生对学习过程的控制能力，使他们有更多的时间进行思考和探索，从而提升了学生的学习效果。

## （三）互动的深度化

混合式学习通过提高师生之间的互动频率和质量来强化学习过程。无论是在线还是面对面的环境，混合式学习都强调建立开放的沟通渠道，以确保学生及时获得必要的指导和反馈。这使得学生能够及时调整学习策略和方法，加深理解和精练思维过程。同时，师生的交流促进了学生的自我反思，帮助他们认识到自己的学习进展和挑战，从而更加深入地掌握知识和技能。

## （四）资源的深度化

混合式学习环境提供的资源、工具，如数字化资源、在线论坛，为学生提供了丰富的学习材料和互动机会，可以使学生在学习过程中更好地连接理论与实践，将学到的知识应用于解决实际问题。同时，通过技术手段的支持，学生可以更系统地整合信息，通过多种视角和资源来探索问题，从而深化理解和巩固记忆。

## （五）评估反馈的深度化

混合式学习中的持续评估和反馈机制也是促进深度学习的关键。与传统教学相比，混合式学习允许教师实时地跟踪学生的学习进度和理解程度，通过定期的在线测验、即时反馈和学习分析来调整教学内容和方法。这种及时的调整和反馈可以帮助学生在学习过程中及时发现并纠正错误，加深学习的印象，促进知识的记忆。

### （六）复习查漏的深度化

混合式学习允许学生通过线上平台自主选择复习内容，根据个人的掌握情况和学习需求，有针对性地选择重点复习的章节和主题。学生也可以选择在线组件中的不同模块来针对性地克服自己的弱点，或者在面对面的课堂上与教师进行一对一的讨论，以解决具体的问题。这种个性化的复习路径使学生能够集中精力在自己相对薄弱的领域，通过在线自测、模拟测试和互动问答等形式，加强对复杂概念和知识点的掌握。

## 三、基于促进深度学习的混合式教学模式构建原则

构建一个促进深度学习的混合式教学模式，要求在模式构建过程中遵循一系列的原则，如图4-9所示。这些原则不仅有助于最大限度地利用混合式教学的优势，还有助于确保教育活动更加符合学生的学习需求，提高学生的参与度和学习成效。同时，遵循这些原则可以帮助教师更有效地设计课程、选择合适的教学工具和策略，构建一个高效、动态且适应学生需求的混合式学习环境，激励学生探索更复杂的问题，进行更深入的思考和交流。

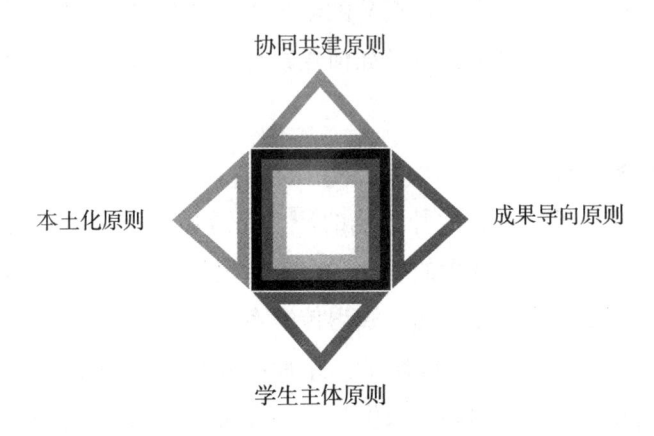

图 4-9 基于促进深度学习的混合式教学模式构建原则

## （一）本土化原则

在基于深度学习的混合式教学模式构建过程中，遵循本土化原则非常重要。本土化原则强调教学活动应充分考虑和利用本地的教育资源和环境，确保教学设计与实施的适应性和实用性。这一原则的核心在于，高校不应仅仅追求技术的应用，还应深入分析和评估本校的具体情况，确保所采用的混合式教学模式能够在现有的信息化基础上得到有效支持和应用。

首先，评估本校的信息化教学条件。在决定是否实施混合式教学模式之前，高校需要详细考察自身的基础设施是否足以支持新的教学模式。这包括但不限于网络带宽、在线学习管理系统、互动工具。只有在这些条件成熟的情况下，混合式教学才能发挥其应有的作用，否则可能会因技术限制而影响教学质量和学生的学习体验。

其次，打造一个合适的学习环境。这不仅包括物理环境，如教室和设施，还包括技术环境，如可用的教育技术工具和平台。只有信息化教学环境的建设、学生信息化学习工具的配备均展现出充分的准备和适宜性，适应教师教学和学生学习的需求，进行本土化的配置，才能确保教学活动的顺利进行，不会因不适用而中断学生的学习。

最后，确保学生能够正常参与混合式教学是关键。这不仅涉及学生对技术工具的熟悉程度，也涉及他们对新教学模式的接受程度和适应能力。因此，高校在实施混合式教学前，应进行充分的学生培训和指导，帮助他们了解如何有效使用在线资源和线下资源，以及如何在这种新的学习环境中取得更好的学习效果。

## （二）学生主体原则

在混合式教学模式中，教师角色的调整是遵循学生主体原则的核心要素。这种调整不仅反映了教育理念的变化，也是对现代教育技术融入教学过程的响应。具体来说，教师应从传统的"知识传递者"转变为"学习引导者"和"学习促进者"，以凸显学生的主体作用，并有效辅助学生进行自主探索和深度学习。这包括设置开放性的问题，激发学生的好奇心和探索欲，提供多样化的学习材料，使学生能够在探索中构建知识。教师应在学生探索知识的过程中提供必要的支持,帮助他们解决学习中的难题。教师应通过提供反馈、引入反思和批判性思考的机会,建立一个支持性的学习社区,创建一个鼓励探索和创新的学习环境,让学生主动表达自己的想法和疑问,鼓励学生尝试,并允许犯错,通过实践来学习和成长,促进学生的深度学习。

### (三)成果导向原则

在构建促进深度学习的混合式教学模式中,成果导向原则是一项关键的原则。传统的教学评价通常以教师的教学行为和课堂表现水平为中心,通过学生评价、教师自评及同行评价构建评价体系。而在混合式教学模式下,这一原则强调以学生的学习成果为核心,转变传统的以教师为中心的评价体系,更加注重评估学生的学习成果和能力,这包括学生的知识掌握程度、技能应用能力、批判性思维能力及创新能力等方面的综合评估。通过这种方式,评价体系更能反映学生实际的学习效果和个人能力,此原则的实施不仅优化了教学评价,还促进了教学方法的创新,提升了教学质量。

当教学评价标准与学生的学习成果紧密相关时,教师将被激励去探索更有效的教学策略,以支持学生的深度学习。这不仅有助于教师了解自己的教学方法和内容在实际应用中的效果,也鼓励教师进行持续的职业发展和教学技能的提升。

高校需要在课程设计之初明确课程的具体目标,这些目标应具体、可衡量,并与学生的长远发展密切相关。这些目标将指导教学活动的设计和实施,确保教学内容与学生的实际需求和职业发展紧密联系。

为了全面评价学生的学习成果,混合式教学应采用多种评价方法,包括项目作业、口头报告、同伴评价、自我评价、实际操作演示等。这些方法可以全面地反映学生在不同学习阶段的能力,更准确地衡量他们的深度学习程度。

### (四)协同共建原则

在构建促进深度学习的混合式教学模式中,协同共建原则是一个至关重要的原则。该原则强调通过现代信息技术的支持实现教师、学生、技术人员等各利益相关方的协作,从而优化教学资源,提升教学互动的质量,并促进教学模式的持续创新。

混合式教学的有效运行依赖多方资源和力量的整合。这不仅涉及教师和学生，还包括技术支持团队、教学管理人员等。整合这些多元资源，可以确保教学内容的全面性和多样性，同时促进教学活动的实施。例如，教师可以与技术专家合作，共同开发和利用智能教学系统、云计算资源和大数据分析工具，以提高教学效率。

此外，信息技术在混合式教学中起着至关重要的作用。现代信息技术不仅支撑着教学活动的基础设施，如在线学习平台的建设和维护，还提供了丰富的教学方法和工具，如增强现实、虚拟现实等，这些工具可以使教学互动性更强和引人入胜。因此，高校需要将信息技术支撑视为教学改革的一项基础条件，确保在技术设备投入、平台建设和专业团队建设方面获得充分的支持。

为了保证混合式教学模式的有效实施和持续发展，建立一个稳定的技术支持系统是必不可少的。这不仅涉及初期的技术投入，还涉及对教师和技术团队的培训。通过这样的系统支持，可以确保所有参与者都能有效地使用最新的教学工具和策略，也可以不断创新教学方法以适应教育技术的快速变化。

### 四、基于促进深度学习的混合式教学模式构建步骤

结合翻转课堂模式，论述如何充分发挥混合式学习在深度学习中的潜力，构建基于促进深度学习的混合式教学模式，如图4-10所示。

图 4-10 基于促进深度学习的混合式教学模式构建步骤

#### （一）深度学习的准备阶段

在这个阶段，教师需要先设计并制作高质量的教学资源，如微视频、微案例、幻灯片和电子书等，这些资源应有针对性地讲解核心知识点。教师将这些

资源上传至线上教学平台，确保学生可以在课前按照自定的时间、速度和方式学习。

学生通过观看这些预先录制的教学视频和其他辅助材料，可以根据自己的学习能力自主掌控学习节奏。学习基础较薄弱的学生可以随时暂停视频回看难以理解的部分；学习能力较强的学生则可以利用平台上的丰富资源进行深度学习，扩大知识面。

为了增强学生的自主学习效果并检验其学习成果，教师可以在平台上设置小型练习题（微练习）和测验，这些测试可以提供即时反馈，帮助学生及时了解自己的学习状况。此外，学生还可以在平台的论坛上与其他学生或教师讨论自己在学习过程中遇到的问题或疑惑。对于一些难以在线解决的问题，学生可以整理这些问题，在课堂上直接与教师进行面对面的深入交流。

此外，将这一模式应用于大学英语课程，可以通过具体案例和实际应用来增强学习的实际性和互动性。例如，可以通过网络平台提供与英语学习相关的实际情景对话、短剧制作指南以及文化交流的背景材料，帮助学生在理解语言的同时，也能够加深对其文化背景的认识。

通过这样的深度学习准备阶段，不仅可以满足不同学生的个性化学习需求，还可以为他们在后续的课堂互动中提供更扎实的基础知识，从而有效促进后期深度学习的实现。

（二）促成深度学习的课堂教学阶段

在这一阶段，教学活动的设计应致力于激发学生的深层次思考和培养学生的高阶认知能力，这一阶段可以采取的方法很多，可以通过问题驱动教学、任务驱动教学等促进学生深度学习。

问题驱动教学法以挑战性的问题为起点，激励学生探索和解决问题。在设计问题时，教师应考虑构建层次性问题体系——从宽泛的大问题到具体的小问题。这种分层设计不仅有助于引导学生逐步深入探讨，还有助于他们提出自己的疑问和见解，从而持续激发他们的思考和学习动力。教师转变为引导者，通过适时的提示和反馈，帮助学生在问题解决过程中形成批判性思维。

任务驱动教学法通过设计与学生日常生活或实际情境紧密相关的任务，增强学生的学习动机和实践能力。通过这种方式，学习活动不仅与学生的个人经验相联系，还促进他们将新知识应用到实际问题解决中。这种教学策略强调学习的实用性和参与性，能够使学生在完成具体任务的同时，对所学知识进行深度的理解和内化。

对于学生普遍不理解或者知识的重难点，教师可以采用讲解互动法，在这一方法中，教师是知识的传递者和学习活动的引导者，教师要传授并讲解清楚核心知识，解释复杂的概念和理论，为学生提供清晰的学习方向。这种讲解应注重深度和逻辑性，帮助学生构建知识框架，理解学科的基本原则和高级概念。尽管教师在讲解中起主导作用，讲解互动法也极大地鼓励学生的主动参与。通过设置问题、讨论话题和互动活动，教师可以激发学生思考和讨论，促进他们对于教师讲解内容的深入理解。这些互动环节应设计为开放式的，鼓励学生提出问题、表达观点、进行辩证思考和运用所学知识解决实际问题。课堂上的答疑和讨论环节是讲解互动法中的核心部分。教师应充分利用这一环节回应学生的疑问，解决他们在自学过程中遇到的难题。有效的答疑不仅能消除学生的困惑，还能深化他们的理解和对知识的批判性思考。同时，教师可以通过小组讨论或全班讨论的形式，促进学生之间的思想交流，增强学习的社会性和互动性。

## （三）知识迁移与应用阶段

在混合式教学模式中，知识迁移与应用阶段是深度学习过程中一个至关重要的阶段。此阶段的核心目标是使学生将在课堂上学到的理论知识和技能迁移到新的情境中，并在实际生活或职业实践中有效应用。这不仅要求学生理解知识，更要求他们在不同情境下创新思考和解决问题。

在知识迁移与应用阶段，教师应设计各种活动，以促进学生对学习内容的深入理解。这可以通过案例研究、角色扮演、模拟实验等教学方法来实现。通过这些实践活动，学生可以在真实或模拟的环境中应用他们的知识，这种经验的积累有助于学生形成更全面的知识结构，并增强他们的问题解决能力。

教师可以引导学生参与到解决社会实际问题的项目中来，如教师可以设计一个项目，让学生参与到本地社区的活动中，帮助非英语母语者学习英语，或者为社区中的特定活动提供翻译服务。例如，教师可以组织周末英语角这样的活动，并鼓励学生参与活动，这不仅能帮助学生实践英语口语和写作技能，还能增强他们的社会责任感和跨文化交流能力。模拟国际会议或联合国会议也是一种极好的方式，可以让学生运用自己的英语技能来讨论和解决全球性问题。在这样的模拟会议中，学生需要扮演不同国家的代表，研究并表达各自国家在特定问题上的立场，如气候变化、全球贸易等。这种活动不仅能提升学生的英语听说读写能力，还能加深他们对国际事务的理解。这样的教学活动能够有效地将英语学习与实际生活和职业实践相结合，极大地激发学生的学习动机和增强成就感。

通过让学生看到他们所学知识在实际中的应用价值，可以增强他们对学习的兴趣和自我驱动力。教师还可以通过展示学生项目的实际影响，或者邀请行业专家分享如何将类似知识应用于专业工作中，来提升学生的学习热情，开阔其职业视野。

### （四）反思与评估阶段

为了有效地实现知识深化，系统的反思和评估必不可少。教师应鼓励学生反思，让他们在课后对知识进行复盘。这种反思可以通过写作反思日志、参与小组讨论、制作项目展示等形式进行。通过自我评价，学生可以识别自己在学习中的强项和弱点，从而更加明确自己的学习目标和改进方向。例如，学生在完成一个项目后，可以通过填写反思日志，思考哪些部分做得好、哪些部分需要改进。这种持续的自我监控和调整是深度学习的关键。除了自我评价和复盘，现代教学技术的利用极大地丰富了这一阶段的教学资源和方法。例如，学生可以在在线教学平台上进行练习题训练，这些训练不仅可以自动评分，还可以由教师利用后台数据进行分析，从而更精准地把握学生的学习状况。教师的工作量因此减少，可以将更多精力投入创造性教学活动中。

此外，教师可以通过学生间的互相评价来促进学习。同伴评价不仅可以提供多样化的反馈，增加学习的互动性，还可以帮助学生从同伴的表现中学习，发现自己未曾注意到的问题或优点。通过小组讨论、作品互评等活动，学生可以在相互交流的过程中发展批判性思维，增强沟通技巧。

教师评价提供专业和系统的反馈，是指导学生深度学习的重要手段。教师可以通过定期的作业批改、测试、一对一辅导等方式，对学生的学习成果进行评价和反馈。教师的反馈不仅关注学生的正确与否，还重视学生的思维过程和创新能力。例如，教师可以在评价学生的论文时，重点指导学生如何提出独到的观点，如何更有效地支持这些观点。

这种多维度的评价方式可以帮助学生从不同角度接触和思考问题，促使他们在评价的过程中不断深化对知识的理解和应用，从而达到最高层次的深度学习。

# 第五章　混合式教学中的师生交互

## 第一节　师生交互的相关概念

### 一、交互性教学

英国学者威尔（Gordon Wells）将"交互"定义为建立发出信息者、接收信息者及语境三边关系的合作活动。这种定义强调了交互活动的合作性，说明交互不仅涉及信息的发送和接收，还包括在特定语境中的相互作用，体现了信息流动的双向性和环境的影响。

美国心理语言学家威尔加·M. 里弗斯（Wilga M.Rivers）在《交互式教学》（*Interactive Language Teaching*）中提出，无论语言教学法如何发展变化，培养交互能力始终是语言教学的首要目标。他进一步强调，为了培养语言交际能力，必须有充足的互动语言活动，即交互不仅是语言使用的技巧，也是教学的核心。

英国语言学家 H. 道格拉斯·布朗（H. Douglas Brown）在交际语言教学的背景下，将交互的本质描述为双向交流的核心，指出真正的交际就是信息的发送和接收。他强调，在语境中理解信息并交换彼此的意图，合作以达到共同的目的是交互的关键特征。

交互活动是指两人或多人在相互影响的基础上共同参与的交流过程，这一过程涉及思想、情感或观点的交换。这种活动的重要性在于，它不仅是语言交流的一种形式，还是人类社交行为的基本构成，在多变的语境中尤为重要。交互活动的核心在于互动，即参与者不仅发出信息，还接收并响应其他人的信息，这一过程涉及丰富的认知和情感互动。

在这一定义下,交互活动成为理解他人观点、表达个人意见和建立共识的重要手段。具体到语言学习,这种交流形式特别强调语言的实用性和功能性,因为语言不仅可以用于表达,也是用于思考和感受的工具。从教学角度看,激发学生参与交互活动的兴趣非常重要,而这种兴趣与学生的情感状态密切相关。例如,学生的自尊心、对同伴的尊重以及对成功的渴望都可以成为激励他们积极交流的动力。负面情绪(如恐惧、焦虑或对挑战的畏惧等)也可能抑制他们的交流意愿。

交互活动的有效进行需要教师在课堂上创造一个开放和支持的环境,让学生能够在没有恐惧的情况下表达自己。在这样的环境中,学生能够自由地探索语言的各种可能性,通过实际操作加深对语言如何在不同情境中应用的理解。

交互教学聚焦教与学之间信息的双向流动,这种教学模式认为有效的学习发生在信息的交换和反馈过程中。这种方法的核心是视教学为一个动态的互动过程,其中包括教学内容的交流和课堂情境的设计。教师和学生分别是知识的传递者和接受者,更是相互学习和成长的伙伴。

交互教学的有效性可以通过学生的参与度、课堂上的互动情况和学生的行为表现来判断。教学内容的选择、教师的教学态度和方法以及课堂材料的适用性都对教学成果有直接影响。在这种教学模式下,课堂设计至关重要,有效的课堂活动组织能够促进学生的参与和学习动机。

此外,交互教学强调以学生为中心,让学生成为教学活动的主体,教师则发挥引导和促进学习的作用。这种模式通过优化教学互动的方式,调节师生关系及学生与其他媒体或教学工具的互动,形成一个多层面的互动网络。通过这种网络,学生不仅与教师有效交流,也与其他学生、教材和教学工具进行交互,从而拓展了学习的深度和广度。

## 二、师生交互的理论基础

克拉申(Stephen D. Krashen)提出的输入假说认为语言习得主要依赖接受并理解略高于学习者当前能力的语言输入("i+1")。然而,迈克尔·H. 朗(Michael H. Long)认为,单纯的语言输入并不能完全保证语言习得,关键还需要通过互动来确保这种输入的可理解性。

朗通过对 16 组以目的语为母语的说话人（NS）和 16 组以目的语为非母语的说话人（NNS）完成相同交际任务的对话分析研究发现，在 NS-NNS 的交流中，由于语言能力的明显差异，双方不得不共同努力，通过不断调整各自使用的语言来弄清楚对方所表达的意思。在达成理解时，语言能力较强的 NS 会将自己的语言简化至"i+1"的程度，而语言能力较弱的 NNS 将自己的语言提高至"i+1"的程度，以此确保双方都能理解对方的语言。即在语言学习中，互动本身能够促进语言的理解和习得。在实际的语言交流中，当交流双方可能遇到理解障碍时，他们通常会进行意义的协商，这可能通过重复、澄清请求、确认以及修正等交流策略来实现。

朗因此提出了几个推论：互动中的语言调整使理解性语言输入得以实现；理解性语言输入促进语言习得；互动本身也促进语言习得。他进一步指出，互动中的语言调整不仅涉及语言形式的简化，还涉及确认理解、确认属实、请求澄清和自我重述等行为。这些互动过程中为了达到理解而进行的语言调整，对二语习得具有促进作用。

1991 年，朗与拉森-弗里曼（Larsen-Freeman）从语言环境的角度对与交互假说相关的多项语言习得实验进行总结，并从五个方面梳理了输入、互动、理解与习得之间的关系。这五个方面为偏误输入的作用、对话对句法学习的影响、输入频率与精度的关系、输入调整对二语理解的作用，以及可理解性输入对二语学习的影响。这些发现均表明，互动和输入调整在不同程度上影响了二语习得的效果。

朗经过完善，提出的互动假说认为，可理解性输入虽然是二语习得的必要条件，但不是充分条件。交流过程中的互动和语言调整才是促进语言习得的关键因素。这一理论为语言教学提供了重要的指导，即教学设计中应更多地引入促进互动的活动，帮助学习者在真实的语言使用环境中提升语言能力。

## 三、师生交互的意义

### （一）对于教师的意义

在教育过程中，师生交互对于教师具有极为重要的意义。首先，它是教师提升教学技能的重要途径。通过与学生的日常互动，教师能够直观地观察到学生对知识点的反应，了解哪些教学方法能够激发学生的兴趣，哪些内容需要详细解释。这种互动促进教师实时调整教学策略，选择有效的教学方式，从而提升教学质量。同时，这种敏感的调整能力是教师专业成长的重要表现，有助于教师在教学实践中不断自我完善和提升。其次，师生交互提供了教师获取反馈信息的途径。在教学过程中，学生的问题、反馈和表情都是教师评估教学效果的重要信息源。例如，一个学生在互动过程中会通过提问的方式来表达对某个概念的困惑，这种反馈促使教师对某个知识点进行再次解释或采用不同的方法进行阐述。这样的具有针对性的反馈机制使得教学过程更加精准和高效，有助于教师及时了解和解决教学中出现的问题，保证教学质量。最后，有效的师生交互有助于建立和谐的师生关系。一个支持和信任的教学环境能够鼓励学生更开放地表达自己的想法和疑惑，这不仅有助于教师更好地理解学生的需求，也能增强学生的归属感和安全感。教师通过积极的互动表现出对学生的关心和支持，这种关系的建立是形成有效教学环境的基石。

（二）对于学生的意义

师生交互对学生的学习过程同样重要。第一，它能显著提高学生的学习动机。在一个互动频繁的教学环境中，学生感受到自己的声音被听见，他们的想法和问题受到重视，这种被认可和尊重的感觉可以极大地激发学生的学习兴趣。例如，当教师对学生的提问给予积极响应时，学生会感到自己是学习过程的重要参与者，这种感觉可以促使他们更加积极地投入学习，探索更多的知识。第二，师生交互是促进学生理解和吸收知识的有效方式。通过讨论、提问等互动方式，学生能够从不同角度理解新知识，这种深入讨论的过程有助于学生建立更为牢固的知识结构。此外，教师的即时反馈可以帮助学生及时纠正理解上的偏差，加深对知识的掌握。这种互动也促进了学生批判性思维的发展，通过对问题的探讨和思考，学生能够学会分析问题、独立思考，这对于他们的整体学术成长至关重要。第三，师生交互对学生社交技能的提升起到了重要作用。在与教师的互动中，学生不仅学习学科知识，还在学习如何在社交情境中表达自己的观点，如何聆听他人的意见。这些交往技能是未来社会生活中不可或缺的,通过学校教育中的师生交互,学生可以逐步形成和完善这些社交技能,这对于他们将来走上社会至关重要。第四,师生互动有助于培养学生的高阶思维能力,促使学生深度学习。在互动过程中,教师可以引导学生进行思考和讨论,帮助学生发展批判性思维和解决问题的能力。例如,教师可以通过提出开放式问题,挑战学生的现有认知,引导学生进行分析、评估和创造。这种教学方法不仅帮助学生更深入地理解学科知识,还促进了他们在学习过程中的认知发展,从而显著提升了教学效果。

### (三) 对于教学的意义

师生互动的一个重要作用是促进教学的个性化发展。在传统的教育模式中,教学内容往往是统一设计,缺乏针对性和个性化。通过与学生的有效互动,教师能够收集到每位学生的学习特点、兴趣和需求的具体信息。这些信息能够使教师设计更为个性化的教学计划,例如,为不同能力或兴趣的学生提供不同层次的学习材料和任务。此外,个性化的教学方式还包括调整教学节奏,以适应不同学生的学习速度,从而使每个学生都能在最适合自己的环境中学习,最大限度地提高学习效率。

师生互动对提高教学质量也起着决定性作用。通过持续的互动,教师可以实时监测学生的学习进度和理解深度,及时发现教学中的问题,如学生对某个概念的普遍误解或难以理解的点。这种即时的反馈机制允许教师迅速调整教学策略,如重点讲某个难点或采用不同的教学方法来解释复杂概念。这样不仅提高了教学内容的传递效率,也确保了学生更好地吸收和理解知识,从而提升了教学质量。

师生互动可以增强教学的适应性和灵活性。在快速变化的教育环境中,教师需要不断适应新的教育技术、教学方法和学生需求。通过与学生的互动,教师能够获得宝贵的第一手经验,了解哪些新技术或方法在实际教学中有效、哪些可能需要调整,进而不断改进和创新教学方法。

## 第二节 混合式教学中师生交互的影响因素

在混合式教学中,师生交互的质量受到多方面因素的影响。教师、外部环境以及学生均在其中扮演关键角色,如图 5-1 所示,深入探讨这些因素将有助于优化教学策略,提升教学效果。

图 5-1 混合式教学中师生交互的影响因素

### 一、外部环境因素

在混合式教学中,外部环境因素对师生交互的影响是多方面的,主要包括物理环境、技术基础设施以及教育政策和制度框架三个方面的因素。

#### (一)物理环境

物理环境在混合式教学中扮演着基础性角色。教室的设计与配置,如教室的光照、声学效果、温度控制以及座位和黑板的布局,直接影响着面对面教学的效果和学生的学习体验。例如,良好的光照和适宜的室温可以提高学生的舒适度和集中度,而科学的座位排布有利于学生之间的互动和教师对学生的观察与管理。

#### (二)技术基础设施

技术基础设施是混合式教学成功实施的关键。这包括校园内的网络覆盖、在线平台的稳定性、多媒体设备的先进性和可靠性等。稳定且快速的互联网连接是进行在线教学活动的前提,而高效的多媒体设备,如智能投影仪、交互式白板等，可以使信息可视化，极大地增强课堂的互动性。此外，学校的IT支持服务的响应速度和技术水平也是保证教学连续性和解决技术问题的重要因素。

### （三）教育政策和制度框架

教育政策和制度框架为混合式教学提供了外部支持和指导。这包括对技术和教育创新的资金投入以及相关的法规和标准。例如，政府或教育机构的资金支持可以用于购买和升级教学设备，建设高质量的教学资源库。同时，明确的教育技术应用标准和指导方针可以帮助学校有效实施混合式教学模式，确保教学活动的质量和安全。

## 二、教师层面因素

### （一）教学方法和策略的选择

教学方法和策略的选择直接决定了课堂上师生互动的频率和质量。传统的教学模式，如讲授法，通常以教师为中心，教师主导课堂，学生往往被动接受知识。在这种模式下，师生之间的互动十分有限，学生参与度低，这直接影响了学生的学习积极性和教学内容的吸收效率。相反，如果采用更为互动性的教学策略，如合作学习、讨论法、案例教学等，学生将有更多表达意见和参与讨论的机会，这种策略不仅可以增加师生之间的互动频次，还可以提升互动的质量，从而促进学生批判性思维和语言能力的发展。

教学方法和策略的多样性对师生互动同样具有重要影响。不同的学生可能对不同的教学方法有不同的反应。例如，一些学生可能更喜欢视觉或听觉的学习材料，另一些则可能偏好通过实践或互动来学习。教师如果能根据学生的学习风格和需要，灵活运用多种教学策略，如视觉辅助、角色扮演、模拟对话等，可以有效提高学生的参与度和互动效果。这种个性化的教学方法不仅有助于满足不同学生的学习需求，还能激发学生的学习兴趣，加强师生之间的互动和沟通。

### （二）教师态度和行为

教师的态度直接影响教室的学习氛围。积极、热情的教师能够激发学生的学习兴趣。例如，当教师表现出对教学内容的热情时，学生更能感受到这种热情并对学习内容产生兴趣。相反，如果教师表现出冷漠或不耐烦，这可能抑制学生的积极性，导致他们在课堂上更加被动或拒绝参与。

教师的行为方式，如提问的策略、反馈的给予以及课堂管理技巧，会直接影响师生之间的交流方式。教师如果经常提出开放式问题，可以鼓励学生进行思考并参与到课堂讨论中。反之，如果只是单向灌输知识，学生则可能变得被动，不愿意表达自己的观点或疑惑。

教师不仅是知识的传递者，也是学生的榜样。教师可为学生示范如何解决问题、如何与人沟通以及如何面对失败。例如，教师面对错误时的态度（是批评还是鼓励）将影响学生面对困难和挑战时的反应方式。这种模范作用对建立学生的自信和独立性至关重要。

教师在课堂上表现出的包容性和对多样性的适应性对于营造包容的学习环境非常关键。教师如何对待不同背景和能力的学生，是否能公平地对待每一个学生，这些行为都会影响学生的参与感和归属感。如果学生感觉被尊重和理解，他们更有可能积极互动并投入学习。

教师提供的反馈和支持是提升学生学习动力的关键因素。及时、具体且建设性的反馈可以帮助学生理解自己在学习过程中的优势和不足，激励他们改进和进步。此外，教师的支持不限于学术，还包括对学生情感和心理状态的关注，这些都是促进师生互动的重要因素。

混合式教学要求教师具备高效的沟通技巧，以便在不同的教学环境中与学生进行有效交流。这包括清晰地表达教学内容、倾听学生的反馈以及通过非语言方式（如表情、肢体语言等）增强信息的传递。在线教学中缺乏面对面的互动时，教师就需要通过及时的电子反馈、在线讨论和视频会议等方式，保持与学生的持续互动。

### 三、学生层面因素

#### （一）学生的个性特质

学生的个性特质在混合式教学中显著影响着师生之间的互动。例如，那些性格外向的学生往往更倾向在课堂上主动发言和参与集体讨论，他们的这种活跃表现能有效提升课堂氛围，增加教师与学生之间的互动频次。这类学生通常对即时的问题和讨论能迅速做出反应，能为课堂讨论增添活力。相较之下，性格内向的学生可能表现得更为保守，课堂参与度较低，这可能使教师难以把握他们的学习状况和需求。对于这类学生，教师可能需要采取更多激励措施和定制化的互动方式来促进其参与。此外，学生的风险接受程度也会影响他们对不同教学活动的接受和反应，从而影响师生互动的方式和效果。

### （二）学生的语言水平

在混合式教学中，学生的语言能力是塑造有效师生互动的核心因素。语言能力较强的学生通常能更流畅和自信地在课堂上表达思想，参与到复杂的讨论中，从而与教师和同学建立更紧密的交流关系。他们能够清晰地表述自己的观点，有效地参与课堂讨论，提高交流的质量和深度。相反，语言水平较低的学生可能在表达和理解课堂内容时遇到挑战，这会影响他们的参与感和互动的积极性。为了增强这些学生的课堂体验，教师需要采取特定措施，如简化指令语言、提供额外的语言支持或鼓励使用图形和其他非语言交流方式，这些策略不仅能帮助他们更好地融入课堂，还能逐步提升他们的语言技能。

### （三）学习动机和自主性

学生的学习动机和自主性是混合式教学中影响师生互动的关键因素。较强的学习动机可以驱使学生积极参与到课堂活动中，主动探索问题的解决方案，并与教师及同学们进行充分的交流。动机强的学生往往愿意承担更多的学习责任，主动寻求反馈和帮助，这有助于形成更有效的师生互动。

自主性则体现在学生能够自我管理自己的学习过程，包括时间管理、资源利用、自我评估等方面。在混合式教学模式下，学生需要在面对面教学和在线学习中找到平衡，这要求他们具备较强的自主学习能力。自主性强的学生更能有效利用在线资源进行自我学习，主动解决学习中遇到的问题，这些行为能够促进与教师的互动，增加反馈和指导的机会。

### （四）信息素养和技术能力

信息素养和技术能力是影响混合式教学中师生互动的重要因素。信息素养涉及学生获取、评估和使用信息的能力，这对于在线学习尤为重要。具备良好信息素养的学生能够更高效地从网络资源中找到所需信息，更准确地判断信息是否有效，这有助于他们在讨论和作业中提出有价值的观点，加强师生互动。

技术能力则直接影响学生在混合式教学环境中的表现。熟练使用教学平台和工具（如在线论坛、学习管理系统等）的学生，可以更顺畅地参与在线活动，及时与教师进行交流。技术问题较少的学生能够更专注学习内容本身，而不是被技术问题所困扰，从而更加积极地参与师生互动。

### （五）情感和心理状态调节能力

学生的情感和心理状态调节能力也显著影响师生互动。学生的情绪稳定性、压力管理能力以及对学习环境的适应性，都会影响他们在课堂上的参与度。心理健康良好的学生更能以积极的态度参与学习，更愿意与教师和同学进行有效的沟通。反之，情绪调节能力弱的学生，比较难从一种状态中走出来进入另外一种状态，心理波动大或心理压力大，可能在课堂互动中表现消极，或者难以集中注意力，从而影响师生之间的有效交流。

## 第三节 混合式教学中教师的能力要求

### 一、混合式教学中教师角色认知的要求

在大学英语混合式教学中，教师的角色应变得更加多元化，以使教师适应现代教学的要求。教师不仅仅是传统意义上的知识传递者，还是课堂的控制者、指挥者、管理者、促进者和信息提供者，如图5-2所示，在混合式教学中创造一个互动和参与感强的学习环境，鼓励学生主动学习和交流，同时保持课堂的秩序和效率。

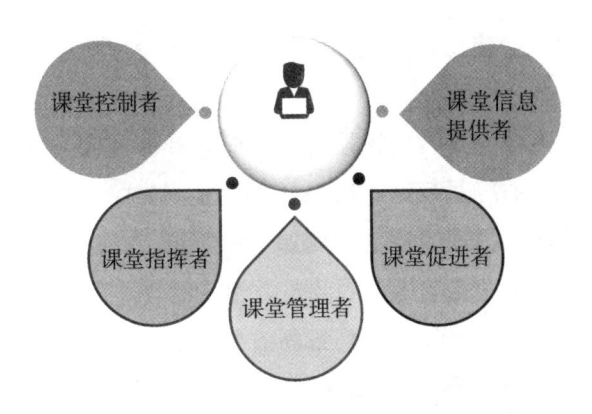

图 5-2　混合式教学中教师应扮演的角色

## （一）课堂控制者

在大学英语混合式教学中，作为课堂控制者的教师扮演着至关重要的角色。教师需要在允许学生自由表达和维持课堂秩序之间找到平衡。这种要求教师营造一个能促使学生自发性互动的氛围，使学生自由地发表自己的见解，使用未经预演的语言进行实时交流。这种方式有助于提升学生的语言实际应用能力，有助于增强他们处理不可预见交流情境的能力。

然而，自由并不意味着完全无约束。教师在允许学生自由表达的同时，必须保留对课堂的控制权，以确保所有讨论和活动都有利于学习目标的实现。例如，教师可以设定某些基本的讨论规则，如发言时间限制和主题相关性要求，以防止课堂变得杂乱无章。同时，教师需要具备快速应变的能力，能在必要时引导学生的讨论回到正轨，或在讨论偏离主题时及时进行调整。

此外，教师作为课堂控制者，还应当通过观察学生的反应和参与程度来调整教学策略。例如，如果某个话题或活动未能引起学生的兴趣，教师应灵活变更教学计划，引入更能激发学生兴趣的内容。这种敏锐的观察能力和灵活调整的能力是确保教学效果的关键。

## （二）课堂指挥者

在混合式教学中，教师还需要像乐队指挥一样精确地引导学生。这种角色要求教师不仅要组织和管理语言活动的流程，还要确保这些活动能够顺畅而有效地促进学生的语言学习。作为课堂指挥者，教师的职责在于通过精心设计的互动和演练，使学生能够在类似现实生活的模拟环境中练习语言，从而为真实世界中的即兴交流做好准备。

教师在这一角色中需要展现较强的组织能力和前瞻性，预见各种可能的课堂情景，并制定相应的应对策略。这包括对学生行为的预测、对活动时间的精确控制以及对学习成效的即时评估。例如，教师可以通过观察学生的语言表现和互动情况，及时提供必要的指导或调整教学策略。

此外，作为指挥者，教师还要具备高效的沟通技巧，能够清晰地传达指令和期望，同时倾听和理解学生的反馈，以便更好地调整教学内容和方法。通过有效的沟通，教师可以建立一个支持性的学习环境，让学生感到被理解和尊重，从而更积极地参与到课堂活动中。

### （三）课堂管理者

在大学英语混合式教学中，作为课堂管理者的教师需要策划和组织整个教学过程，确保课堂活动的连贯性和长期的学习效果。教师在这一过程中需要对教学的每一个方面进行细致的规划和监控，同时给予学生一定的自由空间，以激发他们的创造性和自主性。

教师需要设计宽广且具有挑战性的课程模块，这些模块应包含清晰的学习目标、具体的执行步骤和预期成果。在此基础上，教师还需要监控课程的实施情况，定期评估学生的进展并根据需要进行调整。例如，教师可以设定定期的反馈和评估环节，通过学生的表现和反馈信息来评估教学策略的有效性，并根据这些信息调整教学计划。

此外，作为管理者，教师还需要保持课堂的动态平衡，既要确保教学活动的高效率，又要关注学生的个别差异，提供个性化的支持和指导。通过这种细致入微的管理，教师可以确保每位学生都能在其专业领域内获得最大的发展空间，从而最大化学习成效。

### （四）课堂促进者

在大学英语混合式教学中，教师作为课堂促进者的角色非常关键。这一角色要求教师通过支持和引导的方式，帮助学生克服学习过程中遇到的障碍，发现并弥补自己的不足，使学习之路尽可能平坦。作为促进者，教师的任务是激发学生的内在动力，促使他们通过实践来探索和发现语言的功能和美感，而不是简单地向学生直接灌输知识。

为了扮演好这一角色，教师需要构建一个鼓励探索和实验的学习环境。这意味着教师应当提供充足的语言输入，并设置开放式的问题或任务，让学生在解决问题的过程中自行构建知识和技能。在这一过程中，教师的引导应当是间接的，更多的是通过提问或提供反馈来促使学生进行自我反思和自我纠正。

此外，作为促进者，教师还应关注学生在学习过程中的情感需求。通过倾听学生的想法和担忧，教师可以更好地理解学生的学习障碍，并提供适当的情感支持和鼓励，帮助学生建立自信，从而更加积极地参与到学习中来。此角色强调的是促进学生的整体发展，包括语言能力、思维能力以及情感的成熟。

### （五）课堂信息提供者

教师作为课堂信息提供者的角色虽然相对间接，但同样重要。在这一角色中，教师主要负责提供必要的知识和信息，以支持学生的学习活动，同时尽量让学生自主地探索和学习。这种方式强调学生的主动性和自主性，教师多扮演顾问和资源提供者的角色，而非传统的知识传授者。

在实际教学中，这意味着教师需要在适当的时候退居二线，为学生提供足够的空间来自我探索和实践。例如，教师可以设计任务或项目，让学生在完成过程中自行查找信息和解决问题，而教师则在旁边提供必要的支持和指导。当学生遇到难题或需要帮助时，教师应随时准备好提供专业的建议和资源。

这种角色的核心是促进学生自主学习能力和批判性思维的发展。通过减少对课堂的直接控制，教师鼓励学生承担更多的学习责任，这不仅可以提高学生的学习动机，还能帮助他们发展解决问题的能力，这对于他们未来的职业生涯至关重要。

## 二、混合式教学中教师教学知识的要求

TPACK 的全称是"technological pedagogical and content knowledge"，中文通常翻译为"整合技术的学科教学知识"，是教育技术领域中的一个重要概念，这一理论框架强调在教学活动中有效整合信息技术、教学方法和学科内容

知识，以帮助教师更好地应用技术改进教学和学习效果。

TPACK 这一概念起源于教师知识的研究，特别是在教师专业化和认知心理学发展的背景下。1987 年，舒尔曼（Lee Shulman）提出了教师应具备的专业知识结构，即学科教学法知识（Pedagogical Content Knowledge, PCK）。美国密歇根州立大学的彭亚·米什拉（Punya Mishra）教授和马修·凯勒（Matthew Koehler）教授进一步发展这一理论，在舒尔曼的基础上加入了技术因素，于 2005 年首次提出了 TPACK 框架，即整合技术的学科教学知识。TPACK 框架强调教师在教学中不仅需要掌握内容知识（content knowledge, CK）和教学知识（pedagogical knowledge, PK），还需要熟练运用技术知识（technological knowledge, TK）。这一框架提出，有效的教学应当在这三种知识的交叉中寻找平衡点，即教师应当理解如何通过技术来表现学科内容，如何使用技术支持教学策略，并适应学生的知识结构。此外，教师需要基于学生特点、学校文化及技术基础设施等来调整教学策略，以取得更好的教学效果。

随后，TPACK 框架受到了广泛关注，许多研究者和教育机构都致力进一步拓展这一理论。例如，全美教师教育学院协会（American Association of Colleges for Teacher Education, AACTE）与技术委员会在推动教育技术创新方面发挥了重要作用。2008 年，该委员会主编的《整合技术的学科教学知识：教育者手册》(*Handbook of Technological Pedagogical Content Knowledge for Educators*)为教育界所广泛认可，书中不仅梳理了 TPACK 的发展概况，还探讨了如何将信息技术有效整合进特定教学活动中。

TPACK 框架为当代学科教师提供了一套综合的设计原则，代表了信息技术时代对教师专业知识结构的定义，是教师在技术辅助下实施有效教学所必备的知识体系。具体而言，该框架由八部分构成，包括三个核心要素 [ 学科内容知识（content knowledge, CK）、教学法知识（pedagogical knowledge, PK）、技术知识（technological knowledge, TK）]、四个复合要素 [ 整合学科的教学法知识（pedagogical content knowledge, PCK）、整合技术的学科内容知识（technological content knowledge, TCK）、整合技术的教学法知识（technological pedagogical knowledge, TPK）、整合技术的学科教学知识（TPACK）]、一个外围要素（情境），如图 5-3 所示。

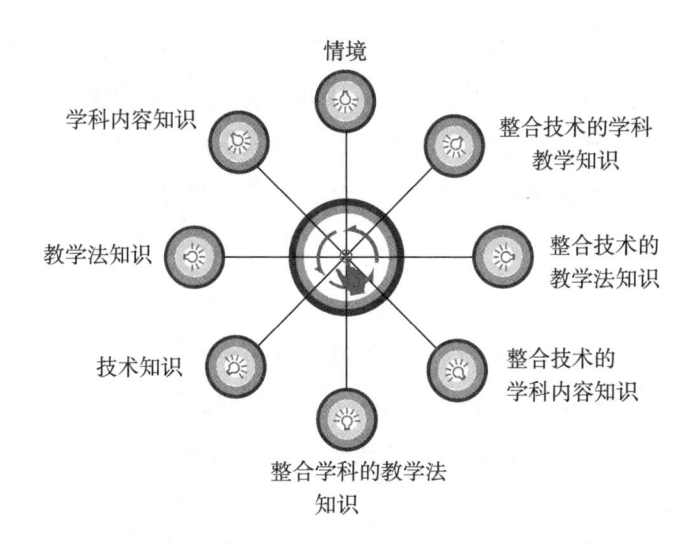

图 5-3　混合式教学中教师教学知识的 TPACK 框架

## （一）学科内容知识

学科内容知识（CK）是教师知识结构的基础，是舒尔曼学科教学法知识概念的核心部分。学科内容知识涵盖概念、理论、观点、组织框架、证明方法以及建立这些知识的实践和方法。在这基础上，米什拉和凯勒进一步细化了对学科内容知识的界定，他们认为这应包括两个层面：首先是具体学科的概念性、理论性和程序性知识，这些是组织和解释学科观点的框架；其次是教师应掌握的学科的实体性和句法性结构。实体性结构涉及学科中概念和规则的组织方式，这有助于解释学科中的具体事实；句法性结构则涉及学科中正确与错误、有效与无效的规则集合。简言之，教师不仅应了解基础的概念、理论和方法，还应深入理解学科本身的深层结构及其与其他学科的关联。

## （二）教学法知识

教学法知识（PK）是指教师所掌握的通用的、与具体学科无关的教学策略和教学活动方面的知识。这包括对教学过程的认识，如课堂管理、课程计划的制订与实施以及课程评价等。此外，教学法知识还涵盖教学目标的设定、教学设计、课堂上使用的技巧和方法以及教学评价的知识。

教学法知识的具体策略包括激发学生学习兴趣的方法、课堂信息呈现策略、与学生及家长沟通的策略、课堂组织管理的技巧。在教学活动方面，教学法知识涵盖探究式学习、协作学习、问题解决学习等多种教学形式。重要的是，这些教学策略和活动是普遍适用的，可跨学科应用，教师掌握这些知识能够更有效地组织和实施课堂教学，更好地理解学习者的学习习惯和倾向。

### （三）技术知识

技术知识（TK）作为TPACK框架的一个关键组成部分，主要涉及信息技术的理解和应用，这可以分为基础和高级两个层次。基础信息技术知识涉及技术的具体使用和功能的适用性，例如，如何操作计算机、如何使用智能白板等。高级信息技术知识则涵盖对信息技术使用方式的深入思考，更关注技术应用的理念和策略。

技术知识的掌握是一个动态的发展过程，它需要根据教学目标、对象和环境的变化，及时调整技术的应用策略。在具体内容上，技术知识包含两个方面：一是关于技术本身的操作知识，即教师需要了解各种教育技术工具（计算机、其他数字设备）的实际操作；二是技术的应用知识，包括如何利用技术进行信息处理、沟通交流以及解决教学过程中的具体问题。

技术知识在TPACK框架中具有高度的动态性和不确定性，不同的学者对其广度和深度的理解存在差异。通过有效的技术知识应用，教师能更好地呈现学科内容，与学生、同行及家长等进行有效的沟通和交流，同时利用技术的优势解决教学中的各种问题，从而提升教学效果。

### （四）整合学科的教学法知识

整合学科的教学法知识（PCK）指的是教师在特定学科的教学过程中，如何选择适当的教学方法来呈现学科内容，以及如何建立学习者现有知识水平、学科内容知识与学科教学目标之间的联系，从而实现有效的教学。学科教学法知识可以分为两种类型：一种是某学科内部通用的教学法知识，这种知识可以跨学科内容点使用；另一种是专门针对特定主题的教学法知识，如针对特定的概念、理论或方法。

整合学科的教学法知识的核心在于将学科内容知识转换为教学内容。这一转换过程涉及教师寻找多种方式来讲解学科内容、重新编辑和整合教学资源，以适应学习者的需求。通过这种方式，教师能够建立学科知识与不同教学策略之间的联系，并使用这些策略对学科内容进行重新组织和加工，有效地表达学科内容知识，从而促进学生对知识的理解和掌握。

（五）整合技术的学科内容知识

整合技术的学科内容知识（TCK）指的是在特定学科内容知识与技术知识交互作用下形成的新型知识。这种知识体现了教师如何在深刻理解学科内容的基础上，选择恰当的技术手段来更有效地呈现这些学科内容，让学习者更加易于理解和接受。

TCK 要求教师不仅要精通其教学学科的内容知识，还要对使用的技术的特性、操作方式、应用领域以及其局限性有深入的了解。在这一过程中，所选择的技术不仅能够帮助教师呈现学科内容，也会受到学科内容性质的约束，因为不是所有的技术都适用于所有类型的学科内容。反之，学科内容的性质和需求也会影响教师选择使用何种技术。

技术与学科内容知识的结合可以追溯到很久以前。例如，在印刷术和造纸术发明之前，人们主要通过口头传播知识。印刷术和造纸术的出现使得书籍成为传递知识的主要媒介，这可以视为早期 TCK 的形式。随着时间的推移，书籍成为知识传播的常态，书籍与学科内容的结合不再被特别视为 TCK。如今，随着数字技术的发展，教师利用多媒体、互联网等现代技术手段来呈现学科内容，使得学科知识的传递更为直观和便捷，这些都是 TCK 发展的现代表现形式。

（六）整合技术的教学法知识

整合技术的教学法知识（TPK）关注教师如何将技术知识与教学法知识相结合，以提高教学效率。TPK 强调培养教师在教学中运用技术的能力，特别是如何通过技术改变和优化教学与学习的过程。这不仅涉及技术的直接应用，还涉及对技术在教学中潜在影响的深入理解。

在现代教育中，许多工具本身并非专为教育目的设计，如商业环境下常用的 Office 软件。然而，教师通过创新思维，能够将这些工具转化为支持教学的资源。社交媒体，如微博、维基等，也被教师创造性地改造，赋予了教育功能。

教师在掌握 TPK 时，不仅仅是技术使用者，还是教育技术的"设计师"。他们需要开发出将技术与教学法知识有效融合的新方法，以此促进学生的学习和认知发展。此外，TPK 还涉及如何将这种融合的知识应用于实际教学中，这通常包含大量的内隐知识，即那些难以明确表述、需要在特定情境中通过实践获得的经验性知识。

### （七）整合技术的学科教学知识

整合技术的学科教学知识（TPACK）是教师在教学过程中所需运用的一种高级知识形式，涉及学科内容知识、教学法知识和技术知识的综合与相互作用。米什拉等学者指出，TPACK 涵盖使用技术进行学科内容的教学表征、利用技术教授学科内容的教学方法、了解使概念易学或难学的因素以及如何利用技术解决学生的学习问题等方面。

此外，TPACK 框架强调，教师对学生的先验知识和认识论的理解以及如何利用技术支持或改变这些认识论。与传统观念不同，TPACK 认为学科内容知识、教学法知识和技术知识之间存在双向互动，技术更新可能导致这些知识的重新构建。

在不同的学科、背景和教学情境中，教师对 TPACK 的理解和应用各不相同。面对具体教学挑战时，教师需要灵活重组这三类知识，创造适合的教学策略。因此，不存在一种固定模式适用于所有教学场景。真正具备高级 TPACK 能力的教师不仅对这些知识有深入的了解，还能将它们有效整合，保持教学的动态平衡。

TPACK 不仅是一种策略性思维方式，也是信息时代教师专业发展的核心，被广泛应用于教师资格认证和培训中。当前职业教育教师在信息化教学资源和工具（如 PPT、微视频及更专业的软件等）的使用上仍面临挑战，这反映了职教师资队伍尚未完全适应快速的信息化发展需求。

### （八）情境

情境是班级中学生和教师的多种特性的集合体，其包括课堂的物理环境（软硬件基础设施）、学生的家庭背景、认知特征、心理素质以及班级的整体精神风貌等。情境是 TPACK 框架中一个较为灵活且宽松的部分，对于其理解存在较大的主观性和多样性。

TPACK 框架在初始阶段并未包括情境，但随着该理论研究的深入，越来越多的研究者意识到了情境的重要性。情境与 TPACK 中的其他要素相互作用，可能会促进或妨碍教师的教学和学习者的学习过程。教师对这一类知识的掌握通常不如对其他要素的掌握那样系统和深入，它更多地依赖教师对具体情境的敏感性和响应能力，通过与其他要素的良性互动，来优化教学和促进学习。

从上面的论述可以看出，TPACK 不仅为教师提供了一个分析和应用技术的必备知识框架，提供了研究教育技术整合的理论基础，还对教师信息化以及混合式教学模式下的知识提出了要求。在混合式教学中，技术不应仅仅是一个附加工具，还应与教学内容和方法深度融合，形成一种全新的教学模式。

## 第四节 混合式教学中师生交互的原则

在布朗（H. Douglas Brown）的著作《根据原理教学：交互式语言教学》（*Teaching by Principles*: *An Interactive Approach to Language Pedagogy*）中，他提出的 12 条交互性语言教学原则为交互式外语教学方法提供了坚实的理论基础。这些原则综合了认知心理学、教育心理学、社会心理学、语言心理学、心理语言学以及社会语言学等领域对第二语言习得的最新研究成果。这些原则根据其主要关注点，可以分为三大类，如图 5-4 所示。

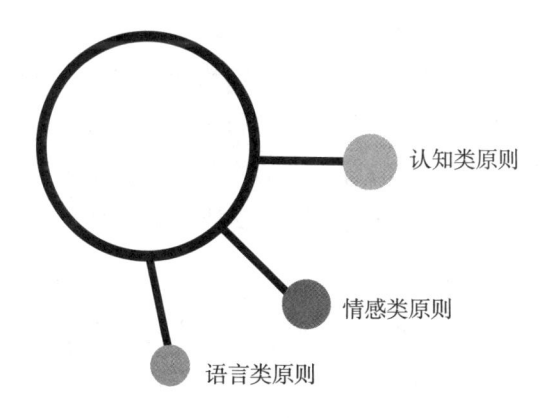

图 5-4 混合式教学中师生交互的原则

## 一、认知类原则

### （一）自动化原则

自动化原则强调在语言学习中减少对语言形式的有意识控制，从而使得语言使用变得更为自然和流畅。这一过程要求学生从刻意处理语言规则转向更加自动化的语言运用，这样可以在实际交流中更快地反应和更有效地沟通。过度分析或过分关注语言细节可能会阻碍这一过渡，因此教师应设计活动鼓励学生在真实语境中练习语言，以促进技能的自动化。

### （二）意义学习原则

意义学习原则指出，与死记硬背相比，将新知识与学生的现有知识和生活经验相联系，可以大大提高信息的保留率，拓展学生对信息的理解深度。教师应通过整合学生的个人背景和兴趣，设计富有意义的学习活动，帮助学生构建知识网络。

### （三）期待奖励原则

期待奖励原则认为，人们往往出于对奖励的期待而采取行动，这些奖励可以是物质的或精神的，也可以是短期的或长期的。在语言学习中，适当的奖励可以显著提高学生的积极性和成就感。教师可以通过表扬、认可和其他形式的正面反馈来激励学生，同时指出学习语言长远的职业和个人发展的益处。

### （四）激发内在动机原则

激发内在动机原则认为，有效的学习动机源于学生自身的需求和愿望。当学生认为学习活动本身有意义并与自己的目标和兴趣关联时，他们的学习效率和持久性会极大增强。因此，教师应努力发现和利用学生的内在动机，通过相关和引人入胜的教学内容与合适的方法来支持学生学习。

### （五）策略投资原则

策略投资原则强调，成功的语言学习在很大程度上依赖学生在理解和表达语言时所做的个人努力和使用的策略。学生需要在学习过程中投入时间和精力，发展个性化的学习策略来应对各种学习挑战。教师可以帮助学生识别和培养有效的学习策略，提高其自主学习能力。

## 二、情感类原则

### （一）语言之自我原则

语言之自我原则关注学生在学习第二语言的过程中形成的新的自我形象。学习一种新语言往往伴随着新的思维、感知和行为模式的发展，这可以被看作一种"第二身份"。这种新的语言自我是与第二语言紧密相关的，可能会使学生感到脆弱、防御或受限。因此，教师在教学中需要谨慎处理，帮助学生逐步适应这种身份转换，减少可能的负面情感。

### （二）自信心原则

自信心原则强调学生在学习过程中建立对自己能力的信心。当学生相信自己能够成功完成学习任务时，他们的学习效率通常会更高。自信心不仅与语言之自我相关，还涉及学习者如何看待自己的学习进度和成就。教师应通过正面反馈和积极鼓励来帮助学生建立自信心。

### （三）敢于冒险原则

敢于冒险原则认为，成功的语言学习者需要勇于尝试使用自己不完全确定的语言表达方式。这种原则鼓励学生走出舒适区，尝试新的语言结构和词语，即使存在失败的风险。通过这种方式，学生可以提升语言能力，并在实际应用中增强理解和表达能力。

### （四）语言与文化相连原则

语言与文化相连原则指出，在教授一种语言的同时，要传授与之相关的复杂文化传统、社会价值观和行为方式。学生适应新文化环境的能力可以显著影响他们的语言学习效果。因此，教师应将文化内容整合到语言教学中，帮助学生理解和欣赏这种文化背景，从而更好地掌握语言。

通过理解并应用这些情感类原则，教师可以更好地满足学生的情感需求，从而提高他们的语言学习效果。这些原则可以帮助教师认识到，语言学习不仅是认知过程的挑战，也是情感和文化适应的过程。

### 三、语言类原则

布朗专门针对语言本身和学习者如何处理复杂的语言规则提出了一系列原则。这些原则包括母语影响、中介语和交际能力三个方面，每一个在第二语言习得中都很重要。

#### （一）*母语影响*

母语影响原则是指学习者的第一语言对第二语言的习得有着显著的影响。这种影响可能是积极的，也可能是阻碍性的，尤其是当母语的语言结构和目标语言存在显著差异时。学习者往往会借助母语的知识来预测和解释第二语言的结构和用法，这种策略在某些情况下会导致错误的理解和表达。因此，教师需要识别这些潜在的干扰，并通过适当的教学策略帮助学生克服这些障碍。

#### （二）*中介语*

中介语原则涉及学习者在完全掌握新语言前所经历的一系列系统或半系统的语言发展过程。在这个过程中，学习者会产生许多试探性的语言表达，这些表达往往不完全正确，但对语言学习的进程至关重要。成功的中介语发展依赖充分的实践和反馈，尤其是教师的反馈对于指导学生纠正错误和形成更准确的语言用法非常关键。

#### （三）*交际能力*

交际能力原则强调，如果培养交际能力是语言教学的目标，教学则应包括其所有成分：组织的、语用的、策略的和心理的。这意味着教学不仅仅关注语言的准确性，还关注语言的流利性和实用性。教师应培养学生在真实语境中使用语言的能力，包括如何策略性地使用语言来达到交际目的。这也包括让学生理解并实践语言的社会文化功能，使他们能够将课堂上学到的知识应用于现实生活中的各种交际场景。

通过这些语言类原则的应用，教师可以更有效地指导学生掌握第二语言。这些原则提供了一个全面的框架，可以帮助教师设计和实施更有效的语言教学策略，以支持学生的语言能力和交际技能的发展。

## 第五节　混合式教学中师生交互效果的提升途径

师生交互的增强不仅依赖教师的教学策略和方法的创新，也依赖学生的主动参与和反馈。此外，技术亦扮演着重要角色。各个层面的共同努力，才能实现有效交互。

### 一、教师层面

教师层面提升师生交互效果的途径有以下几种，如图 5-5 所示。

提升信息技术能力　提升教学管理能力　提升创造性教学智慧　提升教学交互能力

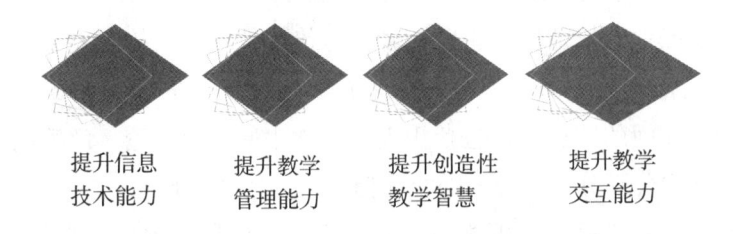

图 5-5　教师层面提升师生交互效果的途径

#### （一）提升信息技术能力

在混合式教学中，计算机是不可缺少的辅助工具，教师必须熟练掌握计算机操作技能，有效地利用计算机进行教学资料的搜索和整理。例如，通过搜索引擎快速找到高质量的教学资源，利用云服务进行资料存储和共享，这些技能的掌握直接关系到课堂准备的效率。此外，熟练运用各类教育软件和工具进行教学设计也是教师应具备的核心技能。当代的教育环境信息密集，学生在学习过程中可能遇到多种不可预测的问题和挑战。这要求教师不仅灵活应对各种情况，还必须精通各种信息技术工具，熟练应对教学过程中可能发生的信息故障，以建立一个有效的数字教学环境。

为适应多媒体教学的要求，教师还应增强课件制作技能，包括使用 Photoshop 和 PowerPoint、制作微课程以及采集多媒体素材等方面的技能。信息技术在教学中的应用不仅包括备课和课件制作，还应通过提高教学内容的呈现质量和效率，创建生动、逼真的学习情境，促进学生自主学习。同时，信息技术还可以用于总结教学经验，如使用软件记录和管理教学日志，并通过网络分享和交流教学心得。这些措施共同提升了教学效率。

### （二）提升教学管理能力

在混合式教学中，由于学生在网上学习时注意力容易分散，自我管理能力降低，因此，教师在教学管理中起到至关重要的作用。在教学准备阶段，教师应提供必要的学习支持和资源管理，如精选并更新教学资源，整理和优化学习指导书，这些指导书应详细介绍课程内容和具体的学习指引。同时，教师应鼓励学生利用在线平台的个性化工具，如个人日记、笔记本和书签等，帮助学生根据自身能力和需求选择适合的学习材料。

在教学过程中，教师转变为监控者。与传统教室的监控主要聚焦于控制和调整不同，混合式教学需要教师对学生在特定情境下的任务完成情况进行个别、小组和同伴间的监控。这包括积极参与学生的小组讨论，解答问题，并确保小组成员之间公平分担任务，防止任何成员的搭便车现象。

教学结束后，教师应根据之前阶段的跟踪与监控来评估学生的学习进程。在混合式教学中，评价方式应从单一的考试成绩转变为关注学生整体的成长和学习过程。教师应采用多样化的评价方法，结合发展性评价和总结性测验，融合课堂内外的学习评价，以及学生自评、小组评价和教师评价，同时关注学生的知识掌握情况和情感态度发展情况。这种综合评价方式有助于全面掌握学生的学习情况，促进其发展。

### （三）提升创造性教学智慧

在混合式教学中，提升创造性教学智慧是一种重要的策略，它可以极大地增强教学效果。具体来说，实现这一目标的途径如下。

（1）教师应积极探索和运用网络教学平台的功能，使教学活动更加灵活和互动。通过这种方式，教师可以根据学生的反馈和学习情况，及时调整教学内容和策略，使教学更加贴合学生的需求。

（2）教师应提升对教学情境的敏感度，学会在教学过程中捕捉和利用教学的关键时刻。这包括识别学生学习中的转折点、挑战或机遇，并据此创造性地调整教学方法，如通过案例研究、实时讨论等方式，增强学习的实际应用性。

（3）教师应不断更新自己的技术和教学方法库。这不仅限于传统的教学技巧和内容知识，还包括对新兴技术和多媒体工具的掌握。通过这些工具，教师可以设计多样化和富有创造性的教学活动，如利用虚拟现实、互动模拟等技术手段来增强教学的吸引力和效果。

　　（4）教师应培养学生的自主学习能力。教师可以通过设计开放的学习任务和挑战，让学生在探索中发展问题解决能力和批判性思维，从而提升整体的教学成效。

### (四) 提升教学交互能力

　　在混合式教学中，提高有效交互能力是关键，尤其是在利用现代通信工具（如论坛、博客、电子邮件、QQ、微信等社交媒体）进行教学时。这些工具虽然扩大了交流的范围，使得交互更加个性化、灵活，并突破了时间和空间的限制，但也可能减弱交互的情感性，导致交流不充分。

　　为提高混合式教学中的师生交互效果，教师首先需要在交流中注入更多的情感因素，即便在在线环境中也要尽可能展示出亲和力。其次，应避免使用过于命令式或权威性的语言，而更多地采用开放式问题和对话式的交流方式，减少发表评价性或结论性的言论，这有助于营造一个更加开放和平等的交流氛围，鼓励学生更积极地参与讨论。

　　及时的反馈对于保持学生的学习动力和兴趣至关重要。由于在线交互的异步性质，教师需要意识到反馈的时效性，迅速响应学生的问题和疑惑。延迟反馈可能导致学生在等待回复期间的学习进度受阻，从而影响学习的连续性和效果。

　　教师还应根据学生所处的不同学习阶段（学习的准备阶段、学习过程中和学习结束时）设计和实施不同的交互策略，以适应学生的具体需求和学习状态。

　　为了最大化混合式教学的效果，应将在线交互与面对面的课堂交流有效结合。这种结合不仅能够增强学习体验的连贯性，还可以利用各种交互形式的优势，提升整体的教学质量。

## 二、学生层面

学生层面提升师生交互效果的途径有以下几种，如图 5-6 所示。

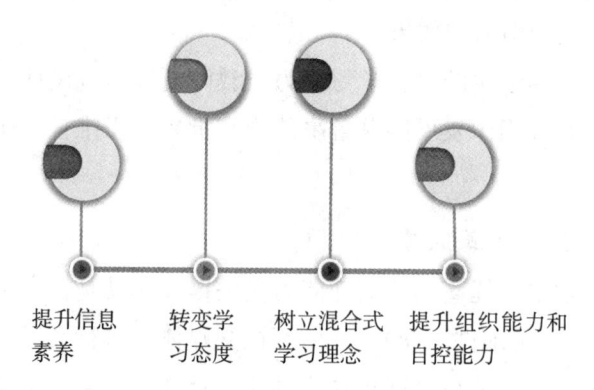

图 5-6　学生层面混合式教学中师生交互效果的提升途径

### （一）提升信息素养

为了在混合式教学中提升师生交互效果，学生必须积极提升自身的信息素养，这涉及技术技能的掌握以及利用这些技能支持自主学习的能力。

首先，掌握基本的计算机操作能力是必要的。学生应熟悉和能够高效使用常用软件，如网络浏览器、文字处理软件、Office 工具及电子邮件系统。这些基础技能有助于学生有效地获取和管理信息，为学习提供技术支持。此外，学生应通过学习计算机基础知识课程，不断提高对这些工具的使用熟练度。

其次，学生需要提升网络信息搜索能力。这包括使用搜索引擎进行有效的信息检索、识别和选择合适的学习资源。学会高效检索网络资源可以让学生在学习中更加独立和主动，快速地找到所需资料，提高学习效率。

再次，学生需要发展良好的网络交互能力。这意味着学生不仅要擅长使用计算机完成学习任务，还要通过网络工具与他人进行有效的沟通和协作。在混合式教学中，学生往往需要参与在线讨论、协作写作等互动活动，因此，提高电子邮件、社交媒体、在线讨论板的使用能力是必不可少的。

最后，学生应该学习如何在虚拟环境中维护专注和自我管理能力。这包括设定学习目标、管理学习时间、使用技术工具提高学习动机和效率。通过提高这些能力，学生可以更有效地参与混合式学习，与教师和同学形成更积极、更富成效的互动。这些能力的提升不仅增强了学生的学习自主性，还为深入的师生互动打下了坚实的基础。

（二）转变学习态度

在混合式教学中，学生应主动适应并积极拥抱新的学习模式，以充分利用这一模式带来的教育机会。学生需要从传统的被动接受者角色转变为主动的参与者和知识的建构者。这要求学生不仅在课堂上积极参与活动，还要在课后通过查找资料、参与在线讨论等方式主动拓展和深化所学知识。学生应该培养对学习的热情和持续的好奇心，利用各种资源来丰富自己的学习经验。在接收信息时，学生应该运用批判性思维，学会独立思考、分析和评价不同的信息。这包括质疑现有的知识、探索问题的多种可能解决方案以及评估信息的可靠性。通过这种方式，学生可以更深入地理解学科内容，并能更好地适应快速变化的学习和工作环境。

（三）树立混合式学习理念

学生应积极参与在线和面对面的课程活动。这包括但不限于参加实时讨论、提交作业、参与小组项目以及回应教师和同学的提问。学生应充分利用提供的技术工具，如在线讨论板、即时消息和视频会议软件，与教师和同学进行有效沟通。这些工具可以帮助学生即使在非正式的学习环境中也能持续与学习群体保持联系。

自主学习是混合式学习的核心。学生应该学会独立制订学习计划，合理安排学习时间和空间，这包括确定学习目标、选择合适的学习资源和评估学习效果。此外，学生还需要掌握如何利用网络资源自行解决学习中遇到的问题以及如何进行自我评价和反思。

协作学习可以帮助学生从同伴那里获取新的视角，拓宽知识面。学生应该积极参与小组讨论、项目合作等活动，学会通过电子邮件、社交媒体和专门的学习管理系统与同学和教师进行有效沟通。此外，学生还应该学会如何共享资源、共同解决问题，并在团队中承担责任，发挥领导力。

学生应利用好网络资源，进行创造性学习。互联网作为世界上最大的知识库和资源库,提供了丰富多样的信息资源,这些资源大多以超文本的形式组织。这特别适合用于引导学生进行自主发现和自主探索式的学习,极大地促进了学生的思维发散和创造性思维的发展。在这种开放的学习环境中,学生不再受传统课堂教学模式的约束,有了广阔的自由学习空间,可以主动学习和独立思考。

在这样的环境中,学生不仅可以消化和吸收前人的知识与经验,更能不断地进行创造性思考和创新实践。因此,教师应鼓励学生利用互联网资源进行跨学科的学习探索,挑战传统的思维模式,提出新问题,并尝试找到解决这些问题的方法。通过这样的学习,学生可以提升解决复杂问题的能力。

### (四)提升组织能力和自控能力

在现代教育技术支持的课堂教学环境中,由于信息来源的多样化,教师和课本不再是唯一的知识传递渠道。多媒体技术的使用不仅扩展了知识的深度和广度,还使学生通过多种感官学习丰富了学习体验。在这种多元化的学习环境中,特别是在网络环境下,学生面临着大量的信息和较少的外部监督,这要求学生必须具备较强的组织能力和自控能力。

学生要能够自主设定学习目标,自主选择学习内容和进度,自行安排学习路径,并自主决定参与讨论和协作学习的时间。这不仅要求学生对自己的学习负责,还要求他们有效地管理和过滤信息,专注对获得学习成果有利的活动。通过这种方式,学生可以在自我驱动和自我调节过程中,逐步提高学习效率,同时培养了面对未来学习和工作挑战所需的关键技能。

## 三、优化教育支持政策

教育政策与制度框架在混合式教学中起决定性作用,它们为教育实践提供了必要的支持和指导。合理的政策能够确保资源的有效分配、技术的适当应用以及教育质量的持续提升。

第一,教育政策定义了混合式教学的框架和标准,这直接影响教师如何设计课程和与学生互动。例如,如果政策鼓励运用更多的在线教学元素,教师可能会增加使用视频教学和在线讨论的比例。这种政策导向不仅改变了教学内容的呈现方式，还影响了师生之间交流的频率和方式。

第二，教育政策通过对技术和基础设施的支持间接影响师生交互的效果。政策对教育技术的投入，如资金用于购买交互式白板、学生个人设备或完善学校网络设施等，可以极大地提升教学互动的质量。高质量的技术支持使得在线教学部分更加流畅，避免了因技术问题而造成的教学中断，为教师提供了多样化的教学工具，从而丰富了师生互动的形式和内容。

第三，政策在推动教育公平方面的作用不容忽视。例如，政策旨在确保所有学生都能获得高质量的混合式教学资源。这包括提供互联网接入和个人学习设备的补助，确保每位学生都能平等参与到在线和面对面的教学活动中。这种政策支持有助于消除师生交互中的障碍，使教育体验更加均衡和包容。

第四，教育政策对于教师专业发展的重视程度是影响混合式教学中师生交互效果的一个关键因素。政策通过提供教师培训和专业发展机会，使教师掌握最新的教学技术和方法，从而更有效地与学生互动。教师的专业发展不仅提高了教学质量，也增强了他们运用新技术进行教学设计和交流的能力。

# 第六章 混合式教学的有效教学评价

## 第一节 混合式教学的有效教学评价要素与功能

### 一、有效教学的内涵和发展

有效教学的理念源于20世纪初西方的教学科学化浪潮，特别是在美国，实用主义哲学和行为主义心理学的兴起对教学方法产生了深远影响。实用主义强调实际效果和应用的哲学思想，行为主义心理学强调可观察行为和使用的实验方法，这些思潮共同催生了对教学活动效果可度量、可观察的需求，推动了教学效能评价的量化，并在全球范围内引起了教育改革者和实践者的关注和探讨。

随着时间的推移，不同国家和文化背景下的学者对于有效教学进行了发展和本土化应用，逐渐形成了针对有效教学的多样化解释。其中，西方对有效教学的研究最早可追溯至20世纪20年代。在这个时期，捷克教育家夸美纽斯在《大教学论》中提出了这样的观点："每个人都能通过合理的教育方式得到智力上的发展。"[1]他认为，有效的教育方法对于智力的提升是至关重要的。同时，德国教育家赫尔巴特在《普通教育学》中强调："选择教育内容时必须考虑到儿童的经验和兴趣。"[2]这意味着教师需要深入了解学生的兴趣和现有经验，以此为基础来设计适当的学习材料。这样的教学策略不仅符合学生的接受能力，也能有效提升教学效果。

---

[1] 夸美纽斯.大教学论[M].傅任敢,译.北京：人民教育出版社,1984：12.
[2] 赫尔巴特.普通教育学[M].李其龙,译.北京：人民教育出版社,2015：53-54.

研究有效教学的过程可以概括为三个发展阶段：

第一阶段是对有效教学特征的研究期。在这一阶段，研究主要关注教师个人特质。早期的代表学者，如卡特尔（Cattell）和瑞安（Ryan），他们主要研究了教师的外表、适应性、善良、热情、魅力、幽默等方面对教学效果的影响。同时，教学效果被认为受教师的学术知识、教学能力和对学生的理解等方面的影响。尽管这一时期的研究对教师的个性、态度和素质等方面进行了广泛的探讨，但鲜有研究强调教师特质与教育效果之间的直接联系，并且对教师教学行为的研究相对缺乏。

第二阶段是教师行为对教学有效性的影响研究期。在这一时期，研究聚焦教师的具体行为以及这些行为如何影响学生的学习结果。研究识别了四类关键变量，即预定变量、过程变量、环境变量和结果变量，这些变量共同决定了课堂教学的有效性。[1] 其中，预定变量和环境变量包括学校和班级的特点以及教师和学生的个性特征，过程变量则涵盖教师和学生在教学过程中的具体行为，结果变量关注教学的最终效果。此阶段的研究强调有效的教师教学行为在促进学生学业进步中的重要性，尽管这些研究并未完全揭示教师教学行为与学生学业进步之间的因果关系。

第三阶段是有效教学的全面发展时期，这一时期的研究不再局限于探讨教师心理学或行为特征，而是转向更为全面的研究。研究焦点扩展到了教学策略的选择和实施。

自20世纪80年代以来，随着经济的快速发展，中国教育水平得到了显著提升，特别是2001年基础教育课程改革，使有效教学成为教育界的热门话题，中国学者开始从多个角度探索有效教学。陈厚德的《有效教学》成为国内公认的首部有效教学专著，书中详细阐述了有效教学的基本概念、主要目的和评价标准。[2] 姚利民在《有效教学论：理论与策略》中研究了微观教学层面的有效策略。[3] 在新课程改革的推进中，相关研究不断丰富。大量专著探讨了有效教

---

[1] 张亚星，胡咏梅. 国外有效教学研究回顾及启示[J]. 课程·教材·教法，2014，34（12）：109-114.

[2] 陈厚德. 有效教学[M]. 北京：教育科学出版社，2000：5.

[3] 姚利民. 有效教学论：理论与策略[M]. 长沙：湖南大学出版社，2005：91.

学的特征、影响因素和策略，特别是教师如何在教学实践中应用这些理论。赵亚夫在《历史课堂的有效教学》中强调，教学目标应与学生的认知发展水平相匹配，并引导学生进行探索和交流，以促进学生对历史的理性、客观和辩证的理解。[①]李森、张家军和王天平提出，教师应发展先进的教学理念，合理协调不同的学习要素，并选择适当的教学策略，以满足社会和个人的教育需求，促进学生的持续发展。[②]朱汉国在《历史教学研究与案例》中建议在有效的时间框架内完成课堂教学内容的讲授，进行整体规划和设计。崔允漷提出了一种具有代表性的观点。他认为，有效教学意味着在一定的教学期间内，通过教师的努力，学生有明显的进步和发展。这种进步或发展是衡量教学有效的唯一标准。[③]具体来说，教学的效益并不取决于教师是否完整地传授了学习内容或教得多认真，而是取决于学生是否真正学到了知识，以及他们的学习效果如何。如果学生不愿意学习或者学习后没有实际收获，那么无论教师多么努力，这种教学都被认为是无效的。同理，如果学生在学习中付出了巨大努力却未能得到适当的发展，这也被视为无效或低效教学。

综合以上观点，有效教学应该包括以下几个方面：在教学实践中，教师在一定时间内帮助学生完成了教学任务，并使学生取得了预期的、适当的进步和发展。在教学评价方面，评价的标准应该只有一个，即学生是否达到了预期的、应有的、具体的进步和发展。这里的"预期的"进步是指学生所期待的、教师在教案中预设的、符合课程标准和素质教育要求的教学目标和任务。"应有的"进步则是指学生在其能力范围内应当达到的发展目标。每个学生的基础和能力各不相同，因此他们在同一课程中获得的进步和发展也会有所不同。只要学生实现了适合自己的发展，就可以被认为是有效的教学。"具体的"则是指学生在各个学科上实现的具体进步和发展。

## 二、混合式教学的有效教学评价要素

混合式教学的有效性不仅取决于技术的使用和教学内容的安排，更在于如

---

① 赵亚夫. 历史课堂的有效教学[M]. 北京：北京师范大学出版社，2007：41-43.
② 李森，张家军，王天平. 有效教学新论[M]. 广州：广东教育出版社，2010：38.
③ 崔允漷. 有效教学[M]. 上海：华东师范大学出版社，2009：177.

何创造一个支持性强、互动性高、适应性强的教学环境，从而促进学生的全面发展。对混合式教学是否有效进行评价要考虑以下几个关键要素。

（一）教学设计是否具备策略性

有效的混合式教学始于精心的课程设计，这要求教师不仅了解各种教学技术和工具，还要具备根据课程内容和学习目标选择合适的教学模式的能力。例如，对于需要高度互动和讨论的课程内容，可以安排面对面的研讨会或小组讨论；对于需要自主学习的部分，则可以通过在线教学平台提供视频教程和阅读材料。

（二）是否进行技术的有效整合

在混合式教学中，技术不仅仅是传递信息的工具，更是激发学生学习动机、拓展其学习深度的关键。有效的混合式教学应充分利用技术的多功能性，如使用在线论坛促进课后讨论，利用教学软件进行个性化学习路径设计，通过数据分析工具监控学生的学习进度和成效。

（三）是否采取学生中心的教学方法

混合式教学的有效性还体现在其对学生中心教学法的运用方面。这意味着教学活动应围绕学生的需求和兴趣展开，允许学生在学习过程中有更多的自主性和选择权。通过在线学习模块，学生可以根据自己的学习速度和兴趣选择学习内容，而面对面的课堂则可以用来处理学生的疑惑和进行深入讨论。

（四）是否有连续性和支持性的学习体验

有效的混合式教学应确保学生在线上学习和线下学习之间无缝连接和过渡。这需要教师在课程设计时考虑到不同学习活动之间的连贯性，确保所有学习活动都紧密相关且相辅相成。同时，教师应提供持续的支持和反馈，无论是通过线上直播、实时交流，还是面对面的互动，都应确保学生感受到持续的关注和引导。

（五）评估与反馈是否具备适时性和适当性

在混合式教学中，及时且恰当的评估与反馈对于监控教学效果和调整教学策略至关重要。教师应利用多样化的评估工具和方法，如在线测验、项目作业和同行评审，评价学生的学习进度和理解程度。同时，教师应根据收集到的数据及时调整教学方法，以更好地满足学生的学习需求。

## 三、混合式教学的有效教学评价功能

在混合式教学中，对教学是否有效进行评价至关重要。通过评价，教师不仅能够了解学生的学习情况，还能够对教学策略和学习效果进行总结评审，通过反馈机制，反向促进教学效果的提升。总结来看，混合式教学的有效教学评价功能有以下几个，如图 6-1 所示。

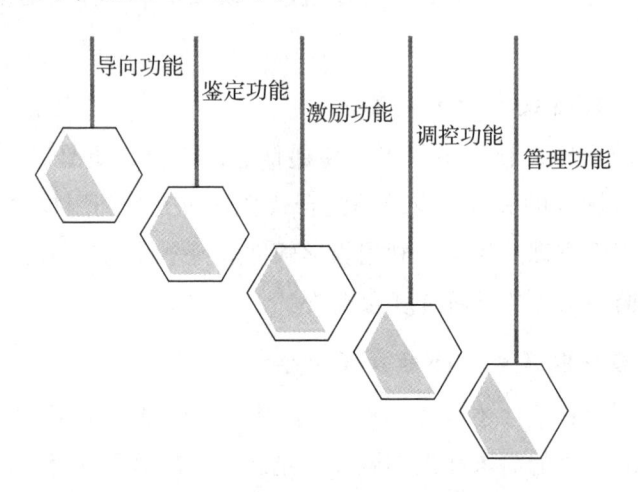

图 6-1 混合式教学的有效教学评价功能

### （一）导向功能

导向功能是指对于教学有效性的评价能够对教学活动起引导和调整作用。在混合式教学中，教学的有效性评价能够帮助教师根据学生的在线和离线学习表现，调整教学计划和教学策略，为教师和学生提供一种导向。

通过有效性评价，教师可以获取关于哪些资源和活动能有效激发学生参与积极性的信息，从而指导他们调整教学策略。如果结果显示互动不够多，教师可以增加更多的互动式学习任务或调整讨论板的使用方式。此外，评价结果可以帮助学生了解自己在学习过程中的定位，让他们更有效地利用混合式教学环境中的资源，如在线视频、自学材料，以取得更好的学习效果。

## （二）鉴定功能

在混合式教学中，对于教学有效性评价的鉴定功能主要通过评估学生的学习成果来确定教学策略的成效。通过对学生学习成绩的系统分析，教师可以判断教学目标是否已实现、哪些内容或技能已被学生掌握。例如，通过在线测试和实时反馈系统，教师可以实时监控学生的学习进度和理解深度。此功能不仅可以帮助教师调整课程内容和教学节奏，还能确保教学活动与预设的教学标准相符，从而提高教学的整体质量。

## （三）激励功能

激励功能是指通过持续的评价激发学生的学习动力和维持其学习兴趣的功能。评价提供了正向反馈，表扬学生在某些领域或任务中的表现，从而增强他们的成就感和自信心。例如，通过实时的在线测验和评分，学生可以即时看到自己的表现，了解自己的强项和需要改进的地方。这种即时反馈促使学生持续努力，探索新的学习策略。此外，激励功能还涉及对教师的激励，当教师看到自己的教学方法有效果时，也会更有动力去探索和实施新的教学技术和策略。

## （四）调控功能

调控功能是指基于教学有效性评价结果，对教学活动及评价对象的行为进行调节、控制的功能。教师可以调整教学内容、教学方法及使用的技术和工具，以更好地适应学生的学习需求。例如，如果发现学生在某一线上模块的表现不佳，教师可以增加更多的线下辅导时间或调整在线材料的难度。这种灵活的调整确保了教学活动的适应性和持续性，使教学更加个性化和高效。通过这种方式，混合式教学能够最大限度地发挥自身的潜在优势，实现教育资源的最优配置和利用。

## （五）管理功能

管理功能是指通过教学有效性评价确保所有教学活动符合既定的教育质量标准的功能。在混合式教学模式中，教师和学生经常在变化的环境中操作，涉及线上和线下的多种教学资源和交互方式。通过定期的教学评价，教育管理者可以监控这些活动是否达到了教育目标，是否符合课程要求，从而保证教学质量的一致性和高标准。

管理功能还体现在可以根据评价结果优化资源配置。在混合式教学中，资源包括基础设施、数字工具等。通过分析评价数据，管理者可以更合理地分配这些资源，确保它们被有效利用，以提高教学效率。例如，如果评价显示某些在线工具的使用效果不佳，学校可以减少对这些工具的投资，转而加大对有效工具的投资。

管理功能使得教育管理者能够根据反馈信息调整教学策略和方法。这种调整基于对教学活动有效性的持续监控，包括学生的学习进度、教师的教学水平和课程内容的覆盖情况。例如，如果数据显示学生对某个课程模块的知识掌握程度不够，教育管理者可以指导教师修改教学计划，增加更多辅导时间，或是引入新的教学工具和材料来加深学生的理解。

## 第二节　混合式教学的有效教学评价原则

为了最大化教学有效性评价效果，在实施教学有效性评价过程中要遵循一定的原则，如多样化原则、透明化原则、持续性原则、适应性原则、可实施性原则，如图6-2所示。这些原则不仅可以指导教师如何设计和实施评价活动，以确保评价的全面性和效果，也能帮助教师理解评价活动如何响应教育环境的变化，满足学生的个性化需求，促进教学质量的持续提升。实践这些评价原则能够确保混合式教学环境下的教学活动达到预期效果，同时促进教师和学生之间的互动，提升教育的整体质量。

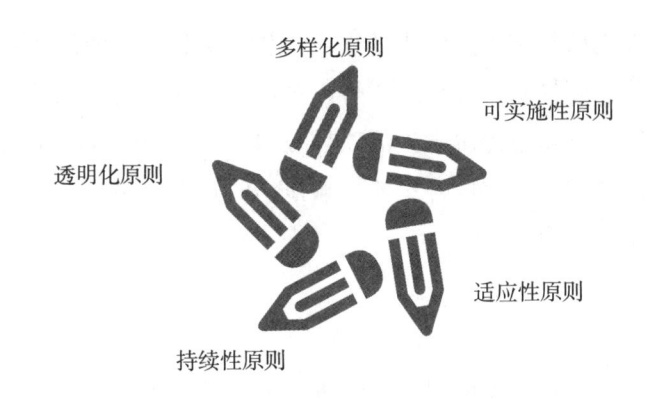

图 6-2　混合式教学的有效教学评价原则

## 一、多样化原则

在混合式教学有效性评价中，遵循多样化的评价原则是提高教学评价科学性和全面性的重要原则之一。

混合式教学结合了线上与线下的教学模式，为学生提供了多元化的学习资源和互动方式。这种教学模式的多样化特征要求评价方法也必须是多样化的。传统的评价方法，如笔试和口试，往往难以全面反映学生在复合学习环境中的表现。因此，多样化原则强调将传统评价方法与基于网络技术的评价相结合。评价方式应包括在线互动、项目作业、自我评估等多种形式，这些评价方式能更准确地捕捉学生在不同学习环境中的实际表现。这种多样化的评价不仅能帮助教师准确把握学生的学习进度和存在的问题，还能有效提升学生的学习动机。

鉴于混合式教学中大量的学习活动发生在网络平台上，利用技术手段进行学习行为和学习成果的分析显得尤为关键。通过数据分析、在线测试等方式，教师可以更准确地掌握学生的学习轨迹和成效，为学生提供展示自己知识和技能的新平台。

多样化评价原则强调评价形式和评价周期的多样性。例如，教师在评价中应该将形成性评价与终结性评价有效结合。形成性评价通过持续的反馈，帮助学生及时了解自己的学习状态并调整学习策略；终结性评价则要求教师在学习过程的最后阶段综合评估学生的整体学习成果。在混合式教学中，这两种评价的结合能更全面地监控和促进学生的学习,从而达到更好的教学效果。评价形式也应当多样化,多样化的评价形式可以全面评估学生的知识掌握程度、技能发展情况等。例如,通过评价学生的项目报告、实践测试和电子档案,教师不仅能评估学生的知识掌握程度,也能了解他们的知识应用能力和创新能力,使得评价更为全面、准确。

## 二、透明化原则

在混合式教学有效性评价中,透明化原则尤其重要,因为它直接影响学生的学习体验和成效。透明化原则要求教师明确地向学生展示评价的标准、过程和目的,确保学生理解评价的意义,从而更加主动和有意识地参与到学习过程中。

第一,透明化原则要求学习目标和评价标准必须清晰、明确。在混合式教学中,由于教学活动既包括线上活动,也包括线下活动,不同的学习环境可能会使学生对学习目标产生疑惑。因此,教师需要在教学开始时,通过多种途径(如课程大纲、在线平台公告、直播讲解等)详细介绍学习目标和评价标准。例如,可以在每个教学单元开始前明确本单元的学习目标、评价方式等,使学生对即将进行的学习有明确的期待和准备。

第二,评价过程的透明化是混合式教学中实施透明化原则的一个重要方面。这不仅包括向学生说明评价的具体方法和工具,还包括评价的时间点和反馈方式。在混合式教学中,由于部分学习和评价活动在线上进行,学生可能对在线评价的操作和时间安排感到不确定。因此,教师应该提供详细的指导,如视频教程或实时问答,帮助学生理解如何在线上完成作业和测验以及如何获取评价结果。

第三,透明化原则强调反馈的即时性和建设性。在混合式教学中,及时的反馈可以帮助学生在学习过程中快速调整和改进学习方法。因此,教师应当利用教学工具的反馈功能,如学习管理系统的自动反馈功能,提供实时的学习进度和成绩反馈。此外,建设性的反馈更是至关重要的,它不仅涵盖学生表现的评价,还包括对学生今后学习的具体指导和建议。例如,教师可以通过电子邮件、在线会议等,针对学生的具体问题提供个性化的解答和指导。

第四，透明化原则鼓励学生参与评价标准的制定。这种参与可以通过在课程设计初期征求学生的意见，或者在评价过程中允许学生对评价标准提出建议来实现。这种做法不仅可以提高学生对评价标准的接受度和满意度，还能促进学生批判性思维和自主学习能力的发展。在混合式教学中，这种参与尤为重要，因为技术的使用使得教师可以通过在线调查和实时反馈工具来收集和处理学生的意见。

在混合式教学中，遵循透明化原则可以建立一个公开、公平和互动的评价环境。这样的环境不仅有助于提升学生的学习动力和效率，还有助于增强学生对教育过程的信任，最终促进教育质量的提升。

## 三、持续性原则

在混合式教学有效性评价中，持续性原则扮演着至关重要的角色。该原则强调评价过程应持续进行，而不再局限于教学的开始或结束，这种连续性的评价更能真实地反映学生的学习效果。以下是对持续性原则在混合式教学评价中应用的详细探讨。

第一，持续性评价原则认为教学评价不应该是偶尔的，而应该是一个连续的过程，贯穿于整个教学活动之中。这种评价方式可以实时地监控学生的学习状态，及时发现问题，并对教学策略进行调整。例如，教师可以利用在线平台实时收集学生的学习数据，如参与度、互动频率和作业提交情况等，以此来评估学生的学习状况和教学内容的吸引力。

第二，持续性原则强调形成性评价的重要性。与终结性评价相比，形成性评价提供了持续的反馈，能帮助学生了解自己在学习过程中的实时表现。这种反馈不仅可以激励学生改进学习方法，也可以增强他们的学习动力和自我效能感。例如，通过定期的在线测验和互动式讨论，学生可以即时获得反馈信息，了解自己的强项和待改进的领域，而教师也可以根据这些反馈信息调整教学内容和方法。

第三，持续性评价原则支持多维度的评价方法。这种方法结合定性和定量的评价方式，从多个角度综合评估学生的学习效果。例如，除传统的成绩评定外，教师还应做好对学生的创造力、批判性思维以及团队合作能力等软技能的评估。通过这种多维度评价，教师能更全面地理解学生的综合能力和学习成果。

第四，持续性评价原则鼓励利用先进工具来提高评价的有效性。在混合式教学中，先进工具有很多，如学习管理系统、电子投票系统和互动软件等，教师运用这些工具，可以方便地收集和分析学生的学习数据，为持续性评价提供支持。这些工具不仅可以简化数据收集和处理过程，还可以使评价结果得以长期累积和统计，更加客观和准确。

第五，持续性原则强调评价结果的应用。评价不仅是为了检测学习效果，还是为了优化教学。通过持续性评价，教师可以得到关于教学方法和材料是否有效的实时反馈信息，从而不断优化教学设计和学习活动，确保教学策略适应学生的变化和需求。

## 四、适应性原则

适应性原则在混合式教学有效性评价中起着核心作用，这一原则强调评价体系应具有足够的灵活性，以适应不断变化的教学环境、学生需求和教育目标。

第一，适应性原则要求教师认识到教学环境是不断变化的，这种变化可能源于技术的更新、学生的差异或是课程目标的调整。因此，评价方法和工具必须足够灵活，能够快速适应这些变化，确保评价结果始终能够准确反映学生的学习状况。例如，在引入新的教学技术或工具后，评价策略可能需要调整，以确保教学技术或工具被有效利用。

第二，适应性原则强调个性化学习的支持。混合式教学模式通过提供线上和线下的学习资源，为具有不同学习风格和能力的学生提供支持。评价体系需要有能力识别并适应各种学习路径，通过定制化的评价策略，如个性化的反馈和支持，帮助每位学生取得更好的学习效果。这种个性化的评价方法可以通过分析学生的在线学习数据、参与度和学习效果等来实施，从而为每位学生制订合适的学习和评价计划。

第三，适应性原则要求教师不断更新和改进评价工具和方法。随着科技的发展，新的评价工具（学习分析工具、AI 驱动的评估系统）和技术不断出现，这些工具可以帮助教师更准确地评估学生的学习成效和需求。因此，教师应定期审视和更新评价工具和策略，确保它们有效地支持当前的教学和学习活动。

第四，适应性原则涉及评价策略与教育政策和标准的对齐。教育政策和标准可能会因政策变动或教育趋势而变化，评价体系需要及时调整以符合这些新的要求。例如，当新的学习成果评价标准被引入时，评价方法需要更新，以确保学生的学习成果能够被全面和准确地评价。

第五，适应性原则强调评价结果的应用。有效的评价不仅是收集数据和反馈信息的过程，更是一个持续改进教学的过程。适应性评价通过提供有关如何改善教学策略和学习活动的实时数据和反馈信息，使教育者根据评价结果调整教学方法，以更好地满足学生的需求，提高教学效果。

## 五、可实施性原则

教学评价的过程若过于复杂或耗时，可能会造成教师和学生的额外负担。特别是在混合式教学中，教师需要适应线上与线下不同的教学方式，学生需要适应线上与线下不同的学习方式。如果评价方法操作烦琐、标准或者评价指标种类过多，教师对教学的关注、学生对学习的关注就会减少，进而影响教师的教学效率和学生的学习效率。遵循可实施性原则，意味着对于教学的有效性评价不仅应当灵活，能够及时反映学习情况并对教学进行必要的调整，还应当全面、科学。简单、易行、可操作的评价方法能够确保教学评价不会成为负担，而是一个促进学习和教学发展的工具。现代信息技术为教学评价的可实施性提供了便利，例如，使用在线学习管理系统或功能类似的系统自动收集学生的学习数据。这些系统可以追踪学生的登录频次、页面停留时间、材料访问频率、学习时长、互动情况等指标，从而提供全面的数据视图。自动化的数据收集减少了人为错误，确保了数据的准确性和一致性，同时极大地减轻了教师手动收集数据的负担。然后，教师可利用数据可视化工具将收集的数据转化为易理解的图表和报告。这些视觉工具可以帮助教师快速把握整体学习趋势和个别学生的具体表现，提高评价的可实施性、科学性和透明性。

## 第三节　混合式教学的有效教学评价体系构建

在教育领域，如何构建有效教学评价体系一直是一个复杂且多元的议题。不同的学者基于各自的研究和观点，提出了多种评价有效教学的标准和指标，这些不同的评价标准和指标涵盖从教学行为的精细组织到教师与学生互动的各个方面。通过比较这些标准和指标，可以更深入地理解有效教学的多维度特性，并更加全面地构建混合式教学有效教学评价体系。

### 一、相关研究

美国教学评价专家道伊尔（W. Doyle）认为，有效教学的评价应集中于对教学行为的系统性安排和明确的组织结构的评价。他提出的有效教学评价包括以下几点：①重视学术目标；②明确学生应掌握的课程内容，并对学生有所期待；③精心设计课程结构；④清楚地解释和示范教学内容；⑤通过具体问题引导学生思考并监测其进展；⑥为学生提供足够的实践机会；⑦提供适时的提示和反馈，帮助学生成功；⑧在学生完全掌握知识前，不断地纠正他们的错误，并鼓励使用某些技巧；⑨定期复习，使学生能够对自己的学习负责。

波特（Andrew C. Porter）与布罗菲（Jere Brophy）的理论强调教师的个人技能和教师与学生的互动。在他们看来，有效教学不仅要求教师有清晰的教学目标和深厚的学科知识，还要求教师熟练使用各种教学资源，以便合理安排教学内容。此外，教师应当了解学生的当前知识水平和需求，教授学生元认知策略，并为不同水平的学生提供个性化的支持。定期的反馈和对学习结果的负责也是他们认为教学中不可或缺的部分。

格雷厄姆（Charles Graham）等人提出了七个大学本科教学有效性标准，这些标准包括促进师生间的有效交流、鼓励学生间的合作学习、促使学习者主动学习、提供即时反馈、强调考试的时间管理、传达高期望以及尊重学生的多元智能和多样化学习方式。这些标准共同构成了高质量的教学环境。

鲍里奇（Gary D. Borich）在《有效教学方法（第4版）》中提出，有五种关键的教师行为对学生的学习成绩有显著影响，这些行为被称为"关键行为"，包括课程内容的清晰表达、教学方法的多样化、以任务为中心的教学、促进学生参与学习过程以及确保学生成功。此外，还有五种"辅助行为"与关键行为相辅相成，包括利用学生的观点和贡献、精心组织课程、适当提问、开展深入探寻以及有效发挥教师个人的影响力。这些行为共同构成了有效教学的标准框架。

刘立明在讨论有效教学评价标准时，强调评价标准包括学科内容和课程组织、有效沟通、对学科的熟悉和热爱、对学生的积极态度、公正的考试和评分、教学方法的灵活性以及适当的学习成果七个方面。这些标准共同体现了教师在教学过程中的专业性和对学生学习成效的关注。[1]

孙亚玲设计的衡量课堂教学有效性的标准涵盖教学目标、教学活动、教学能力、教学反馈以及教学组织与管理五大领域，强调教学目标的价值和清晰性、教学活动的目标一致性和互动性、教师的交流技巧和多样化教学方法的运用、及时反馈与家庭沟通以及有效的课堂管理和健康学习文化的创建。[2]

崔允漷、王少非提出的有效教学包括五个维度：创建促进学习的环境、研究并理解学生、提供多样化的学习机会、促使学生学会学习以及持续性的教学反思与创新。这些维度强调安全和支持性的学习环境、对学生的深入研究和理解、设计多样化教学活动、鼓励学生自主和合作学习以及教师持续的专业发展和创新。[3]

## 二、有效教学评价体系的构建措施

对以上学者有关教学评价体系要素的观点进行整理和合并，可以归纳总结出有效教学评价体系应该包含13个关键的教学评价要素。①**教学目标评价**：确立明确的教学目标，并清晰地向学生展示这些目标。②**学生态度与期望评价**：对学生持高期望，并明确表达这些期望，同时深入研究并理解学生的需求和特点。③**教学过程评价**：包括条理清晰的解释、实例说明及关注学生认知能力的差异。④**学生实践与参与评价**：鼓励学生充分参与实践活动，促进其主

---

[1] 刘立明.再论国外有效教学研究[J].现代中小学教育,2003(5):44-46.
[2] 孙亚玲.课堂教学有效性标准研究[D].上海:华东师范大学,2004.
[3] 崔允漷,王少非.有效教学的理念与框架[J].中小学教材教学,2005(2):5-7.

动学习。⑤教学反馈评价。在教学过程中及时提供反馈信息，并据此进行教学反思和调整。⑥合作学习评价：创设促进学生间合作的学习环境。⑦师生互动评价：通过提问引发学生思考，促进师生间的有效沟通。⑧教学内容评价：使教学内容与学生的真实生活紧密相关，实现情境化教学。⑨教师风格与方法评价：评价教师的课程组织能力、知识深度、教学方法的灵活性以及使用教学辅助材料的能力。⑩教师责任感评价：评价教师对学生学习的责任感。⑪复习与巩固评价：定期组织学生复习，以巩固教学内容。⑫评价体系：确保评价过程的公平性、公正性和时效性，使用适当的评价工具。⑬教学组织与管理评价：有效的课堂管理包括明确的课堂纪律、创造有益的学习文化、合理分配课堂时间、管理学生行为和物理空间。

对以上这些标准进一步归纳，结合混合式教学的特征，本书认为可以设定五个维度的评价，以构建混合式教学的有效教学评价体系。

具体而言，包含以下五个维度：①教学维度。这一维度涵盖教学设计与内容、教学实施过程、教学评价与管理的关键方面。它强调教学目标的明确性、课程内容的相关性以及课程内容与学生生活的联系。同时，此维度关注教学评价的形式和实施，包括形成性评价和总结性评价的应用，以及如何通过评价工具来监控学生的学习进度和改进教师的教学策略。管理方面则涉及课程结构、时间分配和资源配置，确保教学活动有效有序进行。②教师维度。这一维度专注教师的角色、专业发展以及教学方法的适应性。在混合式教学中，教师需要不断学习和适应新的教学技术和策略。评价还需要考量教师如何进行教学创新，提升信息素养，应用新技术，以持续提升教学质量和适应教育技术的快速变化。③学生维度。此维度关注学生的学习体验、学习效果、自主学习能力和协作学习的机会。评价内容包括学生参与学习活动的程度、能否通过个人和团队项目实现学习目标等。此外，还应考查学生利用技术资源进行互动和学习的效率。④互动维度。评价教学过程中的互动和沟通，是否采取学生中心的教学理念，是否进行了有效的互动。这个维度的评价会直接影响深度学习的效果。⑤信息技术应用维度。评价混合式教学中技术的选择、应用和效果。这一维度探讨如何有效整合教学技术来丰富学生的学习体验，包括在线学习平台的使用、交互式工具的应用以及技术对教学和学习效率的影响。

五个维度之间互相关联，涵盖特定的教学元素，有利于构建一个更为全面和系统的有效教学评价体系。

（一）有效教学评价

有效教学评价是一个多维度的概念，由于混合式教学结合了传统的面对面教学和现代的在线学习元素，因此有效的混合式教学不仅要求教师具备更强的教学设计、执行和管理能力，还要求教师合理安排教学内容、科学运用教学方法、高效组织教学活动和管理课堂等，以提高学生的学习效率。

其中，在混合式教学中，教学设计需要特别注重内容的深度与广度以及如何使这些内容适应混合式教学模式。教师需要设计出既适合面对面讨论、互动，又能优化在线自学、视频教学和数字互动的课程结构。这要求教师在教学准备阶段就明确区分哪些内容适合在线学习，哪些内容需要在课堂上进行深入探讨。

在混合式教学中，有效的课堂管理不仅包括传统的纪律和秩序维护，还要求教师在线上和线下都能促使学生积极参与。这包括设定清晰的学习目标、定期提供反馈信息以及鼓励学生在所有平台上积极互动。此外，教师还需要监控学生在在线平台上的学习活动，确保他们能够有效利用数字资源。

混合式教学的有效教学还要求教师使用多元化的评估工具来评价学生的学习效果，这些工具应适应线上和线下的学习环境。除了传统的考试和作业，教师还可以利用在线测验、互动任务和同行评审等方法评估学生的学习效果。教师需要及时提供具有建设性的反馈信息，帮助学生理解自己的学习情况。

（二）有效教师评价

在这些评价维度中，有效教师是核心驱动力。作为教学活动的主导者，教师对教学效果有决定性影响。有效教师可以通过其行为直接优化教学过程。这不仅要求教师具备深厚的专业英语知识、较高的信息素养、高度的责任感和职业认同感，还要求教师深入理解学生的需求、有效运用教学材料、灵活运用教学方法。教师的这些个人品质和素质直接影响着教师的教学行为。有效教师有能力组织高效的交流活动，执行有序的教学流程和创设充实的实践环节。教师的这些行为不仅能推动教学活动顺利进行，也保障了学生的学习效果，实现了有效教学。相反，若教师的能力不强、素质不高，则其教学效果也会受到负面影响。在这种情况下，教师的教学不仅未能激发学生的学习兴趣和潜能，甚至可能阻碍学生的学术发展，对学生的学习态度产生负面影响，导致无效教学、无效学习。

### （三）有效学生评价

有效学生在混合式教学中，不仅能够自主学习，掌握一定的操作技术，还具备良好的沟通协作能力、批判性思维以及在不断变化的学习条件下保持适应性和灵活性。具体而言，有效学生的评价内容和衡量标准应该包含以下几点：①自主学习能力评价。混合式教学要求学生能够自我管理和推动学习进程。有效学生能够独立安排学习时间，合理利用在线资源，主动完成课程任务，这些都是自主学习能力的重要体现。②技术熟练度评价。鉴于混合式教学运用了数字平台和工具，有效学生必须能够熟练操作这些技术工具，如学习管理系统、视频会议软件等。技术熟练不仅意味着操作上的熟悉，还能够通过这些工具有效地获取信息、参与讨论和完成作业。③沟通与协作技能评价。混合式教学鼓励学生在虚拟和实体空间进行交流和协作。有效学生应能够在这两种环境中展现良好的沟通技巧，与同学和教师有效交流，参与小组讨论和项目，这有助于深化理解和提高学习成果。④批判性思维与问题解决能力评价。混合式教学通常会涉及复杂的问题和开放式问题探讨，有效学生应具有批判性思维，不仅仅接收信息，还能够评估信息的可靠性，提出问题，并应用所学知识解决实际问题。⑤适应性和灵活性评价。由于混合式教学包含不同的教学活动和学习环境，有效学生需要具备高度的适应性和灵活性，从而在变化的学习条件下保持学习动力，提高学习效率。⑥反馈和自我评价。有效学生懂得如何利用教师和同伴的反馈信息来改进学习。他们也会进行自我评价，以了解自己的学习进度和遇到的挑战，并据此调整学习策略。

在教学过程中，学生的行为和态度极大地影响着教学效果。有效学生通过全身心投入学习，积极互动，能够取得好的学习效果。他们的充分准备和主动参与使教师能够顺利地推进教学计划，减少耗费在基础内容上的时间，留出更多时间来探讨复杂主题。此外，有效学生还能够通过团队合作和同伴支持积极学习，同时根据教师的反馈信息进行自我改进，并为教师提供宝贵的反馈信息，以优化教学策略。

相反，无效学生可能因为缺乏参与或准备不足而削弱学习效果。这类学生不愿意参与课堂讨论，互动较少，进而影响到了教学效果。他们的消极态度可能需要教师耗费更多时间在基础概念的解释上，导致对复杂问题的探讨时间不足。此外，这些学生的消极行为也可能对其他学生造成干扰，阻碍教学创新。

### （四）有效互动评价

在混合式教学中，尤其是在促进学生理解和掌握课程内容方面，有效互动可以使学生更好地理解复杂的概念，深化记忆，进行深度学习。此外，当学生被鼓励积极参与课堂互动活动时，他们的学习兴趣和动机通常会提升，从而提高整体的参与度。有效互动还促进了批判性思维的发展，因为学生需要分析、评估信息并在讨论中表达自己的观点。这种互动形式鼓励学生提出问题，探索解决方案，进而增强了学生解决问题的能力。

相比之下，无效互动则可能带来负面影响，降低教学效果。如果互动缺乏明确目标或结构，学生可能会感到混乱，这种类型的互动往往不能引导学生达到预期的学习目标。无效互动还可能导致学生参与度低下，感觉自己被边缘化或不被重视，进而影响他们的自信心和学习动力。此外，如果教师未能适当管理课堂互动，可能会导致讨论偏离主题，使学生难以抓住核心内容，进一步影响学习效果。因此，对于互动的评价非常重要，这是有效教学评价的关键一环。

### （五）有效信息技术应用评价

混合式教学集合了线上和线下两种教学形式，因此信息技术的应用必不可少，信息技术的应用会直接影响教学成效，有效的信息技术应用能显著提升教学与学习的质量，而无效应用则可能带来一系列教学挑战。

具体而言，有效的信息技术应用在混合式教学中能提供清晰、直观的学习路径，通过动态的内容呈现和交互设计增强学生的学习动机。教师需要通过运用信息技术提升教学的互动性和学生的参与度，而非将信息技术仅仅作为信息传递的渠道。例如，学生可以利用虚拟仿真和游戏闯关类的学习平台探索复杂概念，这可以使抽象知识变得直观易懂，进而拓展学生学习的深度和广度。此外，智能教学系统可以根据学生的学习进度提供个性化的学习建议和资源，从而提升学生的学习效率。

然而，无效的信息技术应用可能导致教学资源浪费，给学生负面的学习体验。例如，若技术集成复杂或用户界面不友好，学生可能花费大量时间在解决技术问题上，而非学习本身，影响教学内容的无缝对接和学习体验的连贯性。此外，缺乏适当的技术培训和支持会使得教师难以充分利用教学工具，进而降低教学活动的有效性。

在这种情境下，对信息技术应用的评价变得至关重要，它能确保教育技术的投入真正优化教学策略和促进学生学习，从而保证有效教学和有效学习。有效的信息技术应用评价还要关注如何将技术工具与教学目标和学习成果紧密结合及其对学生批判性思维和创造力的促进作用。这种评价可以指导教师调整技术的应用，确保信息技术的应用是为了提高教学效果和优化学习过程。

构建科学的教学评价体系要整合所有相关方面的信息，以形成对教学活动全面的认识和评价。将混合式教学的有效教学评价划分为教学、教师、学生、信息技术应用、互动五个维度的评价，可以为混合式教学活动提供一个全面、系统的评价框架。这种分类全面覆盖了教学活动的关键方面，确保了每个教学要素都能得到充分的关注和评估，从而构建一个合理、科学的全维度有效教学评价体系。

### 三、有效教学评价体系构建的注意事项

在构建混合式教学有效教学评价体系时，有几个关键事项需要注意，以确保评价结果的准确性。

#### （一）评价结果定量与定性输出平衡

定量数据可以提供可衡量、可比较的结果，使教学评价具有客观性和统一标准。例如，考试成绩、标准化测试分数、作业完成率、出勤记录和学生的学习进度等都是常见的定量指标。这些数据可以帮助教师快速评估特定教学方法或课程内容的效果以及监控整体的教学进展。定量数据还能够使教育决策者进行跨班级、跨学期甚至跨学年的比较，从而在宏观上把握教学质量的变化。

然而，有效的教学评价结果不仅包含定量数据，也包含定性数据。这可以使得评价结果更为全面，全面地评估教学效果，揭示不同层面的教学现象。尤其在现代教育环境中，信息技术广泛应用于数据收集和分析，确实为教学评价提供了极大便利。然而，在使用这些技术进行教学评价时存在一些常见的误区，这些误区可能影响评价结果的准确性和实用性。

一个常见的误区是过分依赖定量数据的收集和分析。一些人认为，只要大量的数据得到了有效的收集和分析，评价的任务就已经完成了。这种观点忽视了教学评价的复杂性和多维性。虽然定量数据（如考试成绩、完成率和出勤率等）提供了教学效果的直观指标，但这些数据往往无法深入说明学生的学习动机、情感态度或是课程内容与学生需求之间的匹配程度，忽略了定性数据的重要性。

与定量数据的直接测量不同，定性数据提供了对学习过程深层次的理解，揭示了数据背后的动机、态度、感受和行为模式。这类数据通常来源于访谈、观察记录、案例研究和开放式问卷调查等。然后配合定量数据进行分析。通过定性分析，教师可以了解学生对教学内容的具体感受、对教学策略的接受程度以及在学习过程中遇到的具体困难和挑战。例如，学生的口头反馈和写作的反思日志可以揭示他们对某个教学单元的深层理解和个人兴趣，而教师的自我评价和同行评审可以提供对教学实践的深度见解。

此外，过度依赖技术工具进行数据收集和分析可能导致对数据的盲目信任，忽略数据背后的质量问题。数据收集工具虽然为数据的收集提供了便利，但数据的准确性、完整性以及在收集和处理过程中可能产生的误差仍需要严格监控。例如，自动化系统可能忽略或误解某些关键的用户输入错误，分析算法可能未能准确反映复杂的学习情境。

因此，教师需要对数据进行批判性思考，意识到技术工具只是辅助手段，数据的输出需要通过专业知识和教育经验来进一步解读和验证，需要后期进行精确深入的定性分析，科学的评价结果需要将定量数据和定性数据结合使用，在确保评价的客观性和可比性的同时，拓展其深度。例如，如果定量数据显示学生的测试成绩普遍低于预期，定性数据可以帮助解释这一现象，可能是因为学生对课程内容的兴趣不高，或者教学方法未能有效吸引学生。这种深入的理解有助于教师做出更有针对性的教学调整。

因此，教学评价体系应设计为能同时收集和分析定量数据与定性数据。这不仅能够提供一个全面的教学效果视图，还能够帮助教师深入了解教学实践的复杂性，从而更有效地支持教学决策和教育质量的提升。

### （二）提供必要的评价系统培训

在有效教学评价体系的构建中，为教师提供必要的培训和支持是至关重要的。这种培训和支持可以显著提高评价的质量，确保评价活动真正促进教师教学质量和学生学习效率的提升。

第一，评价工具的使用是培训的基础部分。教师需要熟悉各种评价工具的操作，包括电子评价系统、在线反馈工具、学生表现跟踪软件等。熟悉这些工具不仅可以提高数据收集的效率，还可以确保数据的准确性和可靠性。如果教师不会使用这些信息工具作为辅助，这种评价体系反而会给教师带来困难，增加其压力，削弱评价体系的功能。

第二，对于数据解读能力的培训是提高评价效果的关键。教师应该理解和分析从评价工具中得到的数据，从数据中提取有用信息，并将这些信息转化为可操作的见解。这需要对统计方法和数据分析技术有一定的了解。此外，培训也应包括对教育研究方法的理解，帮助教师区分相关性和因果关系，避免误解数据结果。

第三，反馈技巧的培训至关重要。有效的反馈可以激励学生和教师，促进他们成长。培训应教授如何提供建设性的反馈信息。教师应学会如何在保持正直的同时，以积极鼓舞的方式提供反馈信息，让学生感受到支持而非批评。

第四，培训应涵盖教学改进策略。评价的最终目的是改进教学，提高学生的学习效果。教师应了解如何根据评价结果调整教学方法、课程设计和学习材料。例如，如果数据显示学生在某个主题上普遍表现不佳，教师可能需要调整该主题的教学策略，引入更多辅助材料或实践活动。

第五，持续的专业发展和支持对于维持高质量的评价至关重要。学校应定期提供培训和更新课程，帮助教师跟上最新的教育评价趋势和技术发展。此外，还应提供一个支持性的社群或网络，让教师分享经验、讨论挑战和寻找解决方案。

## （三）要注重评价体系的灵活构建

在当前混合式教学的有效教学评价体系构建中，五个维度的评价不仅应该具有系统性，可以整体使用，每个评价维度也应该确保可以独立拿出来进行专项测评。这种灵活的设计允许教师针对特定的教学方面进行深入分析，从而更有效地识别和解决存在的问题。例如，可以单独评估"教学""互动"和"信息技术应用"等维度，进行专项评价和改进。这种分离的评价方式不仅使评价结果更加精准，也方便根据具体维度采取有针对性的改进措施，使得评价更加灵活，充分发挥评价体系的作用。

此外，随着教育技术的不断进步，现有的有效教学评价体系也需要进行适时的调整和更新，以适应新的教学工具和方法。技术的进步为教学提供了新的可能性，也对评价标准提出了新的要求。评价体系应灵活更新自身框架和标准，确保有效地反映技术变革对教学质量的影响。

总之，一个灵活且适应性强的有效教学评价体系应能够独立地进行各个维度的评价，同时随着技术的发展进行必要的调整。这不仅有助于准确地反映教学活动的实际效果，也促进了教育质量的提升。这种灵活性和适应性是现代教学评价体系不可或缺的特性，也是其有效运作的关键。

# 第七章 混合式教学在大学英语教学中的应用

## 第一节 混合式教学在大学英语听力教学中的应用

### 一、混合式教学应用于大学英语听力教学的优势

#### (一)*提升学生的听力技能*

混合式教学通过结合在线学习和传统课堂教学，丰富了听力教学的方式和内容。在线学习平台可以提供广泛的听力材料，如新闻广播、电影片段、学术讲座等，覆盖各种语境和话题，这些内容通常包含不同的口音和语速，有助于学生适应真实世界中的英语听力环境。此外，这些平台通常具备重放和慢速播放功能，能够使学生根据自己的理解调整播放速度，反复练习难度较高的部分，有效提高听力解析能力。

通过系统化的练习和测试，学生可以了解自己的听力发展情况，从而有针对性地改善自己的弱点。在线系统自动记录每个学生的练习历史和成绩，帮助教师了解每位学生的听力发展状况，进一步提供个性化的指导。

#### (二)*个性化听力学习支持*

混合式教学通过在线学习平台提供了个性化学习的可能。每个学生的英语听力水平和学习需求不同，在线学习平台能够通过算法和学生反馈来提供个性化的学习计划和资源。例如，对于基础较薄弱的学生，在线学习平台可以推荐基础听力练习和逐步增加难度的材料；对于基础好的学生，则可以提供包含多种复杂元素的高难度听力材料。

此外，学生还可以根据自己的时间自由选择学习时间和地点，利用碎片时间进行学习，这增强了学习的便利性和实效性。学生的自主性和学习动机因此得到增强，他们开始更加积极地参与到听力学习中。

### （三）加强听力学习反馈和评估

在混合式教学模式下，学生可以利用在线学习平台进行自我评估，在线学习平台提供的即时反馈信息可以帮助学生及时了解自己的听力理解情况，便于他们及时调整学习策略。教师也可以通过在线学习平台获得学生练习的详细数据，包括错误率、完成时间等，根据这些数据提供更加精准的辅导。

在线学习平台还可以组织模拟听力测试，模拟真实考试环境，帮助学生适应正式考试的压力和要求。这种模拟和实战演练是传统教学难以实现的，它不仅可以增强学生的应试能力，还可以提高他们的心理承受能力，为实际考试和实际应用打下坚实的基础。

### （四）促进听力学习的互动与合作

混合式教学通过在线学习平台提供了丰富的互动工具，如论坛、聊天室等，学生可以通过这些互动工具与其他学生进行交流和讨论，共同分析复杂的听力材料，通过团队合作解决问题。这种互动不仅提升了学生的听力理解能力，还锻炼了他们的沟通和协作技能，拓展了学习的深度和广度。

另外，通过集体讨论和协作项目，学生能够从同伴那里获得不同的观点和解读，这对于发展语言能力和批判性思维非常有用。这种教学模式鼓励学生主动学习和相互学习，建立了一个支持性和互助的学习社区，增强了学习的效果和趣味性。

## 二、混合式教学在大学英语听力教学中的应用策略

### （一）搭建良好的线上学习交流平台

在混合式教学中，搭建一个有效的线上学习交流平台是提高听力教学质量的关键。搭建此类平台的主要目标是激发学生的自主学习意识，并提供一个高质量的听力学习和训练环境，满足现代听力课程的多元需求。随着智能手机和其他移动设备的普及，利用微信群、雨课堂、公众号等移动学习工具，可以极

大地方便学生随时随地进行听力学习的预习、巩固和训练。

通过这些平台，教师可以实时监控学生的学习进度，及时了解每位学生在听力学习上的具体表现，这种即时的反馈和监控不仅提高了教学的适应性，也增强了教学过程中的互动性。教师可以根据学生的进度调整教学计划，更好地满足学生的学习需求。

教师还可以利用这些平台每日上传和推送各种听力材料，如热点新闻、英语访谈、时事报道等。这样不仅能够确保学生接触到最新的信息，还能帮助他们建立与实际生活联系紧密的语言学习环境，增强学生的学习动力，使听力训练更加生动和实用。

此外，考虑到学生对听力材料的个性化需求和兴趣，教师在整合和选择听力资源时应充分考虑学生的个体差异和兴趣点。例如，可以通过学生的反馈来了解他们对不同类型听力材料的偏好，据此优化教学内容，使之更加符合学生的兴趣和需求。

（二）课前准备：深化预习体验

在混合式教学模式下，听力课的预习环节对于提升学生的学习成效至关重要。教师可以利用在线学习平台推送有针对性的预习任务。这些任务主要包括与听力课程内容相关的背景知识介绍和相关话题的提前熟悉，使学生能够在正式课堂教学前对听力材料有一个初步的理解和思考。

教师可以根据听力材料的主题，提供相关的阅读资料、视频链接或者讲座内容，帮助学生构建知识框架，从而在实际的听力训练中更快地捕捉信息点。此外，平台上的互动讨论区为学生提供了一个讨论和表达自己观点的空间，他们可以在这里发表自己的见解，互相交流思想，这不仅发展了他们的批判性思维，也提高了他们学习的主动性和参与度。

教师在此阶段应转变为引导者和协调者，通过及时收集学生的疑问并进行解答，促进学生对听力材料的深入理解。通过这样的课前准备，学生可以更加充分地利用课堂时间，对听力材料进行深入探讨，从而提高听力效果和语言应用能力。

## （三）课堂实施：创新互动体验

在听力课堂上，混合式教学的实施关键在于如何有效结合线上和线下资源，创造一个互动性强的学习环境。通过运用多样化的教学方法和先进的教学工具，教师可以极大地提升课堂的教学效果。例如，教师可以采用分组研讨的方式，让学生围绕听力材料中的关键信息、背景知识或专业术语展开讨论。这种方法不仅促进了学生之间的交流，还激发了他们对材料的深入思考。同时，利用多媒体教学资源，如视频播放、音频剪辑等，可以增强听力材料的直观性和互动性，使学生在多感官的环境中学习，提高记忆和理解能力。

在课堂上，教师还可以通过实时的在线问答、互动投票等方式，实时收集学生的反馈信息，调整教学节奏和内容，确保所有学生都能跟上课程进度。此外，通过引入角色扮演、头脑风暴等活动，可以进一步提高学生的参与度和学习动力，提高学生的语言综合运用能力。

## （四）课后延伸：强化应用与反馈

听力课后，利用混合式教学的优势来拓展学习渠道和加强反馈是提升学生英语综合能力的关键。教师可以通过设置具体的学习任务和小组项目，鼓励学生在课后进行小组合作，复习和巩固所学的听力内容。通过这种方式，学生可以在实际操作中运用所学知识，加深理解并提升实际应用能力。

教师还可以利用线上资源，提供额外的听力材料和练习，供学生在课后自行学习。这些材料可以是扩展阅读、影视剧段落听写或语音反馈练习，帮助学生从不同角度提升听力技能。为了促进学生资源的共享和交流，有必要建立一个班级专属的听力交流群，这不仅可以加强师生之间的互动，也便于学生之间分享学习经验和资源。

定期组织英语听力交际活动和测评，如模拟测试或听力竞赛，可以有效地检测和提升学生的听力水平。通过这些活动，学生可以在实际的语言环境中测试自己的听力技能，同时教师可以根据学生的表现提供有针对性的指导，帮助学生不断进步，达到更高的听力理解和应用水平。

## 第二节 混合式教学在大学英语口语教学中的应用

### 一、混合式教学应用于大学英语口语教学的优势

#### (一) 提升口语学习的灵活性和可访问性

在混合式教学模式下,英语口语学习的灵活性和可访问性显著提高。一方面,学生可以根据个人日程自由选择学习时间和地点,这对于需要大量练习和反复模仿的口语学习尤其重要。例如,学生可以在清晨或碎片时间通过手机或电脑访问在线课程,反复听取和模仿各种口音的语音样本。这种灵活的学习方式使学生能够随时随地获取大量的口语练习材料,进行口语练习,而不受限于传统课堂的固定时间和地点。另一方面,学生可以接触到广泛的语言材料和丰富的口语实践资源,从标准的英语发音视频到与母语者的实时对话模拟,都极大地丰富了学生的口语学习体验。

#### (二) 加强互动和社群连接

混合式教学强化了学生之间的互动,特别是在英语口语练习中,这一点很重要。通过在线学习平台,学生可以参与到虚拟的语言实践中,如视频会议、角色扮演活动等。这些活动不仅模拟了真实的交流场景,还允许学生在相对低压的环境中锻炼和提高口语能力,进行实时口语交流。例如,学生可以参与由教师监督的小组讨论,这种互动提供了即时的语言反馈和纠正,可以帮助学生在实际应用中快速提高口语的准确性和流利度。此外,社群的连接也为学生建立了一个支持和鼓励的学习网络,这对于语言学习的长期坚持和动力维持非常关键。

#### (三) 提升实时反馈与持续评估效率

在混合式教学模式下,线上数据统计技术的运用使得教师能够实时监控学生的口语表现,并即时提供个性化的反馈信息。例如,教师可以利用在线学习平台实时听取学生的口语录音,并针对发音、语调、语速以及使用的词语和语法结构给出具体的指导和改进建议。这种随时的反馈能够帮助学生迅速识别并

纠正口语表达中的错误，大幅提升学习效率。

此外，混合式教学还支持持续的学习进度评估。通过定期的在线口语测试和练习，教师可以收集详尽的数据来分析学生的口语发展趋势。这些数据不仅包括学生的成绩，还涉及他们的学习活动数据，如练习频率、完成作业的时间等。这样的信息可以帮助教师更准确地理解每位学生的学习需求和进步情况，从而调整教学计划和方法，确保教学内容与学生的实际能力和需求相匹配。

## 二、混合式教学在大学英语口语教学中的应用策略

### （一）丰富线上线下英语口语教学资源

在混合式教学中，教师要注重线上与线下教学的结合，积极探索和利用这两个渠道的口语教学资源，以丰富教学活动。

线下教学资源的更新和丰富至关重要。目前，大多数大学英语口语教材和书面材料往往内容有限且可能过时。因此，学校应定期更新这些教材和材料，确保学生接触到反映最新语言使用和实际对话场景的口语知识及资讯。此外，引入与学生专业相关的口语教材尤为重要。例如，为商务英语、旅游英语或机械工程英语等专业的学生提供与专业对应的英语口语教材，以提升他们在专业领域内使用英语进行有效沟通的能力。除了教材，教师还可以利用多样化的媒体材料来增强口语教学的实效性和互动性。例如，使用英语报纸、杂志等，不仅能够提供实时的语言学习材料，也能够帮助学生了解不同文化背景下的语言使用情况。这些资源能够提供更多实际语言环境中的例子，使学生能够在模拟的真实交流场景中锻炼和提高自己的口语能力。

在混合式教学中，线上资源的建设和丰富同样至关重要。互联网为英语口语学习提供了极为丰富的资源，教师应积极探索并利用这些资源来丰富教学内容和提高教学效果。教师可以利用网络搜集专门针对口语能力提升的在线课程。这些课程往往有系统的学习路径和丰富的互动练习，能够使学生在灵活的时间内自主学习，逐步提升口语能力。通过线上课程，学生可以学习到多种口语表达方式，更加自信和流利地进行口语表达。教师可以从网络中搜集各类适合学生每日练习的英语听说资源，如小短文、有趣的故事等。学生可以先听标

准的英文朗读，然后尝试模仿发音和语调，通过反复练习，纠正自己的发音和语法错误，有效提升口语水平。这种模式既能增加语言暴露量，也能提高语言实际应用能力。除了传统的学习资源，互联网上还有许多专门辅助英语学习的工具，如"英语流利说""英语趣配音"等。这些工具提供了从基础到高级的练习材料，不仅覆盖广泛的话题和场景，还具备语音识别和即时反馈功能，可以帮助学生在实际应用中矫正发音和语法错误。这些软件通常还有打分系统和进度追踪功能，能够使学生清晰地看到自己的学习进度和能力提升空间，从而更有针对性地调整学习策略。

### （二）搭建线上线下口语交流平台

在混合式教学模式下，为了全面提升大学生的英语口语能力，要重视搭建完善的线上线下口语交流平台。这些平台不仅提供了丰富的学习资源，还提供了广泛的实践机会，从而帮助他们系统地提高口语水平。

在线下口语平台搭建方面，建立英语口语实训基地是关键。这样的基地应能提供更接近真实环境的口语练习机会，这对学生未来的就业和实际应用能力的提升有益。学校可以在校园内设置专门的实训区，配备必要的计算机和模拟设施。例如，可以设置模拟的商务谈判室、酒店前台、旅游景点接待区等场景，让学生在模拟的环境中练习口语，如进行角色扮演、情景对话等，以此提高他们的语言流利度和应对各种交流情境的能力。

线上口语交流平台的搭建同样重要。学生虽然能够通过互联网接触大量的英语口语资源，但往往缺乏有效利用这些资源的方法，且资源辨别能力不是非常强，会经常导致无效学习。因此，学校应根据学生的具体需求设计并搭建一个综合性的线上学习平台，这个平台应满足不同层次的学生需求。具体而言，该平台可以分为几个主要板块：第一，基础口语练习板块：这一部分集中于发音、语调、句式的基础练习，提供单词和句子的正确读音以及测试功能，帮助学生巩固语言。第二，日常口语交际板块：在这一板块中，平台可以提供各种日常生活场景的模拟对话视频，如问路、医疗咨询、社交、餐饮服务等。通过观看和模拟这些视频中的对话，学生可以学习如何在真实场景中有效使用英语。第三，专业口语板块：针对不同学科的专业需求，这一板块提供相关专业的口语练习材料。学校可以选择与各专业相关的英语口语内容，如工程英语、医学英语等,并上传至平台供学生学习。此外,该板块也提供专业口语的测试,以便学生有针对性地提升自己的专业英语水平。

通过搭建线上线下口语交流平台,学生可以更有效地学习英语口语,逐步提升自己在各种实际应用环境中的口语交流能力。这不仅有助于他们的学术发展,也极大地提高了他们未来的职业竞争力。

### (三)充分发挥微课的作用

在构建混合式教学模式中,微课的应用是实现线上线下教学整合的重要策略。混合式教学依托信息技术,将传统课堂教学与网络教学相结合,而微课作为一种现代教学手段,能有效连接学生的线下与线上学习活动,从而提高教学效果。

微课可以在课前环节应用。在英语口语教学中,教师可以制作微课视频,指导学生进行有效的预习。例如,教师可以要求学生预习特定的教材内容,并提供一系列微课视频,这些视频涵盖预习内容的概述、具体步骤和相关任务。通过这些微课视频,学生能在课前就对内容有所理解和掌握,从而实现线上线下的无缝对接,并激发对英语口语的学习兴趣。

微课在课后环节同样发挥着重要作用。课堂结束后,教师可以将课堂上讲授的关键词语、句型和实际对话场景制作成微课视频。这些视频旨在帮助学生在课后独立或以小组合作的形式进行口语练习。学生可以根据这些视频中的指导,进行练习,并将自己的口语实践成果,无论是音频还是视频,上传到班级群或作业平台。通过这种方式,微课不仅帮助学生巩固了课堂所学,还促进了线上线下学习资源的有效结合,增强了学习的连续性和实效性。

### (四)创新混合式教学的口语评价方法

在混合式英语口语教学中,创新评价方法是提升教学效果的关键。在线下评价方面,传统的朗读考察评价已不足以全面评估学生的口语能力。因此,教师应采用更实际和互动的方法,如模拟对话和角色扮演,以更真实地反映学生在实际交流中的语言应用能力。例如,教师可以设计一系列基于日常生活或职场的对话场景,让学生在模拟的商店购物、餐厅点餐或工作面试中进行角色扮演,通过这种方式考查学生的即兴反应能力和语言运用能力。此外,利用情景提问也是一个有效的评价方法，教师可以根据学生的专业背景提出相关问题，如针对商务英语专业的学生，可以设计一些商务谈判或市场分析的场景，评估学生在专业领域内使用英语的流利度和准确性。

在线上评价方面，信息技术的进步为口语评价提供了新的可能。利用先进的语音识别和分析技术，可以客观评估学生的发音准确性、语调和语速。教师可以通过专门的软件来进行这些测试，学生可以在指定的平台上提交自己的语音样本，系统会自动分析并提供反馈。这种方法不仅效率高，还可以减小教师的主观判断误差，使评价更加公正和科学。此外，线上互动测试也是一个重要的评价手段。通过在线平台，教师可以实时与学生进行口语交流，或者要求学生在特定话题下进行即时表达，这种方式可以有效评估学生的反应速度和语言组织能力。

线上平台还可以用于组织同伴评价和自我评价。学生可以相互评价对方的口语演示视频，提供建设性的反馈信息。这不仅提升了学生的参与度，还帮助他们从同伴的表现中学习和自我反思。自我评价也是一个有益的环节，学生可以通过回看自己的口语表达视频，识别并改进自己的不足之处。

## 第三节　混合式教学在大学英语阅读教学中的应用

### 一、MOOC与英语阅读教学

阅读是一种复杂的认知活动，涉及对文字的解码、理解和分析等多个方面，不仅要求读者理解表层的字面意思，还要求他们深入理解文本的隐含意义和作者的意图。阅读还是一种互动性强的活动，需要读者不断与文本进行"对话"，质疑、思考并构建自己的理解。高水平的阅读需要批判性思维，读者不仅要接受信息，还需要评估、分析和质疑信息的真实性和逻辑性。阅读能力因人而异，不同的学生在阅读速度、理解能力和兴趣上都有很大差别，有效的阅读依赖读者的背景知识和读者对相关领域的理解，依赖他们能否将新信息与自己的已有知识相结合。

基于这些特征，大学英语阅读教学有以下需求：第一，个性化指导，由于学生阅读能力和兴趣的差异，教学需要个性化的指导和支持，制订适合学生个体的阅读能力培养方案。第二，丰富的资源。阅读教学需要大量的阅读材料，包括不同主题、不同难度的文本，以满足学生的多样化需求。第三，互动和反馈。学生在阅读过程中需要与教师和同伴进行互动，分享他们的理解和观点，同时获得及时的反馈和指导。第四，多样化的教学活动。阅读教学需要结合多种活动，如讨论、写作、角色扮演等，以发展学生的理解能力和批判性思维。第五，学生自主学习能力的培养。在大学英语阅读教学中，教师不仅要授之以鱼，也要授之以渔，培养学生的自主学习能力，这一能力的强弱直接关系到学生是否能够独立选择阅读材料并进行有效阅读。

经过多方面探索，发现这些阅读教学的需求与MOOC的优势高度契合。MOOC可以为大学英语阅读教学提供一种高效、灵活和丰富的教学模式，能够显著提升学生的阅读能力和学习体验。第一，MOOC允许学生根据自己的节奏和兴趣选择课程和阅读材料，满足个性化学习需求。学生可以随时随地访问课程内容，自主安排学习时间，提高学习效率。第二，MOOC平台提供大量的阅读资源，包括不同主题和难度的文本、讲解视频等。教师可以将课程内容精心设计成视频片段，并通过超级链接提供阅读材料，帮助学生更好地理解和掌握文本内容。第三，互动与反馈。MOOC平台设有在线讨论区、小组合作项目和阶段性测试等。学生可以在讨论区与教师和同学交流，分享阅读心得并获得反馈信息。小组合作项目促进了学生之间的互动和协作，增强了学习效果。第四，多样化的教学活动。MOOC支持多种教学活动，如自由讨论、小组合作、角色扮演等，创造了一个开放、自由的学习环境。例如，教师可以设置对比式或连问式的提问，启发学生思考，引导他们深入理解文本。在这种环境中，学生不仅能提升阅读理解能力，还能发展批判性思维和表达能力。第五，自主学习。MOOC鼓励学生自主学习，通过多媒体网络系统开展合作学习，培养学生的自主学习能力和熟练运用语言的能力。学生可以根据自己的兴趣选择阅读材料，通过观看视频和参与互动活动，深入探索阅读主题。

## 二、基于 MOOC 的混合式阅读教学实施策略

### （一）课前需求分析与预调研

实施基于 MOOC 的混合式阅读教学之前，进行详细的课前需求分析与预调研是至关重要的。这个过程不仅有助于确保教学活动的有效性，还能确保教学资源和策略能真正满足教师和学生的需求。课前需求分析与预调研主要包括以下几个方面：教师需求、学生特征分析、学生需求和教学需求。

1. 教师需求

需要了解教师的需求和期望。教师是教学过程中的关键角色，他们的需求直接影响教学活动的设计和实施。调研应包括教师对 MOOC 平台的熟悉程度、对混合式教学模式的接受度以及教师的技术使用能力。此外，还应了解教师在教学中面临的具体挑战，如时间管理、资源准备和学生互动等问题。通过收集这些信息，可以为教师提供针对性的培训和支持，确保他们充分利用 MOOC 平台和混合式教学方法，提高教学效果。

2. 学生特征分析

了解学生的特征是有效教学的基础。学生的背景、学习风格和技术能力各不相同，因此需要通过预调研全面掌握学生的基本情况。调查应包括学生的年龄、性别、学科背景、英语水平和技术使用习惯等信息。此外，还应关注学生的学习动机和兴趣，如他们对阅读课程的期望和关注点。通过分析这些数据，可以更好地安排适合学生的教学内容和方法，提高他们的学习参与度和积极性。

3. 学生需求

在确定学生特征的基础上，还需要深入了解学生的具体需求。学生在阅读学习中可能面临不同的困难和挑战，如词汇量不足、理解能力有限、缺乏阅读策略等。预调研应通过问卷调查、访谈、小组讨论等方式，收集学生对课程内容、教学方式和学习资源的具体需求。例如，有些学生可能需要语法讲解，有些学生则可能希望获得更多的阅读策略和技巧。此外，还应了解学生对 MOOC 平台的使用体验，以便在设计过程中加以改进。

4. 教学需求

在进行基于 MOOC 的混合式阅读教学实施策略的课前需求分析时，对教学需求的深入分析至关重要。这部分分析旨在明确课程的具体目标和内容，并确保这些目标和内容能够通过 MOOC 平台和混合式教学模式有效实现。

第一，明确教学目标是教学需求分析的关键步骤。大学英语阅读教学的主要目标通常包括帮助学生提高阅读理解能力、扩展词汇量、发展批判性思维和提升自主学习能力。这些目标需要在课程设计中得到充分体现，并通过 MOOC 平台提供的多样化教学资源和活动来实现。例如，教师可以设置一系列针对不同阅读技巧的模块，如快速阅读、细读、推理和判断等，帮助学生系统地提高阅读能力。

第二，课程内容的选择和组织需要与教学目标紧密结合。教师应根据学生的英语水平和学习需求，选择合适的阅读材料。这些材料应涵盖多种体裁和主题，如新闻报道、学术论文、小说和散文等，以满足学生的多样化需求。此外，材料的难度应逐渐增加，确保学生在学习过程中能够不断挑战自我，提高阅读能力。通过 MOOC 平台，教师可以将这些材料以视频讲解、音频朗读和文本展示等多种形式呈现，为学生提供更好的学习体验。

第三，在教学活动设计方面，互动性和反馈是混合式教学模式的重要特点。教师应充分利用 MOOC 平台的互动功能，设计各种形式的学习活动，如在线讨论、小组合作、角色扮演和模拟测试等。这些活动不仅可以提高学生的参与度和积极性，还可以促进他们之间的交流与合作。例如，教师可以在每个模块结束时设置讨论区，鼓励学生分享他们的阅读心得和疑问，并互相帮助解决问题。同时，通过阶段性的小测试和作业，教师可以及时了解学生的学习进度和理解情况，提供有针对性的反馈和指导。

第四，评估和反馈机制是教学需求分析的重要组成部分。有效的评估不仅能够检测学生的学习效果，还能够帮助教师改进教学方法和策略。MOOC 平台提供多种评估工具，如在线测验、作业提交和同伴互评等，教师可以根据教学目标和内容选择合适的评估方式。此外，教师还可以利用数据分析功能，跟踪学生的学习行为和成绩变化，发现学习中的共性问题，并在后续教学中加以改进。

第五，支持和资源保障是确保教学需求得到满足的重要方面。教师需要提供充足的教学资源和技术支持，以便在课程实施过程中顺利开展各种教学活动。学校和教育机构应为教师提供必要的培训和技术支持，帮助他们熟练掌握MOOC平台的使用方法，并及时解决技术问题。此外，教师还应有足够的时间和精力投入课程设计和实施，确保每个教学环节都能够高质量完成。

## （二）教学资源的选择和教学设计

优质的教学资源不仅能激发学生的学习兴趣，还能有效地支持个性化学习，提高他们的学习效率。研究表明，学生的注意力在 10～15 分钟内最为集中，超过这一时长，学习效果可能会显著下降。因此，MOOC 视频材料最好控制在 10～15 分钟，以充分利用学生的最佳注意力时段。

每个学生的学习风格、兴趣和能力都有所不同，教学资源的选择和教学设计需要有针对性，能够满足不同学生的多样化需求。例如，对于阅读教学，可以选择不同主题和难度的材料，涵盖多种体裁和背景，以满足不同的学生兴趣和需求。

另外，教学设计也应包含测试和评估环节，以检验学生的学习效果。含有练习和测试的 MOOC 资源可以帮助学生在回答问题、参与互动中巩固所学知识。有效评估能够促使学生积极参与学习，同时教师能够根据这些评估来检测学生的学习进度和理解情况，进而提供有针对性的指导，提高教学效果。

## （三）课堂教学活动的实施

在基于 MOOC 的混合式阅读教学模式下，线下课堂教学是学生将课前所学阅读知识进一步内化的关键环节。通过课前自主学习，学生已经对阅读材料有了初步理解，而课堂则是进行更深入的知识内化和应用的阵地。与课前灵活自由的学习安排不同，课堂教学具有固定的时间和场所，但这并不意味着学生思维的禁锢。相反，课堂更强调互动交流和协作学习，教师要做好组织者、引导者和总结者的角色，而学生要积极参与，充分发挥主人翁精神。具体的课上活动环节包括提问、阅读材料回顾和课堂互动。

提问环节是课堂教学活动的实施起点。教师在课程教学开始时通过提问检查学生是否自主观看了课前阅读材料并完成了相关阅读任务。这不仅可以评估学生的自主学习效果，还能帮助教师识别学生在阅读理解上的薄弱环节。通过有针对性地提问，教师可以引导学生回顾阅读内容，激活他们的思维，为接下来的课堂活动做准备。教师需要做的不仅是提问和回顾，还要针对学生在提问环节中表现出的疑问进行有针对性的讲解和补充说明，这包括讲解复杂的句子结构、词语用法和修辞手法，以帮助学生更好地理解文本。这部分的教学时长要根据学生需求以及材料的难度进行灵活调整，但切记不能满堂灌，将整节课都用来分析文本词语或者语法规则。

最重要的环节是阅读课堂的教学互动。生动有趣的课堂活动能够极大地激发学生的学习积极性。在基于 MOOC 的混合式阅读课堂上，互动和体验是关键。教师应设计各种互动活动，鼓励学生积极参与和合作。例如，教师可以组织小组讨论，让学生就阅读材料的主题进行辩论或分享个人见解。这种互动不仅可以加深学生对文本的理解，还能培养他们的批判性思维和表达能力。课堂活动还可以包括角色扮演和情景再现。教师可以让学生扮演文本中的角色进行对话或辩论，帮助他们更深入地理解角色的动机和情感，加深他们对阅读材料的理解。此外，教师可以利用多媒体资源，如音频和视频，增强课堂的趣味性和互动性。例如，播放与阅读材料相关的纪录片片段或访谈视频，帮助学生更全面地理解文本背景和主题。

### （四）课堂讨论交流

讨论交流环节是混合式阅读教学的重要组成部分。在这一环节中，教师应根据学生的情况，通过学号或随机抽样的方式对学生进行分组。每个小组的学生将针对课前的阅读学习情况，发表自己的意见，提出疑惑。这种方式能够确保每个学生都有机会表达自己的见解，并从同伴的讨论中获得新的启发。

教师还可以根据学习内容提出几个问题，让小组根据各自的兴趣选择一个主题进行讨论。例如，教师可以提出与文本主题、主要观点或作者意图相关的问题，鼓励学生深入分析和探讨。在讨论过程中，教师需要随时观察并参与，以确保讨论的方向不偏离主题。如果讨论的内容偏离主题，教师应积极引导学生回到正确的轨道，确保讨论的深度和广度。

通过这种小组讨论，学生不仅能分享各自的阅读体会，还能相互启发，拓展对文本的理解。讨论本身就是一种深度学习的方式，学生通过交流和辩论，可以更好地理解和内化阅读内容。同时，这种互动可以培养学生的团队合作精神和沟通能力，提升他们的英语阅读能力。

### （五）阅读成果展示

在讨论和交流之后，成果展示环节是对学生学习成果的总结。每个小组推选一名组长进行成果汇报，组长要用英文进行分享。这不仅是对小组讨论成果的展示，也是对每位学生阅读理解和表达能力的考验。

在这个过程中，教师应做好记录，确保每位学生都有机会独立用英语展示自己的阅读成果。通过这种方式，可以保证公平公正，也能让每位学生都得到锻炼。展示的内容可以包括对阅读材料的理解、讨论中的主要观点和结论、对文本中关键问题的分析等。

教师在成果展示过程中需要给予及时的反馈和评价，诊断错误，并提供正确的指导。通过记录学生的表现，教师可以了解每个学生的学习情况，发现他们在阅读理解和表达中的优势和不足。针对学生的表现，教师可以给予具体的建议，帮助他们进一步提高阅读能力。在课堂上，教师要允许出现对阅读材料的不同理解，只要是言之有理的解读，都要用宽容的态度去容纳，但针对学生明显错误的理解，要进行纠正。此外，教师还可以鼓励其他学生对展示的内容进行评价和提问，促进更深层次的互动和思考。这种相互评价不仅能够培养学生的批判性思维，还能够通过不同观点的碰撞，进一步深化他们对阅读材料的理解。

### （六）阅读教学评价

在混合式阅读教学中，教学评价是确保教师教学效果和学生学习效果的重要环节。为了全面和准确地评估学生的表现，教学评价应当采用多种形式，并涵盖多个角度。这不仅能够反映学生在各个方面的进步，还能够为教师提供反馈信息，帮助教师改进教学方法和策略。

第一，评价应当采用多种形式，包括教师评价和生生互评。教师评价是传统而有效的方式，通过观察和记录学生在课堂上的表现情况、阅读作业的完成情况等，教师可以全面了解学生的学习状态和理解水平。教师评价可以通过课堂表现记录、课后测试、阅读报告等形式进行。课堂表现记录可以评估学生在课堂互动中的表现，课后测试和阅读报告则能够考查学生对阅读材料的理解和掌握程度。生生互评也是一种重要的评价形式。通过生生互评，学生可以在互相评价中学会批判性思考和建设性反馈。这种评价方式不仅能够激发学生的参与热情，还能够培养他们的合作精神和沟通能力。在小组讨论和成果展示环节中，学生可以根据同伴的表现进行评价，指出优点和不足，并提出改进建议。生生互评不仅丰富了评价的形式，还加强了学生间的互动，活跃了学习氛围。

第二，评价应当涵盖多个角度，全面反映学生的学习情况。首先，阅读能力的评价，这可以通过课后测试、阅读报告和课堂讨论等方式进行。测试题目可以设计成多项选择题、简答题和阅读理解题，全面考查学生对文本的理解和记忆。阅读报告要求学生对所读材料进行分析和总结，展示他们对文本主题、主要观点和细节的理解情况。课堂讨论则可以通过学生对问题的回答和讨论中的发言质量来评估他们的阅读理解水平。其次，批判性思维的评价是另一个重要角度。在混合式阅读教学中，培养学生的批判性思维是一个重要目标。教师可以通过观察学生在讨论中的表现，评估他们的分析能力和逻辑思维。例如，学生是否能够提出有见地的问题，是否能够基于文本进行合理的推理和论证，是否能够批判性地评价他人的观点。这些都是评估学生批判性思维的重要指标。最后，互动参与度的评价也是不可忽视的。在混合式阅读教学中，学生的互动参与度直接影响他们的学习效果和课堂氛围。教师应评估学生在小组讨论、课堂提问和成果展示中的参与情况。具体来说，可以记录学生的发言次数、发言质量和互动积极性。通过这些数据，教师可以了解哪些学生在互动中表现活跃，哪些学生需要更多的鼓励和支持。基于这些评估结果，教师可以调整教学策略，设计更具吸引力的课堂阅读活动，促使全体学生积极参与，更有针对性地培养学生的阅读能力。

## 第四节　混合式教学在大学英语写作教学中的应用

### 一、混合式教学应用于大学英语写作教学的优势

语言学家塞林克（Selinker）在1972年提出了"语言石化"现象，石化现象是指第二语言学习者在学习过程中可能遭遇的一种停滞状态，其中他们难以超越母语与目标语言之间的差异。这种停滞通常发生在学习者试图掌握与母语不同的语言规则时，导致他们无法完全吸收复杂的新语言。在大学英语教学中，尤其是在写作教学中，这一现象尤为明显。学生在尝试书面表达时，不仅需要表达清楚，还需要注意语言的优美、深刻和逻辑性，这些要求往往加大了写作的难度，导致学习者无所适从，不知道写作如何下手。为了帮助学生克服这些挑战，教师需要采用适合学生认知水平的教学方法，混合式教学在这里可以提供有效的支持，结合不同的教学资源和策略，循序渐进地提高学生的语言表达能力。

#### （一）提供丰富的资源库，扩展写作思路

在大学英语写作教学中，学生常常面临的一个主要问题是没有写作思路和灵感，不知道写什么内容，这主要源于知识面的不足。混合式教学通过利用线上资源库和创意思维工具，提供了丰富的写作灵感和资料，线下的讨论也有效地帮助学生扩展了写作思路。

在混合式教学模式下，教师可以通过线上平台为学生提供各种资源，包括学术论文、电子书籍、新闻报道、视频讲座和案例研究等。这些丰富的资源为学生提供了大量的背景信息和素材，使他们能够在写作过程中借鉴和引用。例如，学生在撰写有关环境保护的文章时，可以通过在线资源库查阅最新的研究成果、政策文件和相关统计数据，这些资料不仅丰富了他们的写作内容，还提高了文章的权威性和说服力。

混合式教学还引入了各种创意思维工具，如思维导图软件、头脑风暴应用和在线写作助手等。这些工具可以帮助学生组织和扩展他们的写作思路。例如，使用思维导图软件，学生可以将一个中心主题分解成多个子主题，然后进

一步展开每个子主题的内容。这种视觉化的思维方式有助于学生厘清思路，发现新的写作角度和方向，从而避免写作过程中思路枯竭的问题。

在线平台提供的丰富案例和模板也极大地帮助了学生写作。通过分析和借鉴优秀的写作范例，学生可以学习到不同类型文章的结构、论证方法和写作技巧。例如，在写商业计划书时，学生可以参考成功企业的实际案例，了解如何进行市场分析、财务预测和战略规划。这种学习方式不仅提供了具体的写作框架，还培养了学生的创造性思维，使他们能够根据自己的主题和需求，灵活应用学到的技巧和方法。

混合式教学还通过线下讨论和反馈，促进了学生之间的互动和交流。学生可以在课堂小组讨论中分享自己的写作思路和灵感，互相启发和借鉴。教师也可以通过指导及时给予建议，帮助学生不断完善自己的写作方案。这种互动式学习不仅扩展了学生的写作思维，还提高了他们的沟通和合作能力。

（二）进行沉浸式情景体验，跨越语言石化

情景是提升学生写作兴趣和深度学习的关键载体。在大学英语写作教学中，应用文写作教学占据很大比例，它要求学生在具体、实际的语境中有效地运用语言。混合式教学模式通过创造虚拟的但具有现实感的商业、学术或日常生活情景，提供了理想的平台，让学生练习写作。例如，教师可以设计一个模拟的国际会议场景，让学生撰写与会议相关的邀请函、议程，或者针对某个观点写一篇议论文。这种沉浸式的练习能够让学生在真实的语境中思考，增强应用语言的体验感，使得写作更有深度，不会因为理解偏差导致跑题。例如，在具体操作中，教师可以利用线上平台来布置写作前期的铺垫工作，提供多媒体材料，如视频讲座、模拟对话和写作模板，增强学生的情景感知能力。通过这些材料，学生不仅可以学习如何构思写作主题，还可以学习到何时以及为什么使用特定的文体和格式。此外，教师可以设置线上论坛和小组讨论，让学生初步打草稿、拟方向，构思写作的初步框架。在写作后，也可以通过创设真实的情景，让学生体会到作文的应用。这种基于现实需求的写作教学，会让学生看到知识在生活中的运用价值，提升他们的写作兴趣和成就感。

### （三）促进深度学习，培养创造性写作思维

混合式教学通过线上交互平台提供多种视角的内容，如视频讲座、专家建议和实时反馈信息，使学生在更广泛的认知环境中学习。而多样化信息可以帮助学生在处理写作主题时，进行更深层次的思考和理解。例如，当学生撰写有关气候变化的论文时，教师可以为学生提供多种材料，或者学生自主分析不同专家的观点和研究成果，这样的深度探索促进了学生对复杂问题的全面理解。

此外，在进入线下课堂之前，学生要先通过在线平台进行学习，包括观看视频讲座、阅读相关资料、完成在线测验等。这一预习环节让学生对写作主题有了初步的了解和思考。在完成线上学习后，学生带着疑问和见解进入线下课堂。教师在课堂上组织小组讨论、角色扮演等活动，使学生有机会分享和探讨各自的观点。学生由于已经对写作主题进行了预习，从而在课堂上能够更主动地参与讨论。这种互动不仅有助于学生更深刻地理解写作主题，还通过与同伴的交流，开阔了他们的视野，激活了他们的思维。例如，讨论某一社会现象的原因和影响时，学生会接触到不同的背景和观点，从而学会批判性地看待问题，这种线上线下的结合，有利于学生对写作内容的深度认知，有利于培养他们的批判性思维，有效地帮助学生打破传统写作教学中过度依赖模板的限制，进行创造性写作。

### （四）纠正语法错误，提高写作效率

混合式教学在大学英语写作课程中的一个重要优势是能够有效纠正学生的语法和文化错误，从而显著提高写作的正确率。在混合式教学中，教师应利用各种在线语法检查工具。在线语法检查工具可以在学生写作时提供实时的语法、拼写和风格建议。学生可以在提交最终版本之前，使用在线语法检查工具对自己的文章进行初步审查和修改，从而及时纠正语法错误。

在写作中，尤其是在大学应用文写作中，文化的准确性和适切性至关重要。混合式教学通过提供丰富的在线文化资源，如电子图书馆文献、视频资源等，帮助学生理解和掌握英语写作中的文化细节。同时，教师可以利用在线平台进行作业布置和批改，并提供详细的反馈信息。学生通过阅读教师的反馈信息和参考相关资源，可以更好地理解和纠正自己在文化表达上的错误。例如，

学生在写作商业邮件时，可以参考在线提供的实际案例，学习并模仿其表达方式。

在完成线上初步修改之后，学生可以在线下课堂中获得教师的个性化指导。教师可以针对学生在作业中普遍存在的语法和文化问题进行专题讲解，并通过一对一或小组讨论的形式，帮助学生理解错误的原因，使学生掌握修正方法。线下讨论还可以通过同伴互评促使学生从他人的错误中学习，进一步巩固他们的语法和文化知识。

混合式教学模式的另一个显著优势是其提供了持续的反馈和修正机会。学生在完成写作后，可以通过多次提交和反复修改，不断提高文章的质量。教师和同学的反馈不仅包括语法和拼写，还包括结构、论点和文化适切性等。这种持续的修改和提升过程，可以使学生在实际写作中逐步掌握和应用正确的语法规则和文化表达方式，从而显著提高写作的正确率。

## 二、混合式教学在大学英语写作教学中的应用策略

### （一）课前：线上资源预习，引入写作主题

在大学英语教学中，写作素材的匮乏是导致学生写作质量不高的主要原因之一。为解决这一问题，教师应重视学生课前预习工作的开展，充分利用线上工具，围绕写作教学主题和教学需求，为学生提供多样化的写作素材。教师要结合写作教学目标，从学生兴趣出发，设计更有趣的课前学习任务，鼓励学生利用线上工具搜集有用的素材，并通过问题串引导的方法，促进学生深度学习。

为激发学生的写作兴趣，教师在选题时可以根据教学目标，选择生活中的热点话题，激发学生的讨论欲望。例如，教师可以以"Climate Change and Our Future"这一热门话题为写作切入点，利用写作练习与环境保护相结合的方法，提升学生的写作欲望，并帮助学生在日常生活中找到写作素材。在选题完成后，教师可以通过导学单的方式，向学生提出写作前的思考问题，如"What are the main causes of climate change? How does climate change impact our daily lives? What actions can we take to mitigate its effects?"，要求学生围绕气候变

化主题，利用线上检索的方式，进行相关科学数据、典型事例和政策措施的分析，并开展线上调查工作，了解人们对气候变化的看法和行动。之后，教师可以通过小组交流的方法，将有相同兴趣的学生分成一个小组，要求学生结合所搜集的资料进行小组交流和分析，深化对气候变化问题的认识。同时，结合问题，从写作的角度进行素材整理、归纳和分析，以便在后续课堂教学中，利用学生所搜集的资料，结合相关写作技巧和句型语法的讲解，逐步提升学生的英语写作质量。

通过这一系列的课前预习和资料搜集活动，学生不仅能够获得丰富的写作素材，还能够在互动交流中深化对写作主题的理解。线上线下混合教学的实施也为英语写作教学提供了更多的可能性，使学生能够在多元化的学习环境中不断提升自己的写作水平。

（二）课中：融合线下教育，促进深度写作

在课堂教学中，为实现学生个性化发展，教师可以通过线上线下混合教学的方法，利用各种新技术、新手段、新方法，通过多元化教学，丰富学生的英语写作知识，提升学生的英语写作能力。例如，在教学中教师可以将"Balancing Work and Life in the Digital Age"作为写作主题。首先，教师可以利用线上工具展示学生在课前搜集到的各种资料，分析数字时代的工作与生活平衡问题，并通过关键词和链接的形式，为学生提供写作素材。然后，要求学生以小组为单位，结合相关素材进行交流和讨论。

接着，教师可以通过头脑风暴的形式，分析当前数字时代工作与生活平衡的现状、存在的问题及优化前景，以此提升学生的写作意愿，打开学生的写作思路，并增强学生的社会责任感。之后，教师可以要求学生以社交媒体短文的形式，通过"小文章写作—评论修改—二次写作"的流程，进行英语写作练习。例如，学生可先写出社交媒体短文的初稿，即"In the digital age, many people find it challenging to balance work and life. They often feel overwhelmed by the constant connectivity and high expectations."，然后将这篇短文上传到班级网站。班级同学可能会提出如下修改建议："'overwhelmed by the constant connectivity'可以改成'overwhelmed by the need to always be connected'，以使其更加清晰。"在这种教学模式下，学生能够有效参与到写作学习与互动中，在发布、评论、浏览中提升英语写作能力。同时，通过线上互动交流，学生可以利用集体的力量找出写作中的不足，并获得有针对性的修改建议。

教师也可以通过这种方式更好地发现学生在英语写作中的共性问题，并利用线下课堂进行有针对性的讲解和指导。这种线上线下结合的教学方法，不仅促进了学生的个性化发展，还提高了整体教学质量，帮助学生在英语写作方面取得更大的进步。

通过这一系列教学策略，学生不仅能够在互动中提升写作能力，还能在多样化的学习环境中不断增强对写作主题的理解和思考能力。

（三）课后：进行知识延伸，拓展写作范围

在大学英语写作教学中，课堂教学很难完全展示学生的全部思路，学生在课堂学习后也容易产生一些困惑。因此，为了真正促进学生的深度学习与个性发展，实现大学英语写作教学的可持续发展，教师应有效利用课后时间，通过混合式教学的线上模式进行知识的延伸和个性化资源的推荐，帮助学生实现逐步进步和全面发展。例如，在"Formal Email Writing"教学完成后，教师可以根据不同学生的职业规划和未来期望，提出不同的写作训练任务，如写申请职位的邮件、询问信息的邮件、感谢信等。同时，教师可以利用线上平台，为学生提供多样化的延伸资源，如不同类型邮件的常用表达方式、格式要求等。这样，学生可以在更感兴趣的任务和丰富的素材中，将英语写作与实际应用相结合，开阔写作视野，提升写作兴趣，并逐步提高写作能力。

通过个性化的课后写作任务，学生不仅能够巩固课堂上所学的知识，还可以根据自己的兴趣和职业规划进行深入学习。例如，学生在进行申请职位的邮件写作时，可以查阅优秀的申请邮件范例，学习其中的表达方式和结构安排。同时，教师可以通过在线平台提供反馈建议，帮助学生改进写作中的不足之处。

此外，教师还可以组织在线讨论和交流活动，让学生分享自己的写作经验和成果，互相学习和借鉴。通过这些活动，学生不仅能够获得更多的写作灵感，还能够提高英语写作的实际应用能力，促进个性化发展。

通过这一系列的课后教学策略，混合式教学模式为大学英语写作教学提供了更多的可能性，学生能够在课后继续延伸课堂所学，解决困惑，逐步提升英语写作能力。线上知识延伸和个性化资源推荐，能够使学生在多样化的学习环境中不断进步，真正实现个性化发展和深度学习，不断提升自己的写作水平。

## 第五节 混合式教学在大学英语翻译教学中的应用

### 一、混合式教学应用于大学英语翻译教学的优势

翻译教学中的难点在于培养学生的语言能力、跨文化理解能力和实际操作能力。传统的教学模式常常难以兼顾这些方面，而混合式教学模式通过线上和线下教学的结合，提供了更为广阔的学习平台，能够有效地克服这些难点，提升翻译教学的质量。

#### （一）提升翻译能力培养的广度

混合式教学模式在翻译能力的横向拓展上具有显著优势。英语翻译是一项综合性和复杂性兼备的工作，涉及各个方面的内容。然而，传统的高校英语翻译教学内容较为狭窄，不利于提升学生的翻译能力。通过混合式教学，教师可以借助新媒体技术，将各类专业学科知识、国际国内时事、社会热点等素材融入英语翻译教学中。这样，学生可以接触到更广泛的翻译材料，丰富他们的知识储备，拓展其翻译思维的广度。例如，教师可以通过在线平台提供最新的国际新闻、学术论文和行业报告，要求学生进行翻译练习。这不仅拓宽了学生的知识面，还增强了他们对不同领域翻译的适应能力，使他们能够在实际翻译工作中充分发挥自己的综合翻译能力。

#### （二）提升翻译能力培养的深度

混合式教学模式在翻译能力的纵向延伸上也表现出明显的优势。英语翻译不仅是语言的转换，还是不同文化间的交流和碰撞。因此，翻译人员不仅需要理解和包容其他英语国家的文化，还需要增强文化自觉，坚定文化自信，在跨文化交流中传播并弘扬本国优秀文化。然而，传统的翻译教学往往忽视了对学生跨文化交际能力的培养，导致学生缺乏应有的深度理解和文化敏感性。混合式教学模式通过新媒体技术，可以在课堂上组织更多模拟实践情景的活动，使

学生在真实的语言环境中进行翻译实践。教师可以设计各种跨文化交流的模拟情景，如国际会议翻译、跨国企业商务谈判翻译等，让学生在实际操作中理解不同文化背景下的翻译要求。同时，通过在线平台，学生可以自主选择感兴趣的翻译项目和文化背景材料，进行自主性学习和探究，提高翻译能力。

此外，混合式教学还可以通过多样化的互动方式，促进学生自主学习能力和批判性思维的发展。例如，教师可以利用在线讨论区，让学生分享自己的翻译经验，讨论翻译中的难点和疑惑。通过这种互动，学生不仅能获得同伴的支持和建议，还能从中学习到不同的翻译技巧和策略。教师也可以通过在线批改作业，及时发现学生在翻译中的问题，并提供有针对性的指导，帮助他们不断提升翻译能力。

## 二、混合式教学在大学英语翻译教学中的应用策略

### （一）线上翻译课堂设置

开放和共享的互联网彻底改变了知识传播的方式，也改革了传统课堂教学模式。一大批优质线上课程平台，如各大高校的 MOOC 平台，为新时代的高等教育提供了丰富的教学资源，使得教师和学生不再局限于教材进行翻译教学，而是可以利用这些平台的资源来促进学生的翻译学习和翻译能力提升。

线上课堂学习平台应具备良好的稳定性，以便于存储、编辑和更新课程资源。在教学过程中，可以将翻译课程体系中适合入门学习的理论知识模块进行录制，上传至线上资源库，作为翻译混合式教学的线上课堂的重要内容。例如，笔译体系中的翻译技巧与方法，包括词义选择、引申和褒贬、增词法、省略法、重复法以及正反表达法和反正表达法。这些模块和内容可以分别上传，作为二级资源，附属在翻译技巧与方法一级资源下面，方便学生随时查看。又如，为了加深学生对国内外翻译史的宏观了解，尤其是对本土翻译资源的认识，可以将翻译史模块，包括西方翻译简史、中国翻译简史和著名翻译家介绍等内容，进行数字化资源转化，上传至线上课堂，以供学生学习。线上资源的设置要不断进行优化，保证资源的系统性和全面性。此外，将资源进行上传还不够，为确保线上翻译自主学习的有效性和深度，混合式翻译教学还应设置必

要的考查环节。这些环节不仅可以检验学生的学习效果，还可以帮助教师更好地测评学生对于翻译技能和理论知识的掌握情况。

教师可以设置翻译练习题目，要求学生举一反三地进行翻译。例如，在学习了词类转译法的相关内容后，教师可以提供多种类型的句子，让学生运用词类转换法进行翻译。词类转换法是一种常用的翻译技巧，通过改变词性来使译文更符合目标语言的习惯。例如，原句是"He has a quick response to the situation."，在翻译时，可以将名词"response"转换为动词，译为"他迅速应对了这一情况"。为了进一步深化这种练习，教师可以提供多个类似的句子，让学生举一反三。

对于其他类的知识模块，如翻译史内容，教师可以要求学生选择某一主题的内容制作详细的PPT展示。在这个过程中，学生不仅需要认真观看线上资料，了解翻译史的发展脉络，还需要整理和分析信息，将其转化为清晰、有逻辑的PPT内容，甚至需要额外查阅大量资料。通过制作PPT，学生可以深入理解翻译史的背景和重要人物，提高对翻译文化和理论的认识。

此外，教师可以设计其他形式的线上测验和作业，检验学生对翻译理论和技巧的掌握情况，可以包括选择题、填空题和简答题，全面考查学生的基础知识。作业则可以要求学生完成实际翻译项目，并提交详细的翻译报告，说明翻译过程中的思路和方法。这种形式的考查不仅能帮助教师了解学生的学习进度，还能促使学生在实际操作中反思和改进自己的翻译技能。

教师应鼓励学生在自主学习过程中进行反思和总结。例如，通过撰写学习日志和反思报告，学生可以记录自己的学习历程和心得体会，发现学习中的问题和不足，并提出改进方案。教师也可以定期检查学生的学习日志，给予反馈意见和建议，帮助学生不断进步。例如，学生可以在学习日志中记录某次翻译练习中的难点和解决方法，教师可以根据日志内容提供具体的指导和帮助。教师还可以邀请专业翻译人员和学者举办讲座。学生可以通过讲座了解最新的翻译研究动态和行业实践，开阔视野，提升专业素养。例如，教师可以邀请知名翻译家讲解行业翻译中的挑战和技巧，或者请国际会议翻译员分享同声传译的经验和心得。通过与专家的互动，学生可以获得宝贵的实践经验和职业指导，加深他们对翻译职业的认识和信心。

通过这种线上课堂设计，学生可以在课前完成基础知识的学习，教师则可以在课堂上集中精力解决学生的疑问，进行更深入的探讨和实践操作。这种混合式教学模式不仅充分利用了丰富的在线资源，还优化了课堂教学流程，提高了教学效果，推动了学生翻译能力的全面提升。

### （二）线下翻译课堂构建

在混合式翻译教学中，线下课堂是对线上学习的关键补充和强化。线下课堂的设计不仅要针对学生在线上学习过程中遇到的问题进行解答，还要深化学生对翻译理论和实践的理解和应用。

根据线上学习的反馈，教师应在线下课堂中针对学生普遍存在的问题进行详细解答。通过在线平台收集学生的反馈信息，教师可以发现学生在理解翻译理论和应用翻译技巧过程中常见的困惑。针对这些共性问题，教师可以在课堂上进行集体讨论和重点讲解。例如，对易混淆的翻译概念和方法进行班级检测，以确保学生对基本概念的正确理解和掌握。

在扫清基本概念的理解障碍后，教师应根据授课主题，进一步深化学生对新知识的理解和应用。从知识深化的角度出发，教师可以将文体知识植入翻译技巧与方法的教学中。通过分析不同类型文本（如文学作品、新闻报道、技术文档等）的特征，教师可以帮助学生理解不同文体的翻译策略，提升他们的翻译决策能力和行业术语搜索能力。例如，翻译文学作品时要注重语言的美感和文化背景，翻译技术文档则要强调术语的一致性和精确性。

从翻译能力强化的角度出发，教师可以逐步增加翻译练习的难度，从简单句过渡到复杂的长难句。选择不同文体和领域的长难句进行翻译练习，可以帮助学生适应不同翻译情境的需求，提升他们的综合翻译能力。教师可以通过课堂练习和小组讨论，让学生实践和分享翻译过程中的思路和技巧，培养他们的批判性思维和协作能力。

为了增强课堂学习与现实世界的关联性，教师在选择翻译案例时应注重热点事件的追踪，包括国际事件、国家大事、地方新闻和校园事迹等。这些真实的翻译材料不仅能激发学生的学习兴趣，还能使他们感受到翻译工作的实际应用价值。例如，教师可以选择最新的国际新闻报道，让学生翻译并讨论报道中的关键术语和表达方式，理解新闻翻译中的时效性和准确性要求。

此外，教师还可以模拟实践情景，帮助学生在真实的语言环境中进行翻译实践。例如，教师可组织模拟国际会议、跨国企业商务谈判等活动，让学生在实际操作中理解不同文化背景下的翻译要求。通过这种方式，学生不仅能够提高翻译能力，还能够增强跨文化交流能力和自信心。

为了确保线下课堂的有效性，教师还应鼓励学生积极参与课堂活动，提出问题和分享观点。通过师生互动和生生互动，教师可以实时了解学生的学习进度和理解情况，及时调整教学策略，提供个性化的指导和支持。例如，教师可以在课堂上设置小组讨论环节，让学生针对某个翻译案例进行深入探讨，并在班级中展示讨论成果。这种互动和反馈机制不仅能提高课堂的活跃度，还能帮助学生在互相学习中共同进步。

从整体上看，混合式翻译教学中的线下课堂设计应以解决学生共性问题为起点，通过知识深化和翻译能力强化，帮助学生全面掌握翻译理论和实践技能。同时，结合热点事件，模拟实践情景，增强学习与现实生活的联系，将学生培养成具有高水平翻译能力和跨文化交流能力的综合型人才。

### （三）第二课堂构建

在混合式教学模式下，构建一个第二课堂，是提升学生翻译能力和实践技能的重要补充途径。第二课堂不仅能丰富学生的学习体验，还能培养他们的社会责任感和团队合作能力。通过多种形式的第二课堂活动，学生能够在实际应用中深化对翻译理论和技巧的理解，从而更全面地发展翻译能力。

第一，项目化设计。翻译项目是培养学生服务社会意识的重要手段，教师可以围绕当地的特色资源进行项目设计，使学生在翻译过程中了解和推广本地文化。例如，教师可以安排学生翻译地方政府网站、旅游宣传资料、文化遗产介绍等实际项目。项目可以按翻译项目管理的模式进行设计，每组学生设有项目经理、译员和质检等角色，通过这种分工，学生能体验团队合作和项目管理的全过程。以景德镇自由选题的翻译项目为例，学生可以针对该地区的传统手工艺或代表性工艺技巧、工艺品进行介绍。小组成员在项目经理的统筹安排下，搜集资料并实地参观非遗体验馆，了解手工艺品的制作过程，并最终形成中英文对照文本。这样的实践活动不仅提升了学生的翻译能力，还增强了他们对地方文化的认同感。

第二，第二课堂活动可以通过组织翻译竞赛和翻译工作坊的形式进行。翻译竞赛可以激发学生的竞争意识和积极性，促使他们在有限的时间内完成高质量的翻译任务。教师可以设计不同类型和难度的竞赛题目，涵盖文学、科技、法律等领域，让学生接触和挑战不同的翻译任务。翻译工作坊则可以邀请专业翻译人员和学者进行专题讲座和实战培训，让学生在互动中学习最新的翻译理论和实践技巧，并通过实际操作提升翻译水平。

第三，志愿服务是第二课堂的一种有效形式。学生可以通过参与社区服务和公益活动，将翻译技能应用于实际生活中。例如，学生可以为社区的国际活动提供翻译服务，帮助外籍人士了解当地的文化和生活信息，或为非营利组织翻译宣传资料和项目报告。通过这些志愿服务，学生不仅能提升翻译技能，还能增强社会责任感和服务意识。

为了确保第二课堂活动的效果，教师需要设计合理的评价机制。评价应涵盖学生的翻译质量、团队合作、项目管理和社会服务等多个方面，并给予具体的建议。通过这种全面的评价，学生可以明确自己的优点和不足，并在今后的学习和实践中不断改进和提升。此外，教师还应鼓励学生在第二课堂活动中进行反思和总结，撰写学习日志和反思报告，记录学习过程中的经验和教训，并分享给同学和教师。这种反思和总结不仅有助于学生翻译能力的提升，还能为教师改进教学方法提供有益参考。

# 参考文献

[1] 毕鹏晖.大学英语混合式教学的多元融合与评价研究［M］.秦皇岛：燕山大学出版社，2022.

[2] 成畅.大学英语教学与课程建设新探索［M］.长春：吉林人民出版社，2021.

[3] 杜学鑫.英语专业混合式学习模式研究与实践：以"语言学导论"课程为例［M］.南京：东南大学出版社，2018.

[4] 高红梅，管艳郡，朱荣萍.高校英语教学创新性研究［M］.长春：吉林人民出版社，2021.

[5] 侯志荣.信息化时代大学英语混合式教学研究［M］.长春：吉林人民出版社，2021.

[6] 黄雪松.大学英语混合式智慧教育研究与实践［M］.长春：吉林出版集团股份有限公司，2022.

[7] 解峰.旅游职业英语［M］.北京：北京理工大学出版社，2021.

[8] 蒙岚.大学英语混合式智慧教育理论研究与实践［M］.长春：吉林大学出版社，2021.

[9] 任红艳.文化认知与大学英语混合式教学实践研究［M］.北京：中国纺织出版社有限公司，2022.

[10] 沈红.基于在线课程平台的高校英语混合式教学模式研究［M］.北京：中国商业出版社，2021.

[11] 涂晓韦.英语翻译和混合式教学理论与实践研究［M］.延吉：延边大学出版社，2022.

[12] 王慧.中职英语混合式教学模式研究［M］.长春：吉林出版集团股份有限公司，2023.

[13] 王秋.高职英语课堂混合式教学研究［M］.长春：吉林人民出版社，2020.

[14] 印蕾. 中国非英语专业研究生英语教育改革与实践研究[M]. 南昌：江西高校出版社，2019.

[15] 于建刚，谭慧. 艺术类大学英语教学与研究：第2辑[M]. 重庆：重庆大学出版社，2022.

[16] 于明波. 当代高校英语教学与混合式学习模式探究[M]. 北京：中国纺织出版社有限公司，2020.

[17] 张慧丽. 大学英语混合式教学评价体系研究[M]. 哈尔滨：哈尔滨出版社，2021.

[18] 张娇媛. 高校英语混合式教学与信息技术应用[M]. 天津：天津科学技术出版社，2019.

[19] 魏微. 大学英语教学基础理论与实践研究[M]. 长春：吉林人民出版社，2020.

[20] 张芳芳. 基于建构主义的大学英语混合式教学研究[M]. 北京：九州出版社，2022.

[21] 张学明，卞月芳，张娟娟. 新时代大学英语课程"线上线下"混合式教学模式研究[M]. 天津：天津科学技术出版社，2019.

[22] 赵慧. 中职专业英语课程混合式学习研究与实践：以旅游情境英语课程为例[M]. 上海：同济大学出版社，2022.

[23] 赵凌云. 混合式学习理论与高校英语教学的创新探索[M]. 长春：吉林出版集团股份有限公司，2020.

[24] 钟玉琴. 大学英语混合式教学探究[M]. 北京：电子工业出版社，2017.

[25] 周彦每. 高校英语混合式教学实践研究[M]. 长春：吉林人民出版社，2023.

[26] 周影，陈典港. 互联网视角下大学英语混合式教学探究[M]. 北京：中国书籍出版社，2023.

[27] 资灿. 高职英语教学的发展与创新研究[M]. 成都：西南交通大学出版社，2020.

[28] 李思，杜晓萱，赵莉娜. 数字化背景下英语混合式教学模式应用理论与实践[M]. 天津：天津科学技术出版社，2022.

[29] 康洁平. 信息化背景下高校英语混合式教学模式探索与应用[M]. 北京：中国书籍出版社，2020.

[30] 张青.大学英语混合式教学研究［M］.长春：吉林出版集团股份有限公司，2022.

[31] 安航.基于MOOC的混合式教学在高校体育教育专业篮球普修课的教学设计与应用研究［D］.济南：山东体育学院，2023.

[32] 池静.基于人机协同的混合式教学实证研究［D］.昆明：云南师范大学，2023.

[33] 丁旭.混合学习环境下基于产出导向法的高中英语写作教学研究［D］.长春：东北师范大学，2023.

[34] 李晓婷.面向混合式教学的过程性评价模型构建与应用研究［D］.昆明：云南师范大学，2023.

[35] 冯淼.单元整体教学视域下的初中英语听说教学策略行动研究［D］.宜昌：三峡大学，2023.

[36] 郭淑萍.混合式教学模式在初中英语听力教学中的应用研究［D］.兰州：西北师范大学，2023.

[37] 何武.英语小说阅读对大学生英语写作表现的影响：一项读写结合的EFL写作教学实验［D］.上海：上海外国语大学，2012.

[38] 贾振霞.大学英语混合式教学中的有效教学行为研究［D］.上海：上海外国语大学，2019.

[39] 江嘉豪.体育院校篮球选修课线上线下混合式教学模式构建研究［D］.广州：广州体育学院，2023.

[40] 李启铭.混合式教学模式中大学英语学习者情绪调节策略研究［D］.重庆：重庆交通大学，2023.

[41] 刘晶.高校英语教师专业身份发展叙事探究［D］.上海：上海外国语大学，2019.

[42] 刘宁.高中生物学线上线下混合式教学模式的实践研究［D］.长春：长春师范大学，2023.

[43] 马芸.基于MOOC的混合式教学促进大学生高阶学习的研究［D］.长春：东北师范大学，2019.

[44] 牟明昊.混合式阅读圈教学模式在高中英语阅读课堂中的应用研究［D］.大连：辽宁师范大学，2023.

[45] 秦瑾若.基于MOOC的大学生混合式学习适应性影响因素及干预研究[D].西安：陕西师范大学，2019.

[46] 宋婷婷.基于SPOC的混合式教学在中职《信息技术》课程的应用研究[D].沈阳：辽宁师范大学，2023.

[47] 田向芳.促进初中生英语词汇能力发展的人机协同学习活动设计研究：以宁夏吴忠市某中学为例[D].兰州：西北师范大学，2023.

[48] 王改花.大学生学习者特征对线上线下混合式学习效果的影响研究[D].西安：陕西师范大学，2020.

[49] 王珊.混合式教学模式在初中英语阅读教学中的行动研究[D].长春：长春师范大学，2023.

[50] 王一淇.混合式教学模式在初中英语听力教学中的行动研究[D].长春：长春师范大学，2023.

[51] 魏非.面向混合式研修的教师培训机构能力成熟度模型研究[D].上海：华东师范大学，2016.

[52] 巫麟娇.混合模式下产出导向法在初中英语写作教学中的应用[D].兰州：西北师范大学，2023.

[53] 吴小凡.高中英语在线阅读教学现状与改进策略研究[D].无锡：江南大学，2023.

[54] 谢泉峰.基于网络学习空间的混合式学习共同体构建研究[D].长沙：湖南师范大学，2018.

[55] 原芳.混合式教学中学生个性化学习效果的影响因素研究[D].兰州：西北师范大学，2023.

[56] 张洁.移动技术支持的大学英语混合式听说教学模式研究[D].长春：东北师范大学，2011.

[57] 张睿.初中英语听说混合式教学模式的系统化行动研究[D].烟台：鲁东大学，2023.

[58] 张晓焕.混合式教学中提升同伴互评质量的教师干预策略研究[D].呼和浩特：内蒙古师范大学，2023.

[59] 张妍琪. 高中地理混合式学习共同体建构研究[D]. 昆明：云南师范大学，2023.

[60] 张中滢. 线上线下混合式教学模式在高中篮球教学中的应用研究[D]. 大连：辽宁师范大学，2023.

[61] 李秋东. 老年大学混合式教学实践研究：以英语词汇教学为例[J]. 高等继续教育学报，2024，37（1）：7-13，27.

[62] 景秀春，王训练，张海军. 地质学类双语课程混合式教学的设计与实践：以"地史学"课程为例[J]. 中国地质教育，2024，33（1）：63-67.

[63] 高雪琴. 新文科视域下积极心理学在大学英语教学中的实践探索[J]. 长春师范大学学报，2024，43（3）：180-184.

[64] 陈茜. 人工智能时代新文科背景下大学英语混合教学研究[J]. 佳木斯职业学院学报，2024，40（3）：133-135.

[65] 陈颖. 交叉·融合·数智·协同：英语专业实践课程师资培训途径探究[J]. 现代商贸工业，2024，45（5）：133-136.

[66] 丁燕. 混合式教学模式在大学英语教学中的应用研究[J]. 佳木斯职业学院学报，2024，40（2）：174-176.

[67] 刘鸿庆，杨艳蓉. 高校英语课程混合式教学模式的创新发展[J]. 鄂州大学学报，2024，31（2）：76-77.

[68] 牛阿娜. "四双"模式驱动下大学英语课程思政示范课建设的理论和实践研究：以人文英语Ⅲ课程为例[J]. 天津电大学报，2024，28（1）：37-45.

[69] 宋平. 大学英语读写课程思政教学模式建构及实施路径研究[J]. 佳木斯职业学院学报，2024，40（3）：154-156.

[70] 唐瑶. 混合式教学模式下民族地区高校大学英语课程满意度研究[J]. 佳木斯职业学院学报，2024，40（2）：168-170.

[71] 王静. 产学研融合培养模式下实习类课程的"混合式"思政教育路径研究：以应用型英语本科人才培养为例[J]. 秦智，2024（3）：134-136.

[72] 王明月. 医学研究生英语多元混合式课程模式构建的研究[J]. 卫生职业教育，2024，42（6）：35-37.

[73] 王小红，刘志强.SPOC混合式教学模式下高职英语课程思政教学策略［J］.牡丹江大学学报，2024，33（3）：76-81.

[74] 王莹.线上线下混合式的大学英语教学中"课程思政"实践研究［J］.佳木斯职业学院学报，2024，40（2）：162-164.

[75] 徐信，陈聪，贡益明."三位一体"指导理念下对信息化课程建设的思考探究：以《航空专业英语》为例［J］.交通企业管理，2024，39（2）：115-117.

[76] 杨运，王健芳.混合式教学模式下大学英语课程思政设计研究［J］.西部学刊，2024（4）：89-94.

[77] 岳宝华.线上线下混合教学模式下大学英语多元评价体系建设策略［J］.佳木斯职业学院学报，2024，40（2）：141-143.

[78] 张爱文."互联网+"时代大学英语混合式教学探究［J］.陕西开放大学学报，2024，26（1）：91-96.

[79] 张妮妮.产教融合背景下基于专业群需求的公共英语"三教"改革路径：以市场营销专业群为例［J］.岳阳职业技术学院学报，2024，39（1）：27-30.

[80] 邹佳静.混合式教学模式下大学英语口语课程的"三进"教育实践路径研究［J］.中国民航飞行学院学报，2024，35（2）：62-66.